汽车电子控制器结构原理与维修

麻友良　冯臻臻　主编

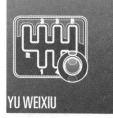

化学工业出版社
·北京·

内 容 简 介

本书系统而又简明扼要地介绍了单片机的硬件构成与软件基础，并在此基础上，简单介绍了典型汽车电子控制系统的组成与工作原理，重点介绍了电子控制器的组成、执行器的类型以及控制器的故障检测方法。本书图文并茂，可帮助读者在掌握与提高计算机知识水平的基础上，深入了解汽车电子控制系统的组成与工作原理，深刻认识电子控制器各组成部分的功能、作用与工作原理，掌握汽车电子控制系统及汽车电子控制器的检修技能。

本书适用于从事或准备从事汽车维修的广大读者，同时也可作为大专院校、职业技校学生学习汽车电子控制技术课程的参考用书。

图书在版编目（CIP）数据

汽车电子控制器结构原理与维修/麻友良，冯臻臻主编.—北京：化学工业出版社，2021.3
ISBN 978-7-122-38479-9

Ⅰ.①汽…　Ⅱ.①麻…②冯…　Ⅲ.①汽车-电子控制装置-理论②汽车-电子控制装置-维修　Ⅳ.①U463.6

中国版本图书馆CIP数据核字（2021）第022636号

责任编辑：辛　田　　　　　　　　文字编辑：冯国庆
责任校对：李　爽　　　　　　　　装帧设计：王晓宇

出版发行：化学工业出版社（北京市东城区青年湖南街13号　邮政编码100011）
印　　刷：三河市航远印刷有限公司
装　　订：三河市宇新装订厂
787mm×1092mm　1/16　印张17¼　字数420千字　2021年4月北京第1版第1次印刷

购书咨询：010-64518888　　　　　　　售后服务：010-64518899
网　　址：http://www.cip.com.cn
凡购买本书，如有缺损质量问题，本社销售中心负责调换。

定　　价：88.00元　　　　　　　　　　　　　　　　　　　版权所有　违者必究

前言

汽车电子控制技术的广泛应用是现代汽车技术发展最显著的特点之一。具有不同控制功能的汽车电子控制系统均由传感器、控制器和执行器等组成，而控制器是汽车电子控制系统的核心部件。在现代汽车上，用于实现某单项或多项控制功能的电子控制器有多个，控制器的作用根据相关传感器的信号来分析与判断被控对象的工况与状态，并输出控制信号，通过驱动电路控制执行器工作，使被控对象工作在设定的目标范围之内。在现代汽车电子控制系统中，普遍采用了计算机控制技术，汽车控制器的核心部件是单片机。因此，熟悉单片机的组成与工作原理，是熟悉并掌握汽车电子控制系统的基础。而熟悉电子控制器的构成与工作原理，掌握汽车电子控制系统故障检修方法，是现代汽车维修技术人员所必须具备的专业知识和技能。

编写本书最主要的目的是使读者能深刻理解汽车电子控制系统的构成与工作原理，并在此基础上熟练掌握汽车电子控制系统及其核心部件——电子控制器的故障检测与维修技术。为此，本书系统而又简明扼要地介绍了单片机的硬件构成及软件基础，读者有了单片机的软硬件基础知识，再去认识与掌握汽车电子控制系统的控制原理以及汽车电子控制器的基本组成、工作原理及检测方法，就会有顺理成章、水到渠成的感觉。本书系统地总结了汽车电子控制器各组成部件的作用与原理，典型汽车电子控制系统的组成与工作原理，各种类型执行器的结构、工作原理、驱动方式及检测方法，这些内容可帮助读者深入地了解汽车电子控制器，以及各种汽车电子控制系统的控制原理。在此基础上，本书介绍了汽车电子控制器的常用故障检测方法，并列出了典型汽车电子控制器的检测方法与检测参数，以使本书能成为读者进行汽车电子控制系统检修操作的实践指导用书。

本书适用于从事汽车维修的技术人员和工人，以及想要学习汽车电子控制系统检测与维修的广大读者，也可作为大学、中专、中职、高职等相关专业学生学习的参考用书。

本书由麻友良、冯臻臻主编，游彩霞、叶海见、袁青、彭小晴、席敏、邵冬明等参加了本书的编写。本书编写过程中，参考了大量相关的书籍资料，从中汲取了许多知识和经验，借此，向这些书籍的作者表示感谢。

由于编者水平所限，书中会有不妥之处，恳请广大读者批评指正。

编者

目录

第一章 绪论

第一节 汽车电子技术发展概况 ·· 001
 一、汽车电子技术发展历史 ·· 001
 二、汽车电子控制技术应用现状 ·· 002
 三、汽车电子控制技术的展望 ·· 006
第二节 汽车电子控制系统的基本组成 ·· 007
 一、传感器 ·· 007
 二、电子控制器 ·· 009
 三、执行器 ·· 010

第二章 单片机的构成与原理

第一节 单片机概述 ·· 015
 一、单片机的基本概念及特点 ·· 015
 二、单片机的发展概况 ·· 018
 三、单片机的发展趋势 ·· 019
第二节 单片机的硬件构成与工作原理 ·· 020
 一、单片机的组成部件 ·· 020
 二、单片机的内部结构与工作原理 ·· 022
 三、单片机的存储结构 ·· 024
 四、单片机的I/O接口电路原理 ·· 027
 五、单片机的时钟、时序与工作方式 ·· 029
第三节 单片机的软件基础 ·· 032
 一、单片机指令系统概述 ·· 032
 二、单片机的寻址方式 ·· 034
 三、单片机的指令系统 ·· 036
 四、汇编语言简介 ·· 047
 五、程序设计简介 ·· 050
第四节 单片机的中断 ·· 053
 一、单片机中断概述 ·· 053
 二、单片机中断系统的硬件结构 ·· 054
 三、单片机中断控制过程 ·· 058
 四、单片机中断的应用 ·· 059
第五节 单片机的定时/计数器 ·· 060
 一、定时/计数器概述 ·· 060
 二、定时/计数器的硬件结构 ·· 060

三、定时/计数器的工作方式 ··· 062
　　四、定时/计数器的应用 ··· 064
第六节　单片机的串行接口 ··· 066
　　一、串行通信概述 ··· 066
　　二、单片机串行口的硬件结构 ··· 067
　　三、单片机串行口的工作方式 ··· 069

第三章　汽车电子控制器的构成与检测

第一节　汽车电子控制器概述 ·· 072
　　一、汽车电子控制器的基本组成 ··· 072
　　二、汽车电子控制器输入信号的形式 ·· 073
　　三、汽车电子控制器输出信号的形式 ·· 075
　　四、汽车电子控制器实例 ··· 076
第二节　汽车电子控制器输入电路 ·· 077
　　一、数字信号输入电路 ··· 077
　　二、模拟信号输入电路 ··· 078
　　三、传感器电源 ·· 078
第三节　微处理器 ·· 079
　　一、中央微处理器的构成 ··· 079
　　二、程序存储器的存储原理与类型 ··· 080
　　三、数据存储器的存储原理与类型 ··· 081
　　四、输入/输出接口 ··· 082
第四节　汽车电子控制器输出电路 ·· 083
　　一、输出电路的构成 ··· 083
　　二、信号转换电路 ··· 083
　　三、执行器驱动电路 ··· 084
第五节　汽车电子控制器检测方法 ·· 085
　　一、汽车电子控制器检测概述 ··· 085
　　二、汽车ECU故障检测的一般程序 ·· 086
　　三、汽车ECU的动态检测法简介 ·· 087

第四章　汽车发动机电子控制系统

第一节　发动机电子控制系统概述 ·· 089
　　一、发动机电子控制系统的基本控制功能 ·· 089
　　二、发动机集中控制系统的工作过程 ·· 089
　　三、发动机电子控制系统的功能扩展 ·· 090
第二节　汽油喷射电子控制系统 ··· 092
　　一、汽油喷射电子控制系统的组成与控制原理 ··· 092
　　二、汽油喷射电子控制器主要部件结构原理 ··· 093
　　三、汽油喷射电子控制系统电路 ··· 108

第三节　电子点火控制系统 ·· 113
　　一、电子点火控制系统的基本组成与控制原理 ································ 113
　　二、电子点火控制系统主要部件结构原理 ·· 113
　　三、电子点火控制电路 ·· 119
第四节　发动机怠速控制系统 ·· 122
　　一、发动机怠速控制系统的组成与控制原理 ···································· 122
　　二、发动机怠速控制系统主要部件的结构原理 ································ 124
　　三、发动机怠速控制系统电路 ··· 125
第五节　汽车排放控制系统 ·· 127
　　一、汽车排放控制系统概述 ·· 127
　　二、废气再循环控制系统的基本组成与控制原理 ···························· 128
　　三、炭罐通气量控制系统的基本组成与控制原理 ···························· 129
　　四、汽车排放控制系统主要部件的结构原理 ···································· 130
第六节　发动机电子控制系统电路分析与 ECU 故障检测 ···················· 132
　　一、发动机电子控制系统电路分析 ·· 132
　　二、发动机电子控制系统 ECU 故障检测 ·· 139

第五章　自动变速器电子控制系统

第一节　自动变速器电子控制系统概述 ·· 143
　　一、自动变速器的结构类型 ·· 143
　　二、液力传动自动变速器的组成及特点 ··· 144
第二节　液力传动自动变速器的控制原理 ·· 146
　　一、自动变速器电子控制系统的组成 ·· 146
　　二、自动变速器换挡控制原理 ··· 148
　　三、自动变速器油压控制原理 ··· 150
　　四、自动变速器变矩器锁止控制原理 ·· 152
第三节　典型自动变速器电子控制系统电路分析与 ECU 故障检测 ······ 153
　　一、自动变速器电子控制系统电路分析 ··· 153
　　二、自动变速器电子控制系统 ECU 故障检测 ································· 157

第六章　防抱死电子控制系统

第一节　防抱死电子控制系统概述 ·· 161
　　一、防抱死电子控制系统的作用分析 ·· 161
　　二、防抱死电子控制系统的类型 ··· 162
第二节　防抱死电子控制系统的控制原理 ·· 164
　　一、防抱死控制系统的基本组成与控制原理 ···································· 164
　　二、制动防抱死电子控制系统主要部件的结构原理 ························ 165
第三节　典型汽车防抱死电子控制系统电路分析与 ECU 故障检测 ······ 170
　　一、防抱死电子控制系统电路分析 ·· 170
　　二、防抱死电子控制系统 ECU 故障检测 ·· 174

第七章　动力转向电子控制系统

第一节　动力转向电子控制系统概述 …………………………………………………… 176
一、汽车动力转向及动力转向电子控制系统的作用 …………………………………… 176
二、电子控制动力转向系统的分类 ……………………………………………………… 177
第二节　动力转向电子控制系统的控制原理 …………………………………………… 178
一、液力式动力转向装置的组成与控制原理 …………………………………………… 178
二、电动式动力转向助力装置的组成与控制原理 ……………………………………… 181
第三节　典型动力转向电子控制系统电路分析 ECU 故障检测 ……………………… 183
一、液力式动力转向电子控制系统电路分析与 ECU 故障检测 ……………………… 183
二、电动式动力转向电子控制系统电路分析与 ECU 故障检测 ……………………… 185

第八章　悬架电子控制系统

第一节　悬架电子控制系统概述 ………………………………………………………… 188
一、电子控制悬架系统的作用 …………………………………………………………… 188
二、电子控制悬架系统的类型 …………………………………………………………… 189
第二节　悬架电子控制系统的控制原理 ………………………………………………… 190
一、主动悬架电子控制系统的组成与控制原理 ………………………………………… 190
二、主动悬架电子控制系统控制过程 …………………………………………………… 198
第三节　典型悬架电子控制系统电路分析与 ECU 故障检测 ………………………… 200
一、悬架电子控制系统电路分析 ………………………………………………………… 200
二、悬架电子控制系统 ECU 故障检测 ………………………………………………… 203

第九章　安全气囊电子控制系统

第一节　安全气囊电子控制系统概述 …………………………………………………… 206
一、安全气囊的作用 ……………………………………………………………………… 206
二、安全气囊的类型 ……………………………………………………………………… 206
第二节　安全气囊控制原理 ……………………………………………………………… 207
一、安全气囊系统的组成与工作原理 …………………………………………………… 207
二、安全气囊电子控制系统的控制过程 ………………………………………………… 211
第三节　典型安全气囊系统电路分析与 ECU 故障检测 ……………………………… 213
一、安全气囊系统电路分析 ……………………………………………………………… 213
二、安全气囊系统 ECU 故障检测 ……………………………………………………… 215

第十章　汽车电子控制器故障自诊断

第一节　汽车电子控制系统故障自诊断概述 …………………………………………… 217
一、ECU 故障自诊断的定义及应用 …………………………………………………… 217
二、ECU 故障自诊断功能 ……………………………………………………………… 217

第二节　汽车电子控制器故障自诊断原理 ·················· 218
　一、故障自诊断系统的组成 ·················· 218
　二、故障自诊断原理 ·················· 219
第三节　自诊断系统的标准化与专用故障诊断设备 ·················· 220
　一、自诊断系统的标准化 ·················· 220
　二、汽车电子控制系统故障诊断设备 ·················· 220

第十一章　典型汽车电子控制器的检测参数

第一节　东风本田 CR-V ECU 检测参数 ·················· 222
　一、发动机 ECU 检测参数 ·················· 222
　二、ABS ECU 检测参数 ·················· 228
第二节　东风日产新天籁轿车 ECU 检测参数 ·················· 228
　一、发动机 ECU 检测参数 ·················· 228
　二、自动变速器 ECU 检测参数 ·················· 236
第三节　北京现代车系电控系统 ECU 检测参数 ·················· 238
　一、北京现代途胜轿车发动机 ECU 检测参数 ·················· 238
　二、北京现代御翔轿车发动机 ECU 检测参数 ·················· 240
第四节　一汽丰田卡罗拉轿车电控系统 ECU 检测参数 ·················· 243
　一、发动机 ECU 检测参数 ·················· 243
　二、自动变速器 ECU 检测参数 ·················· 246
　三、ABS ECU 检测参数 ·················· 247
　四、动力转向电子控制系统 ECU 检测参数 ·················· 248
第五节　广汽丰田凯美瑞轿车电控系统 ECU 检测参数 ·················· 249
　一、发动机 ECU 检测参数 ·················· 249
　二、自动变速器 ECU 检测参数 ·················· 252
　三、ABS ECU 检测参数 ·················· 253
　四、空调系统 ECU 检测参数 ·················· 254
第六节　其他汽车电控系统 ECU 检测参数 ·················· 256
　一、奇瑞东方之子轿车发动机 ECU 检测参数 ·················· 256
　二、长安马自达 3 轿车发动机 ECU 检测参数 ·················· 259
　三、中华轿车自动变速器 ECU 检测参数 ·················· 263
　四、东南菱帅轿车自动变速器 ECU 检测参数 ·················· 265

参考文献

第一章 绪论

第一节 汽车电子技术发展概况

一、汽车电子技术发展历史

在最早期的汽车上是没有电子装置的,从20世纪50年代开始,电子技术开始应用于汽车。最初的电子技术应用主要是针对传统汽车电气的电子化,这种电子化经历了真空管、晶体管、集成电路、大规模集成电路到超大规模集成电路这样一个发展过程。随着计算机技术的迅速发展,以计算机为控制核心的电子控制技术在汽车上得到了广泛的应用。

汽车电子技术的发展过程可大致分为传统电气的电子化、模拟电子控制技术的应用、计算机技术的应用、智能与网络技术的应用四个阶段。

1. 传统电气的电子化

在20世纪50年代初期,电子管收音机出现在汽车上,这是最早的汽车电子技术应用。传统电气的电子化则是起始于20世纪60年代。晶体管的出现,给传统汽车电气的电子化提供了必要的条件。如图1-1所示的硅整流交流发电机、电子点火器、电子调节器、电子闪光器等就是传统汽车电气电子化的典型实例。

(a) 硅整流交流发电机　　(b) 电子点火器　　(c) 电子调节器　　(d) 电子闪光器

图 1-1 传统汽车电气电子化的典型实例

传统汽车电气的电子化,使得这些电气设备的工作可靠性和汽车本身的技术使用性能都有了很大的提高。

比如,硅整流交流发电机采用硅二极管整流,避免了直流发电机的机械整流所带来的换向火花问题,因而其比功率大、低速充电性能好、工作的可靠性也有了很大的提高。

又如,电子点火器利用晶体管的开关特性来替代传统触点式点火系统的触点,因而无触点火花问题，使点火系统的最高次级电压高且较为稳定，点火能量也大，这使得其点火性能和工作可靠性都有了很大的提高，汽车的油耗和排气污染也明显降低了。

此外，电子调节器、电子闪光器、电子喇叭等均由三极管开关特性替代触点的开闭功能，使这些电气的工作稳定性和可靠性都有明显的提高，进而又促进了汽车技术使用性能的提高。

2. 模拟电子控制技术的应用

随着对汽车节能、环保、安全及舒适等的要求不断提高，人们开始寻求用电子控制技术来改善汽车的技术性能。20世纪60~70年代，在汽车上就已出现了电子控制汽油喷射装置、防抱死电子控制装置等汽车电子控制装置，这些电子控制装置的控制器由模拟电子电路构成。

随着电子技术的迅速发展，集成电路、大规模集成电路和超大规模集成电路技术在汽车电子控制装置中都先后得到了应用。但是，这种模拟式的电子控制器通常只具有单一的控制功能，因为模拟式电子控制器想要增加控制项目，需要单独增加相应的控制功能电路，使得控制器内部的电路变得很复杂，体积也会相应增大，而其控制精度、工作的可靠性则会降低。因而在这一时期，汽车电子技术的发展较为缓慢。

3. 计算机技术的应用

20世纪，计算机技术得到了迅速发展，微型计算机技术给汽车电子控制技术的应用提供了可靠的技术保障。1976年，美国通用汽车公司首次在汽车上装备了用微处理器控制的电子点火系统，自此，以微处理器为控制核心的汽车电子控制技术在汽车上得到了广泛的应用。这一时期，超微型磁体、超高效电机及集成电路的微型化，为汽车的集中电子控制装置提供了可靠的技术基础。应用最为普遍的发动机集中控制系统融合了点火控制、燃油喷射控制、怠速控制等多项控制功能。在这一发展阶段，集发动机与自动变速器控制功能的动力控制系统、具有防抱死及防滑转功能的防滑控制系统、集发动机控制、防抱死、防滑转等功能的汽车行驶安全控制系统等也相继在汽车上得到了应用。

相比于只具有单项控制功能的电子控制系统，具有多项控制功能的集中电子控制系统可实现信息资源共享，大大简化了控制系统的硬件结构，各相关功能的电子控制系统可实现非常好的协调控制，并实现了综合两个或两个以上控制功能的组合式控制系统。典型的综合功能控制系统有：汽车行驶稳定控制系统、行车安全距离自动控制系统等。

4. 智能与网络技术的应用

随着互联网、信息技术等的兴起，改变了各行各业的发展模式，也给汽车电子技术的发展提供了新的发展空间。近年来，汽车自动驾驶技术、车联网技术等已经成为汽车新技术开发的热门。智能网联汽车、自动驾驶汽车已成为未来汽车发展的主要趋势。

二、汽车电子控制技术应用现状

1. 汽车电子技术的应用领域

现代汽车电子控制技术的应用涉及汽车的各个系统，表1-1所示的是现代汽车上已得到广泛应用的汽车电子控制技术。

表 1-1 现代汽车上已得到广泛应用的汽车电子控制技术

应用领域	汽车电子控制项目	控制方式	达到的效果
汽车发动机	汽油喷射控制	根据发动机的工况与状态控制喷油器的喷油时间	使发动机始终保持最佳的空燃比工作状态,降低了汽车的油耗和排气污染
	点火控制	根据发动机的工况与状态控制点火线圈的通断电	使发动机在任何工况/状态下均处于最佳的点火时间状态,以降低汽车的油耗和排气污染
	怠速控制	根据发动机的温度、相关器件的使用情况控制怠速工况下的进气量	使发动机在各种状态下均有一个最佳的怠速,与自动变速器(AT)、液力动力转向电子控制系统等实现协调控制
	废气再循环控制	根据发动机的工况与状态控制废气再循环电磁阀的动作,以控制废气再循环流量	使发动机在各种工况/状态下均有最佳的废气环流量,确保在发动机工作正常的前提下达到最佳的 NO_x 净化效果
	燃油蒸发排放控制	根据发动机的工况与状态控制电磁阀的动作,以控制炭罐的通气量	使发动机在各种工况/状态下均有一个最佳的炭罐通气量,以及时驱走炭罐中的汽油蒸气,使炭罐能持续起作用,同时不影响发动机正常工作
汽车底盘	防抱死控制	根据汽车制动时车轮的转动及路面情况控制 ABS 电磁阀动作,控制制动器的制动压力	通过对制动器制动压力的控制,使车轮的滑移率在 20% 左右,确保车胎与地面有良好的附着力,以提高汽车的制动安全
	防滑转控制	根据汽车行驶时的驱动轮滑转等情况控制执行器动作,以控制发动机的输出功率或/及驱动轮的制动器制动压力	通过对驱动轮施以适当制动和对发动机输出功率的控制,使驱动轮的滑转率为 10%～30%,确保车胎与地面有良好的附着力,以提高汽车的牵引力和操纵稳定性
	自动变速器控制(AT)	根据汽车行驶车速、节气门的开度等控制换挡电磁阀、油压调节电磁阀、变矩器锁止电磁阀动作	实现辅助变速器的自动换挡控制、变速器内油压的最佳控制和变矩器的锁止控制,以提高汽车行驶的安全性、减少换挡冲击、提高传动效率等
	动力转向控制(EPS)	根据汽车行驶车速控制电磁阀动作,以控制动力转向助力大小	使汽车转向助力的大小随车速而变化,以确保汽车在低速时转向轻便,在高速时有良好的路感
	主动悬架控制	根据汽车的行驶车速及路面情况等控制相关执行器动作,以调节汽车悬架的刚度、减振器阻尼及车身的高度	通过对汽车悬架刚度、减振器阻尼、车身高度的控制使汽车在确保操纵稳定性的同时,具有良好的乘坐舒适性
汽车车身	汽车巡航控制(CCS)	根据汽车行驶速度对节气门开度控制执行器进行控制	使汽车在设定的车速下稳定行驶,提高汽车行驶的稳定性、安全性,并使发动机在最佳的状态下稳定运转
	安全气囊控制(SRS)	根据汽车碰撞传感器发出的汽车碰撞信号控制点火器点火,引爆安全气囊	通过安全气囊膨胀,以避免或减小车内人员受伤
	自动空调控制	根据蒸发器表面的温度、车内外温度等控制相关执行器动作,以控制压缩机冷却风扇电机的工作、各风门的动作	通过对压缩机的间歇工作、送风温度、送风模式及风量、热水阀开度等的自动调节,以实现汽车空调温度的全季节、全方位、多功能的最佳调节

续表

应用领域	汽车电子控制项目	控制方式	达到的效果
汽车车身	电子防盗控制	根据相关传感器的信号控制防盗报警及防车辆行驶执行器动作	通过启动报警和发动机启动锁止等,降低汽车被盗的风险
	电子仪表控制	根据相关传感器信号进行分析运算,并向显示器提供相关控制信号	通过控制器的记忆和运算功能,使显示器不仅可以显示车速、冷却液温度、发动机转速、燃油量等直接参数,还可显示瞬时油耗、平均车速、续驶里程等间接参数

为进一步提高汽车的性能,现代汽车上除了表1-1所列的汽车电子控制技术之外,还装备了更多的电子控制装置。

应用于发动机的电子控制装置还有:进气谐波增压控制、配气相位可变控制、电子节气门、电动水泵等,这些发动机电子控制技术的应用,使汽车发动机的动力性和经济性又有了进一步的提高。

应用于汽车底盘的电子控制装置还有:前后轴制动力分配控制(EBD)、汽车辅助制动控制(EBA)、汽车行驶稳定控制(ESP)、驻车自动控制(EPB)等。这些控制装置的应用,使汽车行驶的安全稳定性又有了更可靠的保障。

应用于车身电子控制的装置还有:自适应前照灯、轮胎气压监测系统、车距报警及自动控制等。这些控制功能的设置,使汽车行驶的安全性得到了进一步的提高。

汽车上各电子控制系统均设有故障自诊断系统,可实现汽车的故障报警、故障信息储存、故障运行及安全保障等功能,这不仅使汽车的使用性能有了进一步的提高,还使汽车电子控制系统的故障诊断变得方便、准确。

目前,汽车电子控制技术已发展到更加成熟的阶段,集专用化微处理器技术、控制优化技术、传感器技术、网络技术、机电一体化耦合交叉技术等综合技术为一体的汽车电子控制系统已从科研阶段进入商品化的成熟阶段。汽车电子控制技术也已成为衡量现代汽车发展水平的重要标志。

2. 汽车电子控制技术的发展现状

汽车电子控制技术主要包括硬件和软件方面的内容:硬件包括微机及输入/输出电路、执行部件、传感器等;软件主要是以汇编语言及其他高级语言编制的各种数据采集、计算判断、报警、程控、优化控制、监控、自诊断系统等程序。

微型计算机(以下简称微机)是现代汽车电子控制系统的核心部件,目前汽车电子控制系统中所用的微机多为单片机。虽然单片机的速度和容量均不如普通计算机高,但已经可以满足汽车电子控制器工作的需要,且单片机的抗干扰性能较强,能适应汽车振动大等恶劣的工作环境。

汽车电子控制器除了单片机等硬件外,还必须匹配相关的软件(控制程序)才能使汽车电子控制系统自动协调地工作,实现相应的控制功能。设计控制程序依赖于相关的控制理论和试验数据,所建立的开环、闭环、最优、自适应控制系统,使汽车各电子控制系统具有对汽车相关系统工作状态的辨识功能,以及进行动态优化控制功能。

设计具有某项控制功能的系统控制程序的一般方法是:先建立该系统的数学模型,然后运用相应的控制理论进行系统优化及控制程序设计。由于一些控制系统的影响因素较多,理论推导建立数学模型比较困难,因而一些控制系统的控制程序设计通常采用实验方法。

以点火控制系统为例,通过实验找出特定工况下的最佳点火提前角,然后存入微机ROM存储器,并设计查表和插值计算控制程序。在工作过程中,微机通过相关传感器的信号实时地获得发动机的工况信息,再用查寻和插值计算的方法,获得该工况下的最佳点火提前角,并与当前点火提前角进行比较,根据比较结果输出点火提前角调整控制信号,实现最佳点火提前角控制。

除了通过实验方法来获取控制标准参数外,另一种被称为自适应在线搜索法的控制方法也已成熟。这种控制方法包括顶点保持法和登山法两种,均不需要知道控制模型的原型,而是由微机在汽车运行中自行搜索最优工况,使控制接近或达到最优化。

模糊控制是近年来出现的新的控制理论,在汽车电子控制技术中也有应用。模糊控制系统以模糊数、模糊语言形式的知识表示和模糊逻辑推理为理论基础,采用计算机控制技术,构成具有闭环结构的数字控制系统。模糊逻辑从含义上比其他传统逻辑更接近人类的思想和自然语言。

3. 网络技术在汽车中的应用

汽车电子技术应用现状的另一个显著特点是网络技术的广泛应用。汽车网络技术应用包括车辆内部和外部两种。

(1) 网络技术在汽车内部的应用

网络技术在汽车内部的应用,是指通过总线将汽车电子控制系统各部件连接起来。传感器与微机、微机与部分执行器件、微机与微机之间,均是通过总线进行信号传输。

现代汽车上电子控制系统通常装备多种电子控制装置,控制功能较为完备的汽车,通常设置数十个微机控制器,上百个传感器。这样一个汽车电子控制系统通常需要采用网络技术来解决传统线路信号传输可靠性差、线路繁杂且故障率高等问题。网络技术也为汽车电子控制系统实现集中控制创造了必要的条件。

例如,美国通用汽车公司的集中控制系统采用一个微机系统分别控制汽车防滑制动、牵引力控制、优化点火、超速报警、自动门锁和电子防盗等多个控制子系统(图1-2)。

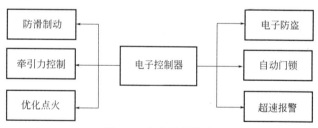

图 1-2 集中控制模式

又如,日产公司的分级控制系统采用一台中央控制计算机分别控制四台微机,分别控制防滑制动、优化点火、燃油喷射、数据传输等(图1-3)。

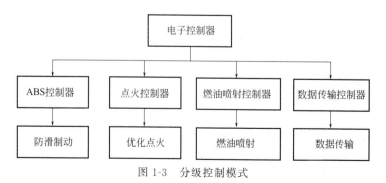

图 1-3 分级控制模式

无论是用一个微机系统控制多个装置的集中控制系统,还是分级控制系统,采用网络技术后,不但实现了所有传感器信号的共享,还可以共用其他设备。在环形网控制系统中,几十个微机中即使有个别出现了故障,也不会影响汽车正常运行。因此,在汽车上应用网络技术不但使控制系统扩充新的控制功能变得十分容易,而且可使各个控制系统的各项控制变得更加协调,控制系统的工作可靠性也更高。

控制器(微机)外部的网络通信采用串行传输方式,为适应汽车网络控制的需要,更好地在各控制系统之间完成交流信息、协调控制、共享资源及标准化与通用化,世界各国都在积极合作,进行汽车局域网的研究与开发,并推出相应的网络标准。几种典型的网络标准如表1-2所示。

表1-2 几种典型的网络标准

序号	通信协议名称	推荐或实施单位
1	CAN	奔驰、英特尔、波许、JSAE、ISO/TC22/SC3/WG1
2	BASICCAN	飞利浦、波许
3	ABWS	大众
4	VAN	雷诺、标致、雪铁龙、ISO/TC22/SC3/WG1
5	HBCC	福特、SAEJ1850
6	PALMENT	马自达、SAE
7	DLCS	通用
8	CCD	克莱斯勒、SAE

除表1-2所列的8种网络通信协议外,其他的还有宝马(BMW)公司1994年提出的DAN集中式网络协议;阿尔法·罗密欧公司的DAN集中式网络协议;卢卡斯(Lucas)公司的光学分布式星型耦合器系统;日立公司的集中式光学单纤维双向通信;飞利浦公司的DDR分布式网络协议等。

到目前为止,还没有一个可以兼容各大汽车公司通信协议的网络标准,因此在汽车上就形成了多种类型的网络标准共存的局面。为整合各种标准,国际标准化组织正在起草一份有关汽车网络的国际标准。

(2)网络技术在汽车外部的应用

网络技术在汽车外部的应用,实际上是指无线网络技术在汽车上的应用。汽车上运用无线网络技术,人们在驾驶汽车时,可以像在家里一样上网。

目前,已有不少公司在进行这方面的研究与开发。例如,IBM公司和摩托罗拉公司已合作开发车用无线互联网技术,这项技术可使驾驶员和乘客能够在车上发送电子邮件以及从事网上各种活动,如电子商务和网上购物、查看股市行情和天气预报等。此外,微软公司新推出了专门为"车上网"设计的AutoPC软件,采用Windows CE操作系统,该系统具有交互式语言识别等各种多媒体功能。与普通网络技术不同的是,车用网络技术可以让汽车驾驶员在手不离方向盘、眼不离行驶前方的情况下,与微机系统交换各种信息(例如,行车前方的交通状况、到达目的地最短时间、导航等)。车载网络技术还可以使车内人员在汽车上收发E-mail、打网络电话以及其他上网活动。因此,汽车无线网络技术能够在保障汽车行车安全的前提下,使驾驶员获得更多的信息或及时进行信息交流。

三、汽车电子控制技术的展望

当今汽车电子控制技术发展的一个重要趋势是应用领域继续扩展和多项功能的集中控

制。近年来，电子油门、配气相位可变控制、发动机进气压力波控制、前后轮制动力分配控制等电子控制技术先后在一些汽车上得到了应用，未来新的电子控制装置还将不断涌现。

功能强大的专用微型计算机的开发和应用，使控制器处理信息的速度和能力有进一步的提高，可扫清更多控制功能的集中控制或整车集中控制的技术障碍。此外，红外摄像、微波雷达、激光雷达、超声波测距与测速雷达等将使汽车电子控制系统的"眼睛"更亮，可实现汽车更可靠的车距自动控制、障碍物监测和报警、汽车跑偏自动纠正和报警、驾驶员困倦和酒后提醒及报警等，使得汽车电子控制系统向着智能化的方向发展，汽车的行驶安全性、乘坐舒适性等将会有更加充分的保障。

汽车电子控制系统发展的另一个趋势是电子化仪表+无线通信技术，即汽车无线网络技术的更加普及。汽车无线网络技术不仅可使驾驶员得到汽车运行状态的直接和间接信息，还可与智能交通信息网络、汽车服务及援救网络等进行信息交流，并获得帮助。比如，通过电子地图和GPS（全球定位系统），驾驶员可知道自己驾驶车辆的确切位置、到达目的地的最佳行车路线等；通过与交通信息控制中心的信息交流，可避开交通堵塞路段；通过与汽车故障援救中心网络的信息交流可及时得到故障排查指导和救援。

未来的汽车电子技术将使汽车高度智能化，电动化、自动驾驶、网联化将是汽车未来发展的趋势。

第二节 汽车电子控制系统的基本组成

汽车电子控制系统由传感器、控制器和执行器组成，如图1-4所示。

一、传感器

1. 传感器的作用

在汽车电子控制系统中，各个传感器将反映相应汽车工况与状态的物理参量（例如：车速、减速度、发动机转速、进气流量、发动机

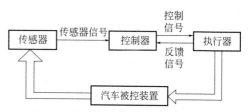

图1-4 汽车电子控制系统的基本组成

温度、节气门开度等）转变为电信号，并通过信号线路输送给电子控制器，以使控制器能准确判断被控对象当前的工况与状态。

阅读提示：如果将汽车电子控制系统比喻为一个具有行为思维能力的人，传感器就如同这个人的眼睛、耳朵、鼻子、皮肤等感觉器官，用于"感知"被控对象的工况与状态，是控制系统完成控制功能的重要器件。

2. 传感器的基本组成

汽车电子控制系统中所使用的传感器根据其用途不同，其结构形式和具体的组成部件会有较大的差别，但从总体上讲，传感器主要由传感元件和相应的辅件组成，如图1-5所示。

感受元件：其作用是将被控对象的检测参量按某种确定的对应关系传递给传感元件。一些传感器的感受元件与传感元件合二为一。

传感元件：也称为敏感元件，是传感器的核心元件，用于将检测的物理量转换为相应的电量（电压、电流、脉冲频率等）或电路参量（电阻、电容、电感等）的变化。

转换与传输：将敏感元件对应于检测参量而变化的电阻、电容、电感等转换为相应的电

图 1-5 传感器的基本组成

信号输出。一些传感器（磁电式、压电式传感器）直接由敏感元件产生电信号，可以不用转换与传输电路。

传感器电源：向传感器中传感元件和信号转换与传输电路提供电能。一些传感器其敏感元件（如电压晶体、电感线圈等）自身可产生电信号，这些传感器不需要电源。

3. 传感器的类型

汽车上使用的传感器有多种结构类型，现通过不同的分类方法将其归类。

（1）按传感（敏感）元件的类型分

按传感（敏感）元件所属的不同类型分，有压电式传感器、磁电式传感器、光电式传感器、热电式传感器、应变式传感器、电位计式传感器等。

① 压电式传感器。其敏感元件受力时会发生压电效应，产生与被测参量相对应的电信号。压电式传感器通常用于测力、压力、振动等物理量。

② 磁电式传感器。依据电磁感应原理制成的传感器，通常用于测位移、速度或加速度等，也可用于测力、振动等物理量。

③ 光电式传感器。依据光电效应原理制成的传感器，在汽车上，光电式传感器主要用于测转速、位置等物理参量。

④ 热电式传感器。依据热电效应原理制成的传感器，主要用于测量温度，在汽车上很少使用。

⑤ 应变式传感器。依据金属丝和半导体的电阻应变效应制成的传感器，用于测力、压力、转矩等，也可测量位移、加速度、振动等物理量。

⑥ 电位计式传感器。这类传感器主要用于测量位移，在汽车上应用较多。

不同于上述敏感元件的传感器，还有热敏电阻式、光敏电阻式、磁敏电阻式、电容式、电感式等多种。由于某一种类型的敏感元件可用于多种物理量的测量，而测量同一种物理量的敏感元件又可制成不同用途的传感器（例如，利用热敏电阻可制成发动机温度传感器、排气温度传感器、蒸发器温度传感器、燃油温度传感器等汽车用传感器），因此，如果按用途命名传感器，传感器则有很多种。

（2）按信号变换特征分

按信号变换特征分，传感器可分为结构型和物性型两大类。

① 结构型传感器。结构型传感器是通过其敏感元件的结构产生部分变化或变化后引起场（力场、电场、磁场）的变化，将被测物理量转换为电信号。例如，电位计式传感器、电感类传感器、电容类传感器等均属于结构型传感器。

② 物性型传感器。物性型传感器通过敏感元件自身物性的改变，直接产生能反映被测量的电信号。热敏电阻式传感器、光电式传感器、压电式传感器等均属物性型传感器。

（3）按信号转换的原理分

按传感器产生电信号的工作原理不同分，可将传感器分为参量式和发电式两大类。

① 参量式传感器。参量式传感器的敏感元件随被测物理量的变化而产生相应的电路参

数（电阻、电容、电感等）变化，再通过转换与传输电路转换为相应的电信号。电阻类传感器、电感类传感器及电容类传感器等均属于参量式传感器。

② 发电式传感器。发电式传感器的敏感元件随被测物理的变化直接产生相应的电信号。光电式传感器、磁电式传感器、压电式传感器、热电式传感器、霍尔效应式传感器等均属于发电式传感器。除此之外，在汽车上广泛采用的二氧化锆式氧传感器也属于发电式传感器。

（4）按能量关系分

按敏感元件与被测对象之间的能量关系分，传感器可分为能量转换型和能量控制型两大类。

① 能量转换型传感器。传感器敏感元件通过吸收被测对象部分能量产生相应的电信号，工作中有能量的传递，易造成误差。例如，热电偶式温度传感器、弹性压力计式压力传感器等均属能量转换型传感器。

② 能量控制型传感器。传感器由外部供给能量，敏感元件随被测量的改变控制外部能量的变化而使传感器产生相应的电信号。例如，参量式传感器须由传感器电源提供电能才能产生电信号，这类传感器均属于能量控制型传感器。

（5）按输出电信号的形式分

按输出电信号的形式分，可分为模拟式传感器、数字式传感器和开关式传感器等不同的形式。

① 模拟式传感器。随被测量的变化传感器输出连续变化的电信号，由电信号的幅值（大小）反映被测量。

② 数字式传感器。传感器输出脉冲式电信号，由电信号的高低电平或脉冲信号的频率反映被测量。

③ 开关式传感器。传感器输出一个设定的低电平或高电平信号，以反映被测量达到某个特定的阈值。

二、电子控制器

1. 电子控制器的作用

在电子控制系统中，电子控制器通过对传感器输入的电信号进行分析与综合处理，并输出控制信号，控制执行器工作，将被控对象控制在设定的状态下。电子控制器由相应的硬件和软件构成，是电子控制系统的核心部件。

阅读提示：电子控制器就如同人的大脑，这个"人"通过"感觉器官"（即传感器）感知被控对象的工况与状态，通过"思考"（识别、分析与处理）后做出如何进行"行为动作"的判断，向执行器发出控制指令。电子控制器是汽车电子控制系统的核心部件。

2. 电子控制器的类型

（1）按控制器的电路结构与信号处理方式分

如果按照电子控制器的电路结构与信号处理方式分，有模拟式和数字式两类。

① 模拟式电子控制器。模拟式电子控制器由模拟电路构成，信号处理方式主要是通过比较器将传感器信号与设定的标准参数（基准电路）相比较，根据比较结果输出相应的控制信号。早期的汽车电子控制系统采用模拟式电子控制器，但现在汽车除了一些控制功能单一、电路结构简单的模拟式控制器外，其他的都早已被以计算机为核心的数字式电子控制器

所取代。

② 数字式电子控制器。数字式电子控制器的核心部件是计算机，计算机通过输入的传感器信号来识别被控对象的工况与状态，根据设定的控制程序进行数据分析处理，然后输出控制信号。数字式电子控制器已经广泛地应用于汽车电子控制系统中，而汽车电子控制器所用的微型计算机都是单片机。

（2）按控制器的功能分

如果按照电子控制器的功能不同分，可分为单一功能电子控制器和多功能电子控制器两大类。

① 单一功能电子控制器。单一功能电子控制器只具有一种控制功能，比如，ABS控制器只具有制动防抱死控制功能；安全气囊控制器只控制安全气囊的膨胀；燃油泵控制器只控制燃油泵的转速。

② 多功能电子控制器。多功能电子控制器具有多项控制功能，例如，发动机电子控制器通常具有点火控制、燃油喷射控制、怠速控制、燃油蒸发排放控制等多项控制功能；汽车防滑控制器则同时具有汽车制动车轮防抱死和驱动轮防滑转控制功能。

三、执行器

1. 执行器的作用

在汽车电子控制系统中，执行器根据控制器输出的控制信号迅速做出响应，将被控对象的控制参量迅速调整到设定的值，使发动机工作在设定的状态。

阅读提示：执行器就如同人的"手"与"脚"，在控制器这个"大脑"的控制下做出相应的"行为动作"，将被控制对象控制在设定的状态。执行器也是汽车电子控制系统的重要组成部分。

2. 执行器的结构类型

在控制器输出的控制信号的作用下，执行器有动作和不动作两大类。

① 动作类执行器。动作类执行器在控制器输出的控制信号的作用下会产生相应的动作，例如，电动机类执行器会产生旋转运动；电磁阀类执行器会使阀做直线移动或旋转的动作。

② 不动作类执行器。此类执行器在控制器输出的控制信号的作用下无动作产生，比如：点火线圈、加热器、显示器、各种指示/报警灯等。

3. 动作类执行器结构原理简介

（1）电动机类执行器

电动机类执行器有普通直流电动机和步进电动机两种，其作用是按ECU输出的控制信号迅速、准确动作，将控制参量迅速调整到目标范围之内。

① 普通直流电动机。普通直流电动机通电后产生持续的旋转运动，通过机械传动装置带动执行机构工作。在汽车电子控制系统中，采用普通直流电动机作为驱动装置动力的执行器较多，例如：燃油喷射电子控制系统中的燃油泵、电子节气门驱动装置、巡航控制系统驱动装置、电子控制悬架系统空气压缩机驱动电动机、电控悬架刚度/阻尼调节驱动器等。

直流电动机的基本组成及工作原理与起动机的直流电动机相同，需要正反转控制的电动机的方式有两种：一是通过控制通电的励磁绕组（双励磁绕组的直流电动机）；二是控制电枢电流的方向（永磁式直流电动机）。

相比于励磁绕组式直流电动机，永磁式直流电动机结构尺寸小，工作可靠性好，因而在汽车电子控制系统中应用较多。励磁绕组式直流电动机其磁极绕组通常采用并联方式，其电路原理如图1-6所示。

② 步进电动机。步进电动机按"步"转动，可控制其转动的角度和转向，通过机械传动实现控制参量的调节和定位控制。相比普通的直流电动机，步进电动机在汽车电子控制系统中的应用相对较少，最典型的应用实例是步进电动机式怠速控制阀。

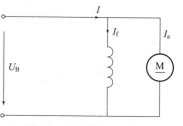

图1-6　并励绕组式直流电动机电路原理

步进电动机的结构与普通电动机相比有较大的不同，其组成与内部电路如图1-7所示。汽车上所用的步进电动机主要由永久磁铁的转子和绕有两个绕组的定子组成。

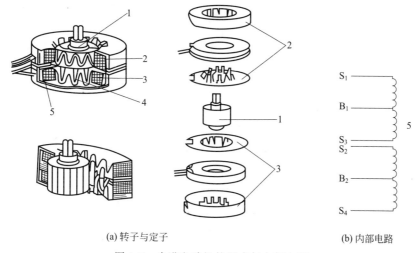

(a) 转子与定子　　　　　　　(b) 内部电路

图1-7　步进电动机的组成与内部电路
1—转子；2—定子A；3—定子B；4—爪极；5—定子绕组

步进电动机的转子为永久磁铁，有8对磁极，其N极和S极相间排列（图1-8）。定子有A、B两个，每个定子的铁芯有8对爪极；每个定子其绕组也有两个，两个绕组的绕向相同，但工作时的电流方向相反。当A、B两个定子各有一个绕组通电时，两个定子的铁芯被磁化，形成16对（32个）磁极（图1-8中的3）。当A定子或B定子中的两个绕组交换通断电状态时，由于电流方向相反的绕组通电，定子的铁芯磁化极性反向，使定子32个磁极的排列发生变化，就像是定子磁极整体向一个方向移动了一步（1/32圈）。比如，A定子交换通电的绕组，铁芯磁化极性反向，上面的爪极为N极，下面的爪极为S极，定子32个磁极整体向右移动了1/32圈（图1-8中的4）。

当定子绕组按S_1、S_2、S_3、S_4输入转动控制脉冲（图1-9）时，每个转动位置A、B两定子均有一个绕组通电，两定子形成32个磁极。设转子转动前S_1与S_4两绕组通电，定子磁极的排列与转子的位置如图1-10(a)所示；当S_2通电脉冲输入时，S_1与S_2两绕组通电，定子32个磁极的极性排列发生改变[图1-10(b)]，形成了与转子磁极同性相斥、异性相吸的磁力作用，使转子转动至其N、S极又与定子的异性磁极相对应的位置[图1-10(c)]，电动机完成转动。

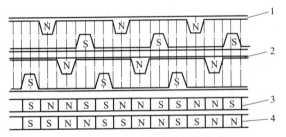
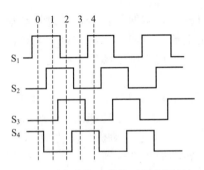

图 1-8 步进电动机定子磁极的形成
1—定子 A；2—定子 B；3—S_1、S_2 通电定子磁极排列；
4—S_2、S_3 通电定子磁极排列

图 1-9 步进电动机转动控制脉冲
0—转动前；1—转动第一步；2—转动第二步；
3—转动第三步；4—转动第四步

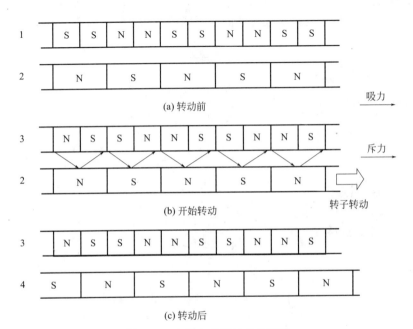

图 1-10 步进电动机的工作原理
1—转动前定子磁极排列；2—转动前转子磁极位置；3—转动时定子磁极排列；4—转动后转子磁极位置

定子的 4 个绕组按 S_1、S_2、S_3、S_4 的顺序输入通电脉冲，就可使电动机逐步（1/32 圈）转动。如果要使电动机反方向转动，只需按 S_4、S_3、S_2、S_1 的顺序输入通电脉冲即可。

要点提示：普通电动机转子在电磁转矩的作用下产生旋转运动，其电磁转矩是在"安培力"（载流导体在磁场中受磁场作用力）的作用下产生的。而步进电动机的转动是定子磁极的 N、S 极移动，使转子磁极受磁力（吸力和斥力）作用而转动。

（2）电磁阀类执行器

在发动机电子控制系统中，电磁阀类执行器应用较多。根据电磁阀动作方式的不同分，可将电磁阀分为直动式电磁阀和旋转式电磁阀两大类。

① 直动式电磁阀。直动式电磁阀的线圈通电后，其阀体产生直线运动。喷油器、直动式怠速控制电磁阀、废气再循环电磁阀、炭罐通气电磁阀等均为此类电磁阀。

直动式电磁阀主要由线圈、铁芯和弹簧等组成，如图 1-11 所示。当线圈通电时，线圈

产生电磁力，铁芯就会在电磁力的作用下克服弹簧力而轴向移动，通过与铁芯连接的阀杆带动阀芯或滑阀做出相应的控制动作。

直动式电磁类执行机构按其工作方式分，有开关式、定位式和脉动式等几种。

开关工作方式：直动式电磁阀的电磁线圈只有通电和不通电两个工作状态，控制脉冲如图1-12(a)所示。执行机构由弹簧力保持初始状态，由电磁线圈通电产生的电磁力克服弹簧力产生控制阀体动作，并通过电磁线圈持续通电保持动作后的状态。

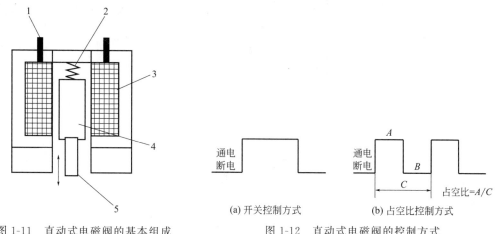

图1-11　直动式电磁阀的基本组成
1—接线端子；2—弹簧；3—线圈；
4—铁芯；5—阀杆

图1-12　直动式电磁阀的控制方式

定位工作方式：直动式电磁阀的电磁线圈电流大小由控制器控制，电磁线圈在不同的电流下产生大小不同的电磁力，与弹簧力平衡后实现不同程度的动作。定位工作方式的电磁线圈电流大小控制有两种方式：一种是控制持续的稳定电流大小；另一种是通过占空比脉冲[图1-12(b)]控制平均电流的大小。

持续电流控制方式下，控制器通过驱动电路控制电磁阀线圈的电流大小，其控制信号则为复杂，而用占空比信号控制电磁线圈的平均电流，控制器的控制信号则比较简单。

脉动工作方式：直动电磁阀的电磁线圈也只有通电和不通电两个工作状态，但电流以占空比脉冲的方式流经电磁线圈，通过执行机构动作前、后比率来实现对目标参量的控制。

② 旋转式电磁阀。旋转式电磁阀通电工作时，其阀体做相应的转动。一些发动机怠速控制阀采用了旋转式电磁阀。旋转电磁阀的主要部件是带动阀转动的转子和定子，其电路原理如图1-13所示。

旋转电磁阀的转子为永久磁铁，定子绕有两个匝数相同且对称布置的电磁线圈，通电后两电磁线圈所产生的电磁力对转子的作用力方向相反。

ECU输出占空比脉冲信号，此控制信号通过VT_1、VT_2组成的驱动电路控制电磁阀线圈L_1、L_2的通断电。由于控制信号到VT_1基极经反相器反相，因此，从三极管VT_1、VT_2集电极输出的是相位相反的控制脉冲。

当控制信号占空比为50%时，一个脉冲周期VT_1、VT_2的导通相位相反，但导通时间相同。L_1、L_2的通电时间各占一半，两线圈的平均电流相同，产生相同大小的电磁力，对转子的作用力互相抵消，所以这时的转子在原来的位置保持不动。

当控制信号占空比大于50%时，L_2的通电时间大于L_1，通过L_2的平均电流大于L_1，两线圈产生的磁场合力使转子转动一个角度。

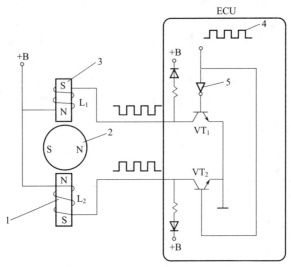

图 1-13 旋转式电磁阀电路原理
1,3—定子；2—转子（永久磁铁）；4—控制信号（占空比信号）；5—反相器

当控制信号占空比小于 50% 时，L_1 的通电时间大于 L_2，通过 L_1 的平均电流大于 L_2，两线圈产生的磁场合力则使转子按相反的方向转动一个角度。

占空比相比于 50% 的差距越大，转子转动（正转或反转）的角度也越大。控制器就是通过输出占空比不同的脉冲信号，实现对转动电磁阀的旋转角度及转动方向的控制。

如图 1-14 所示的是旋转式电磁阀的另一种结构形式，这种形式的旋转式电磁阀其定子是永久磁铁，转子绕有两个匝数相同且对称布置的电磁线圈，线圈电流通过电刷和滑片引入。这种转动电磁阀的工作原理与如图 1-13 所示的旋转式电磁阀完全相同。

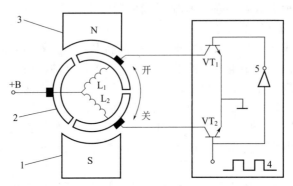

图 1-14 定子为永久磁铁的旋转式电磁阀电路原理
1,3—定子（永久磁铁）；2—转子；4—控制信号（占空比信号）；5—反相器

第二章 单片机的构成与原理

汽车电子控制系统的核心是其电子控制器,而汽车电子控制器的核心则是微型计算机。现代汽车电子控制系统所用的微型计算机大都是单片机。本章简明扼要地介绍单片机的硬件与软件构成,以使读者对单片机的结构原理有比较清晰的认识,以便于更好地学习与理解汽车电子控制器的构成与控制原理。

第一节 单片机概述

一、单片机的基本概念及特点

1. 计算机的基本结构

各种类型的计算机,其内部的主要部件有控制器、运算器、存储器,再加上输入设备和输出设备就构成了一个具有数据处理和控制功能的计算机系统。计算机的基本结构如图 2-1 所示,计算机各组成部件的功能如下。

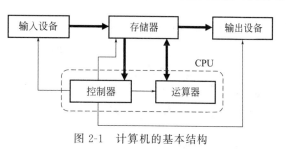

图 2-1 计算机的基本结构

(1) 控制器与运算器

控制器:控制器的作用是按事先编制的程序发出控制指令,使计算机自动协调地工作。

运算器:运算器由控制器控制其工作,可进行算术与逻辑运算。

控制器与运算器组成中央微处理器(CPU),是计算机的核心部件。

(2) 存储器

存储器也被称为内存,用于存放计算机工作时所用的指令和数据。计算机通常需要配备外存储器,用作内存后备存储器。外存储器的容量大,速度相对较慢,不由 CPU 直接控制。典型的外存储器有光盘及 U 盘等。此外,磁带、磁盘(软盘和硬盘)也曾经被用作计算机的外存储器。

(3) 输入/输出设备

输入设备:输入设备属于计算机的外部设备,用于将文字、声音、图像、被控对象的某种物理量转换为电信号,如键盘、鼠标、手写板、扫描仪、光电阅读器、各种传感器等,这些均可用作计算机的输入设备。汽车电子控制系统主要的输入设备就是各种传感器。

输出设备:输出设备也属于计算机的外部设备,用于将计算机的处理结果显现出来,或控制相关执行器动作,如显示器、打印机、绘图仪、扬声器、各种被控对象的执行器等均可用作计算机的输出设备。汽车电子控制系统的输出设备就是各控制系统的执行器。

2. 计算机的类型

当今世界人类与计算机已经密不可分,根据计算机的规模、速度和功能等的不同,可分为巨型机、大型机、中型机、小型机和微型机。微型机采用集成度很高的器件,具有体积小、功耗小、可靠性高、价格低等特点,而其速度、精度、存储能力和逻辑判断能力可达到中、小型机的水平。因此,微型机无论是其应用领域还是其数量都是各型计算机之最。

微型机又有单板机、单片机、多板机之分。

单板机:单板机是将计算机的主要部件中央微处理器(CPU)、存储器(ROM 和 RAM)、输入/输出接口(I/O)及相关的辅件组装在一块印制电路板上的微型计算机。单板机如图 2-2 所示。

单片机:单片机则是将 CPU、ROM、RAM、I/O 及定时/计数器等全部集成在一块芯片上的微型计算机。单片机芯片如图 2-3 所示。

图 2-2 单板机

图 2-3 单片机芯片

多板机:多板机是由多块印制电路板所构成的微型计算机,相比于单板机,多板机可通过插槽连接功能板,以扩展计算机的功能。使用最为广泛的计算机的主板就是一块多板机(图 2-4)。

3. 单片机的基本概念

单片机即单片微型计算机(Single Chip Microcomputer,SCM),是一块集成电路芯片。SCM 是采用超大规模集成电路技术,将具有数据处理能力的中央微处理器(CPU)、随机存储器(RAM)、只读存储器(ROM)、输入/输出接口(I/O)、中断系统、定时器/计时器等功能模块集成到一块硅片上构成的一个小而完善的微型计算机系统。

图 2-4 多板机

在单片机诞生之初,其组成与原理都基于计算功能,因此,称其为单片机(SCM)是一个准确而又流行的称谓。随着 SCM 在技术上和体系结构上的不断进步,使其控制功能不断扩展,它的主要功能也从计算转向了控制,因而国际上也逐渐将这种芯片改称为微控制器(Micro Controller Unit,MCU)。MCU 已经是国际上公认的名词,其中文翻译应为微控制器,但中文习惯上还是用"单片机"这个称谓。也就是说,将中文"单片机"的英文缩写写成"MCU",或是将 MCU 翻译为"单片机"而不是微控制器,是因为中文习惯了"单片机"这个称谓。实际上,单片机就是微控制器。

4. 单片机的特点

单片机与通用型的微机相比,其结构、指令设置及性能等特点如下。

① 存储器功能分工明确。单片机中的只读存储器(ROM)和随机存储器(RAM)的功用严格区分。ROM 为程序存储器,只存储程序、固定的常数及数据表格。RAM 则为数据存储器,用作工作区及存放用户数据。这种存储结构使得用于控制的单片机具有较大的程序存储空间,便于将已开发成功的程序固化在 ROM 中,而将工作中少量的随机数据存放于 RAM 中。

② 采用面向控制的指令系统。单片机的指令系统中均有极丰富的转移指令、I/O 口的逻辑操作以及位处理等功能,用以满足控制的要求。

③ 具有很高的集成度。单片机把各功能部件集成在一块芯片上,内部采用总线结构,减少了总线内部之间的连线,大大提高了单片机的可靠性和抗干扰能力。另外,其体积小,对于强磁场环境易于采取屏蔽措施,能适应恶劣的环境。同时随着集成度的越来越高,生产规格越来越大,性价比也越来越高。

④ 低功耗、低电压。单片机的功耗低,电源电压也低,有利于开发便携式产品。

⑤ 增设 I^2C 串行总线方式。单片机增加了 I^2C(Inter-Integrated Circuit)串行总线方式、SPI(Serial Peripheral Interface)串行接口等,进一步缩小了体积,简化了结构。

⑥ 适用性强、开发方便。单片机的系统扩展、系统配置较典型、规范,只需极少的外部电路与程序软件相结合,就可构成不同用途、各种规模的应用系统。

5. 单片机的应用

单片机是汽车电子控制系统的核心部件,除此之外,在日常生活、工业测控、国防军事等各个领域均有着广泛的应用,单片机对人们的生活、社会的进步均发挥了极其重要的作用。

① 在日常生活中的应用。在人们日常生活中,单片机的应用比比皆是,例如:商店的电子秤、医院的心电仪、出租车上的计费表、公交车上的语音报站器、路边的电子屏、教学用的学习机以及家用的电冰箱、电视机、洗衣机、照相机、录像机、电饭煲等,这些电子器件的控制核心均为单片机。

② 工业测控领域的应用。在各类测控仪器仪表中,采用单片机可使仪器仪表实现数字化、智能化和微型化,且测控的功能也可大幅提高。

③ 计算机外部设备与智能接口中的应用。在计算机外部设备与智能接口中,也有单片机的应用,例如:图形终端机、传真机、复印机、打印机、绘图仪、磁盘磁带机、智能终端机等。

④ 网络与通信设备中的应用。在网络与通信设备中,采用高性能的单片机以达到应有的信号处理与通信能力。典型的应用实例有:手机、交换机等。

⑤ 军事、航空航天领域中的应用。军事、航空航天领域中,单片机同样有着广泛的应用。高性能的单片机可实现各种控制功能、工作可靠的测控装置,以满足军事及航空航天的需要。

⑥ 在汽车上的应用。20 世纪 70 年代末期,美国通用汽车公司首次采用微机控制汽油发动机的点火时间,自此以后,这种以微处理器为控制核心的汽车电子控制系统得到了迅速发展。单片机的成熟与迅速发展,也使其在汽车上的应用更加普遍。如今,汽车上由单片机组

成的汽车电子控制器少则 2~3 个,多的达数十个。单片机在汽车电子控制技术领域发挥着无可替代的作用。

二、单片机的发展概况

自从 1946 年 2 月第一台计算机问世以来,计算机技术有了翻天覆地的变化。目前计算机硬件技术向巨型化、微型化和单片化三个方向发展,而单片机无疑是计算机技术中最具活力的。自 1975 年美国 TEXAS 仪器公司的 TMS1000 系列 4 位单片机开始,到现在 40 多年的时间,单片机已从 4 位、8 位机发展到 16 位、32 位机;单片机从开始的主要用作计算(SCM),转为主要用于控制(MCU),再扩展为片上系统(SOC),单片机的集成度越来越高,其功能越来越强,应用也越来越广,单片机的种类也达到了数百种。

根据其发展时间历程与功能特点,单片机的发展可大致分为如下 4 个阶段。

1. 探索阶段

单片机发展的最初阶段主要是探索如何把计算机的主要部件集成在一块芯片上。1975 年 TMS1000 系列 4 位单片机问世以后,与计算机相关的制造公司纷纷投入单片机的研究与开发之中。1976 年,英特尔公司推出了 MCS-48 系统 8 位单片机,自此,单片机发展进入了一个新的阶段,8 位单片机纷纷应运而生。

1978 年以前各厂家生产的 8 位单片机,由于受集成度的限制,一般没有串行接口,并且寻址的范围小(<8kB),从性能上看属于低档 8 位单片机。

2. 完善阶段

在 1978~1983 年期间,随着集成电路工艺水平的提高(集成度提高到几万支管/片),一些高性能的 8 位单片机相继问世。在品种繁多的单片机中,最典型的当属英特尔公司 1980 年推出的 MCS-51 系列单片机。MCS-51 是在 MCS-48 的基础上发展起来的,其功能较 MCS-48 有很大的增强,属高档 8 位单片机。MCS-51 系列单片机主要在如下几个方面奠定了其典型的通用总线型单片机体系结构的基础。

① 设置了经典、完善的 8 位单片机的并行总线结构。

② 外围功能单元为 CPU 集中管理的模式。

③ 体现控制特性的位地址空间、位操作方式。

④ 指令系统趋于丰富和完善,并且增加了许多突出控制功能的指令。

由于 MCS-51 系列单片机在结构上的逐渐完善,奠定了它在这一阶段的领先地位。它的产品曾经在世界单片机市场占有 50% 以上的份额。MCS-51 系列单片机还具有品种全、兼容性强、软硬件资料丰富等待点,直到现在,MCS-51 系列仍不失为单片机中的主流机型。因此,国内通常以 MCS-51 系列单片机作为教学机型。

3. 微控制器发展阶段

为满足测控系统要求的各种外围电路与接口电路,突出其智能化控制功能,飞利浦等一些著名半导体厂商在 8051 单片机基本结构的基础上,增加了外围电路功能,以突出单片机的控制功能。在单片机芯片中纳入了用于测控的模数转换器、数模转换器、程序运行监视器、脉宽调制器等功能电路后,就突出了单片机的微控制器特征。

为了进一步缩小单片机的体积,出现了为满足串行外围扩展要求的串行总线及接口,例如:I^2C、SPI、MICROWIRE 等串行总线及接口。同时,带有这些接口的各种外围芯片也应运而生，如存储器、A/D、时钟等，出现了有较高性能的 16 位单片机。

4. 全面发展阶段

随着单片机应用的日益广泛，单片机的研究与开发也进入了新的高潮。许多大半导体和电气厂商也都开始加入单片机的研制和生产的行列，单片机世界出现了百花齐放、欣欣向荣的景象。如今，高速、大寻址范围、强运算能力的 8 位、16 位、32 位通用型单片机，以及小型廉价的专用型单片机层出不穷，这些高性能的单片机满足了更广的应用领域、更高的性能要求。

三、单片机的发展趋势

为在单片机的市场中占有更多的份额，世界各大芯片制造公司都竭尽全力推出自己的单片机，从 8 位、16 位到 32 位，各种类型的单片机数不胜数；通用型的，或具有某特定功能的单片机应有尽有。纵观单片机的发展过程，今后单片机的发展趋势将是进一步向着 CMOS 化、低功耗、微型化、大容量、低价格和外围电路内装化等几个方向发展。

1. CMOS 化、低电压及低功耗

MCS-51 系列的 8031 型单片机推出时，其功耗达到了 630mW，而现在的单片机的功耗通常在 100mW 左右。为使单片机的功耗更低，单片机制造商们基本上都采用 CMOS（互补金属氧化物半导体）工艺。CMOS 虽然功耗低，但由于其物理特征决定其工作速度不够高，而 CHMOS（互补高密度金属氧化物半导体）工艺则具备了高速和低功耗物特点，更适合由电池供电而要求功耗更低的应用场合。随着超大规模集成电路技术由 $3\mu m$ 工艺发展到 $1.5\mu m$、$1.2\mu m$、$0.8\mu m$、$0.5\mu m$、$0.35\mu m$ 工艺，进而实现 $0.2\mu m$ 工艺，全静态设计使时钟频率从直流到数十兆任选，均使单片机的功耗更低。

几乎所有的单片机都有 Wait、Stop 等省电运行方式，允许使用的电源电压范围也越来越宽。一般单片机都能在 3~6V 的电压范围内工作，对由电池供电的单片机已不再需要采取电源稳压措施。低电压供电的单片机电源电压的下限已由 2.7V 降至 2.2V、1.8V 和 0.9V。

2. 微型化及外围电路内装化

现在的单片机普遍要求体积小、重量轻，这就要求单片机除了功能强和功耗低外，还要求其体积要小。新型单片机具有多种封装形式，其中 SMD（表面封装）越来越受欢迎，使得由单片机构成的系统向着微型化方向发展。

随着单片机集成度的不断提高，有可能将各种外围功能器件集成在片内。例如：单片机中除了常规的 CPU、RAM、ROM、I/O、中断/定时器及时钟电路以外，还可将模/数与数/模转换器、脉宽调制器（PWM）、监视定时器（WDT）、液晶显示驱动电路的外围电路集成在片内。单片机包含的功能电路越多，其功能就越强大。现在，一些单片机厂商还可以根据用户的要求量身定做，制造出具有特定功能的单片机芯片，如图 2-5 所示的就是专用应用于汽车电子控制系统的单片机。

3. 大容量、低价格、高性能化

普通单片机片内的 ROM 和 RAM 容量有限，通常需要外接扩充来达到系统的容量需求。如果能加大片内存储器容量，就可简化系统的结构。目前，单片机片内 ROM 的容量最

图 2-5 专用于汽车电子控制系统的单片机

大已可达 64kB，RAM 最大为 2kB，而专用的存储器芯片容量已达 4GB。

随着超大规模集成电路技术水平的提高，单片机的体积也越来越小，而价格则更便宜，CPU 的性能可进一步改善。一些单片机为提高 CPU 的性能，采用了精简指令集（RISC）结构和流水线技术，并加强了位处理、中断和定时控制功能。

4. ISP 及基于 ISP 的开发环境

单片机快闪存储器（FLASH）的使用，推动了在片编程（In System Programmable，ISP）技术的发展。可以用计算机将编制好的程序通过 3 根 SPI 接口线直接传输并且烧录到单片机的 FLASH 中。

5. 8 位、16 位、32 位单片机共同发展

到目前为止，8 位单片机仍然是应用最多的机型。随着移动通信、网络技术、多媒体技术等高科技产品进入家庭、应用于汽车，32 位单片机，特别是 32 位的嵌入式结构 RISC-DSP 双核单片机得到了迅速的发展。过去认为由于 8 位单片机功能越来越强，32 位机越来越便宜，使 16 位单片机生存空间有限，但现在 16 位单片机的发展无论从品种和产量方面，近年来都有较大幅度的增长。

第二节　单片机的硬件构成与工作原理

一个完整的单片机系统包括两大部分，即硬件部分和软件部分。硬件是组成单片机的物理实体，而软件则是使硬件正常工作的程序。本节以使用非常广泛、与之兼容很多的 MCS-51 系列单片机为例，介绍单片机的组成与工作原理。

一、单片机的组成部件

从本章第一节中已经了解到，单片机是将中央微处理器（CPU）、存储器（ROM 和 RAM）、I/O 口、定时/计数器、中断系统等电路集成在一块芯片上的微型计算机。典型的单片机外形及端子排列如图 2-6 所示。

1. 单片机端子功能

从单片机的各端子功能入手，初步了解单片机的构成与功能。不同系列各品种的单片机其封装形式和端子（引脚）的排列会有所不同，现以 8051 单片机为例，说明单片机各端子的功能。8051 单片机有 40 个端子，各端子功能简介如下。

（1）电源端子

V_{CC}（40 脚）、GND（20 脚）为单片机芯片的电源端子，其中 V_{CC} 连接 +5V，GND（有时标 V_{SS}）为接地端。

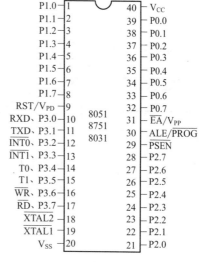

(a) 外形　　　　　　　　　　　　(b) 端子排列

图 2-6　典型单片机外形及端子排列

$\overline{INT0}$、$\overline{INT1}$ 等表示 INT0、INT1 等的反，即 INT0、INT1 经反相器后的输出端就是 $\overline{INT0}$、$\overline{INT1}$。

（2）时钟信号端子

$\overline{XTAL1}$（19脚）、$\overline{XTAL2}$（18脚）为单片机芯片的时钟信号端子，分别连接外部晶振和微调电容的两端。采用外部时钟源时，$\overline{XTAL2}$ 端子悬空。

（3）控制信号端子

RST/V_{PD}（9脚）、$ALE/\overline{PROG}$（30脚）、$\overline{EA}/V_{PP}$（31脚）和 $\overline{PSEN}$（29脚）为单片机芯片的控制信号端子。

RST/V_{PD}：该端子具有双重功能，正常工作时，RST 端为复位信号输入端，使该端子保持两个机器周期以上的高电平，机器即完成复位操作；在 V_{CC} 掉电时，V_{PD} 端可接上备用电源，由 V_{PD} 端子向片内 RAM 存储器供电，以避免 RAM 中的数据丢失。

$ALE/\overline{PROG}$：这也是双功能端子，当 CPU 访问片外存储器（ROM 或 RAM）时，ALE 输出地址锁存允许信号，用于锁存地址的低 8 位；单片机正常工作时，ALE 端子输出脉冲信号，频率为石英晶振的 1/6；在烧写 EPROM 时，$\overline{PROG}$ 则作为烧写的时钟输入端。

$\overline{EA}/V_{PP}$：$\overline{EA}$ 端子用作访问 ROM 控制信号，$\overline{EA}$ 为低电平时，CPU 访问片内 ROM，$\overline{EA}$ 为高电平时，CPU 访问片外 ROM。

$\overline{PSEN}$：片外 ROM 地址允许输入信号，低电平有效。

（4）输入/输出端口

P0（32～39脚）、P1（1～8脚）、P2（21～28脚）、P3（10～17脚）为单片机的并行端口，用于数据的并行输入与输出，P3 端口各端子还具有某些特殊功能。

2. 单片机的功能部件

8051 单片机的组成框图如图 2-7 所示，其内部功能部件和电路如下。

① 中央微处理器 CPU。8051 单片机是 1 个 8 位 CPU，是单片机的核心部件。

② 时钟电路。片内时钟电路包括一个片内振荡器和定时电路，其作用是产生单片机时钟脉冲 CLK。

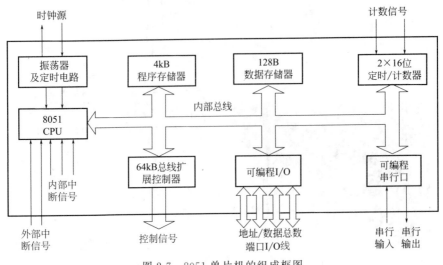

图 2-7　8051 单片机的组成框图

③ 程序存储器 ROM。8051 单片机片内有 4kB 可编程 ROM 存储器，用于存储程序和原始数据。

④ 数据存储器 RAM。8051 单片机片内有 128B RAM 存储器，用于存储运算结果、暂存数据和数据缓存。

⑤ 定时/计数器。8051 单片机有两个 16 位定时/计数器，可用于片内定时和片外计数，并以定时或计数的结果（查询或中断）实现相关的控制。

⑥ 可编程并行接口。8051 单片机具有 4 个 8 位 I/O 口（P0、P1、P2、P3），用以实现片内与片外的数据并行输入与输出。

⑦ 中断控制系统。8051 单片机具有 5 个中断源，包括 2 个外部中断、2 个定时/计数器中断、1 个串行中断，有高级和低级 2 个中断优先级。

⑧ 64kB 总线扩展控制器。8051 片内 ROM、RAM 存储容量有限，总线扩展控制器可寻址 64kB 的外 ROM 和外 RAM。

⑨ 总线。单片机各功能部件由内部总线联结，内部总线有地址总线、数据总线和控制总线，地址总线是单向的，而数据总线是双向总线。

⑩ 可编程串行口。8051 单片机有 1 个可编程全双工串行口，利用 P3.0（RXD）和 P3.1（TXD）实现片内与片外的数据串行传送。

二、单片机的内部结构与工作原理

1. 单片机的内部结构

8051 单片机内部总体结构框图如图 2-8 所示。按其功能分，主要有运算器、控制器、存储器、专用寄存器、中断系统、I/O 接口等几部分。

（1）运算器

运算器由算术逻辑运算部件 ALU、累加器 ACC、暂存器、程序状态字寄存器 PSW 等组成。为了提高数据处理和位操作功能，片内增加了一个通用寄存器 B 和一些专用寄存器，还增加了位处理逻辑电路的功能。

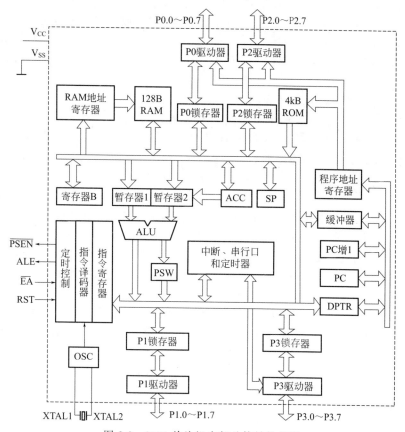

图 2-8　8051 单片机内部总体结构框图

算术逻辑运算部件 ALU 由加法器和其他逻辑电路组成，用于对数据进行算术四则运算和逻辑运算、移位操作、位操作等。两个操作数由 ACC 通过暂存器 2 输入，另一个由暂存器 1 输入，运算结果的状态送至程序状态字寄存器 PSW。

累加器 ACC 是 8 位寄存器（简称 A），它通过暂存器与 ALU 相连，用来存储一个操作数或中间结果。CPU 在工作过程中，A 是使用最频繁的寄存器。

程序状态字寄存器 PSW 是 8 位专用寄存器，用于存程序运行中的各种状态信息，如溢出、进位、奇偶等。它可以按字节操作，也可进行位寻址（对单元中的位操作）。

通用寄存器 B 是 8 位的通用寄存器，主要在乘除运算中用到。

提示： 寄存器是由触发器和门电路组成，单片机的寄存器有 8 个或 16 个记忆单元。

（2）控制器

控制器主要由指令寄存器 IP、指令译码器 ID 及定时逻辑控制电路等组成。

指令寄存器 IP 是 8 位寄存器，用于暂存待执行指令，等待译码。

指令译码器 ID 对指令寄存器中的操作码部分进行译码，并输出相应的操作信号。

定时逻辑控制电路即控制矩阵，在时钟电路 OSC 的配合下产生指令相对应的控制字（控制脉冲），控制相应的部件工作。

（3）专用寄存器

8051 单片机中，还设有一些专用寄存器，如程序计数器 PC、地址指针寄存器 DPTR、缓冲寄存器、程序地址寄存器等都有专用的功用。

程序计数器 PC 是 16 位专用寄存器，用于提供指令存储单元地址，在时钟脉冲 CLK 到来时会自动加 1，以产生存放下一条指令的地址。在 CPU 取指时，PC 中的内容送入地址总线，从存储器中取出指令后，PC 内容自动加 1，指向下一条指令，使程序可按顺序执行。

地址指针寄存器 DPTR 也是一个 16 位专用寄存器，用来存放片外数据存储器的 16 位地址码。

缓冲器（缓冲寄存器）用于暂存指令或数据。

程序地址寄存器用于暂存待访问的程序存储器程序存储单元的地址。

8051 单片机内部还包括两个 16 位定时/计数器、中断系统、串行口和 4 个并行口等，这些功能器件与电路的结构与原理在后面专门予以介绍。

2. 单片机的工作过程

开机后，单片机时钟电路就产生时序信号脉冲 CLK，使机器按 CLK 脉冲的节拍有序地工作。单片机的工作过程大致如下。

① 取指过程。首先，程序存储器 PC 将首条指令存储单元的地址码传送给程序地址寄存器，然后从程序存储器 ROM 中取出首条指令代码，并将其送入指令寄存器 IP。此后，PC 在 CLK 作用下加 1，产生下一条指令的地址。

② 产生控制字过程。送入 IP 中的指令代码由指令译码器 ID 译成相应的指令动作（指令线高电平），并通过定时控制电路（控制矩阵）产生相应的控制字（控制脉冲），控制机器进行相应的操作。

③ 运算与存取数据过程。运算器在控制脉冲的作用下进行相应的运算与存取操作。

④ 数据的输入/输出过程。如果数据需要输出或输入，则控制器会根据控制指令产生相应的控制字，控制相关的接口工作，将数据输出片外，或将片外的数据传入片内总线。

三、单片机的存储结构

1. 8051 单片机的存储空间配置

8051 单片机存储器分为四个存储空间，分别为片内 ROM（4kB）、片外 ROM（64kB）、片内 RAM（256B）、片外 RAM（64kB），其存储空间配置如图 2-9 所示。

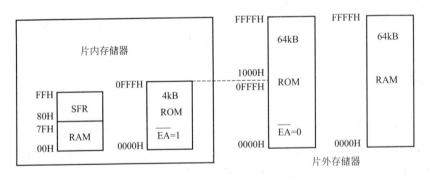

图 2-9　8051 单片机存储空间配置

图中的存储单元地址用十六进制数表示，用以方便阅读和记忆。最后的"H"表示前面的数为十六进制数。十六进制数与十进制数和二进制数的对应关系如表 2-1 所示。

由于片内与片外 ROM 统一编址，因此，从用户使用的角度看，8051 单片机的存储器

表 2-1　十六进制数与十进制数和二进制数的对应关系

十六进制数	0	1	2	3	4	5	6	7	8	9	A	B	C	D	E	F
二进制数	0000	0001	0010	0011	0100	0101	0110	0111	1000	1001	1010	1011	1100	1101	1110	1111
十进制数	0	1	2	3	4	5	6	7	8	9	10	11	12	13	14	15

地址空间只有三个：片内外统一编址的 64kB 的程序存储器地址空间、片内 256B 的数据存储器地址空间和片外 64kB 的数据存储器地址空间。

请注意：访问不同逻辑空间时，需要使用不同类型的指令。

片内数据存储器使用 MOV 指令访问，片外数据存储器使用 MOWX 指令访问，而片内、外程序存储器使用 MOVC 指令访问。

2. 程序存储器 ROM

（1）程序存储器 ROM 的访问方式

片内、片外程序存储器均使用 MOVC 指令访问，程序计数器 PC 产生访问 ROM 的地址码。如果 $\overline{EA}=1$（$\overline{EA}$ 表示 EA 的反），访问从片内 ROM 开始，即程序从片内 ROM 存储单元的程序开始执行；当程序计数器 PC 的地址码超出片内 ROM 的容量（>0FFF）时，则自动转向访问片外 ROM。如果 $\overline{EA}=0$，则只能访问片外 ROM。

（2）程序存储器 ROM 的访问地址

程序计数器 PC 为 16 位，因此，可访问 64kB 的地址空间。当访问了 ROM 的一个存储单元（执行了一条指令后），CPU 使 PC+1，因此，读取 ROM 中的程序是按各存储单元的地址从低到高的顺序进行的。当需要跳转到其他存储单元读取相应的程序或数据时，通过相应的指令修改 PC 即可。

（3）程序存储器 ROM 的空间结构

64kB 的 ROM 中，设有特殊存储区，用户不能安排其他内容。单片机在复位后 PC 值为 0000H，所以 0000H 是系统的启动地址，因此用户在设计程序时一般会在该存储单元存放一条绝对跳转指令，跳转到放主程序的存储区入口地址。其他 5 个用作中断指令的存放地址区如下：

　　　　0003H-000AH　　外部中断 0
　　　　000BH-0012H　　定时器/计数器 0 中断
　　　　0013H-001AH　　外部中断 1
　　　　001BH-0022H　　定时器/计数器 1 中断
　　　　0023H-002AH　　串行中断

3. 数据存储器 RAM

数据存储器 RAM 分为内部数据存储和外部数据存储，访问片内 RAM 用 "MOV" 指令，访问片外 RAM 用 "MOVX" 指令。RAM 用于存放运算的中间结果、过程数据和数据缓冲，数据存储器均可读写，部分单元还可以位寻址。

（1）片内数据存储器 RAM

8051 单片机的内部数据存储器在物理上和逻辑上都分为两个地址空间，即数据存储器空间（低 128 单元）和特殊功能寄存器空间（高 128 单元）。这两个空间是相连的，对用户而言，低 128 单元才是真正的数据存储器。

① 低 128 单元 RAM（00H～7FH）。由工作寄存器区、位寻址区和数据缓冲区组成，如图 2-10 所示。

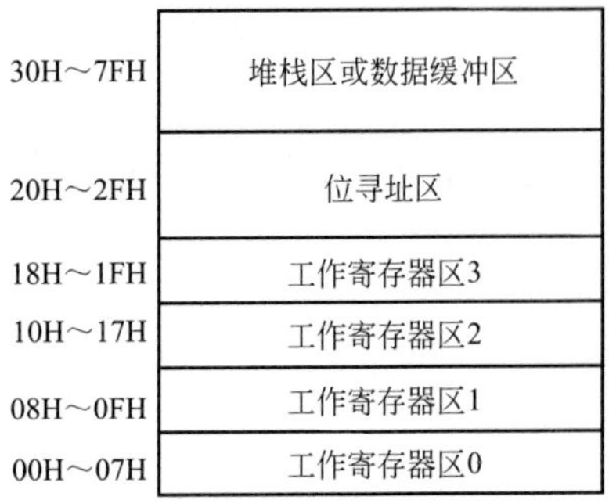

30H～7FH	堆栈区或数据缓冲区
20H～2FH	位寻址区
18H～1FH	工作寄存器区3
10H～17H	工作寄存器区2
08H～0FH	工作寄存器区1
00H～07H	工作寄存器区0

图 2-10 低 128 单元 RAM 分区

工作寄存器区（00H～1FH）占 32 字节，有 4 组工作寄存器，每组有 8 个工作寄存器（R0～R7），共占 32 个存储单元。R0～R7 用来储存数据或中间结果，使用灵活。任一时刻 CPU 只能使用其中的一组寄存器区，由程序状态寄存器 PSW 中 RS1、RS0 的状态决定当前工作寄存器组。

位寻址区（20H～2FH）占 16 字节，既可以按字节寻址，作为一般的 RAM 单元使用，又可以按位寻址。即该区各单元既有字节地址，而且字节中每位还有位地址。位寻址位操作是指按位地址对该位进行置 1、清 0、求反或判转等布尔操作。

注意：位寻址区各单元的每一位都有一个地址，以实现按位操作。

数据缓冲区（30H～7FH）占 80 字节，是供用户使用的数据区，用户的大量数据存放在此区域，在实际使用时，常把堆栈开辟在此。堆栈用来存储特殊地址信息，是一个按照后进先出原则组织的一段内存区域，详细了解请阅读本章第三节的相关内容。

② 高 128 单元 RAM（80H～FFH）。该存储区为具有特殊功能的专用寄存器（SFR）区，8051 单片机将 CPU 中的专用寄存器、并行端口锁存器、串行口与定时器/计数器内的控制寄存器集中安排到一个区域，离散地分布在 80H～FFH 的范围内。特殊功能寄存器只能通过直接寻址的方式进行访问，其字节地址分配情况如表 2-2 所示。

表 2-2 特殊功能寄存器字节地址分配情况

SFR 名称	符号	地址	SFR 名称	符号	地址
P0 口锁存器	P0	80H	串行口锁存器	SBUF	99H
堆栈指针	SP	81H	P2 口锁存器	P2	(A0H)
数据地址指针(低 8 位)	DPL	82H	中断允许控制寄存器	IE	(A8H)
数据地址指针(高 8 位)	DPH	83H	P3 口锁存器	P3	(B0H)
电源控制寄存器	PCON	87H	中断优先级控制寄存器	IP	(B8H)
定时器/计数器控制寄存器	TCON	(88H)	定时器 2 状态控制寄存器	T2CON	C8H
定时器/计数器方式控制寄存器	TMOD	(89H)	定时器/计数器 2 低 8 位缓冲器	RCAP2L	CAH
定时器/计数器 0(低 8 位)	TL0	8AH	定时器/计数器 2 高 8 位缓冲器	RCAP2H*	CBH
定时器/计数器 0(高 8 位)	TL1	8BH	定时器/计数器 2(低 8 位)	TL2*	CCH
定时器/计数器 1(低 8 位)	TH0	8CH	定时器/计数器 2(高 8 位)	TH2*	CDH
定时器/计数器 1(高 8 位)	TH1	8DH	程序状态字	PSW	(D0H)
P1 口锁存器	P1	(90H)	累加器	ACC	(E0H)
串行口控制寄存器	SCON	(98H)	寄存器 B	B	(F0H)

注：* 为 8052 所增加的特殊功能寄存器；带括号的字节地址表示有位地址，可进行位操作。

（2）常用特殊功能寄存器简介

累加器 ACC：通常用 A 表示。ACC 不仅是一个做加法的寄存器，它还是一个实现各种寻址及运算的寄存器。在 MCS-51 指令系统中，所有算术运算、逻辑运算几乎都要使用到

ACC，而对程序存储器和外部数据存储器的访问则只能通过 ACC 进行。

程序状态字寄存器 PSW：用来表示程序运行的状态，比如当前累加器 ACC 中数据的奇偶性（P）、做加减法时的进位与借位（CY）、四个工作区的选择（RS1、RS0）以及辅助进位（AC）和溢出标志位（OV）等。PSW 是编程时需要特殊关注的一个寄存器。

通用寄存器 B：在做乘除运算时需要用到该寄存器，也是一个具有专用功能的寄存器。

数据指针 DPTR（DPL 和 DPH）：DPH 为 DPTR 的高 8 位，DPL 为 DPTR 的低 8 位。访问外部数据存储器和程序存储器时，必须以 DPTR 为数据指针通过 ACC 进行访问。

堆栈指针 SP：SP 即堆栈区地址，进栈时 SP 加 1，出栈时 SP 减 1。

端口锁存器 P0、P1、P2、P3：8051 单片机有四个双向 I/O 口（P0、P1、P2、P3），如果需要从指定端口输出一个数据，只需将数据写入指定端口锁存器即可；如果需要从指定端口输入一个数据，只需先将数据 0FFH（全部为 1）写入指定端口锁存器，然后读指定端口即可。如果不先写入 0FFH（全部为 1），读入的数据有可能不正确。

（3）片外数据存储器 RAM

片外 RAM 的读与控制信号是 P3 口中的 $\overline{WR}$ 和 $\overline{RD}$，访问外部数据存储器，可以用 16 位数据存储器地址指针 DPTR，用 P2 口输出地址高 8 位，用 P0 口输出地址低 8 位，用 ALE（30 脚）输出地址锁存信号。单片机 CPU 通过产生相应的 $\overline{RD}$ 和 $\overline{WR}$ 控制信号来控制读写操作。

8051 单片机的外部数据存储器其容量最大可扩展到 64kB。最常采用的外部数据存储器芯片是静态 RAM。

四、单片机的 I/O 接口电路原理

8051 单片机有四个 8 位 I/O 端口（P0、P1、P2、P3），连接 CPU 和外电路，用于信号的输入与输出、地址/数据总线或第二功能。四个 I/O 端口的功能和结构有所不同，但工作原理有相似之处。

1. P0 口的结构与工作原理

P0 口由锁存器、输入缓冲器、多路切换开关、一个与非门、一个与门及场效应管驱动电路构成，P0 口的电路原理如图 2-11 所示。

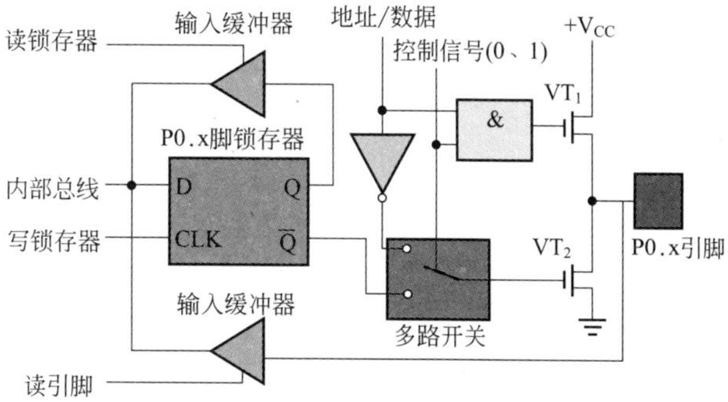

（1）组成部件作用原理

P0.x 脚锁存器：一位 P0.x 锁存器由一个 D 触发器构成，当写锁存器端为低电位时（CLK=0），Q、$\overline{Q}$ 端状态不变。

多路开关：由控制信号控制，控制信号为 1 时，多路开关与下面接通，P0 口作为普通 I/O 口使用，控制信号为 0 时，多路开关与上面接通，P0 口作为"地址/数据"总线使用。

图 2-11 P0 口的电路原理

驱动电路：由两个 MOS 管组成推拉式结构，也就是说，这两个 MOS 管一次只能导通一个，当 VT_1 导通时，VT_2 截止；当 VT_2 导通时，VT_1 截止。

（2）P0口用作输入/输出口时的工作原理

P0口作为I/O端口使用时，多路开关的控制信号为0（低电平），多路开关将$\overline{Q}$端与VT_2的输入端接通。

作输出口用：CLK=1，$\overline{Q}$端连接VT_2输入端。内部总线经锁存器D端、$\overline{Q}$端、多路开关、VT_2与P0口P0.x脚的引线连接。

作输入口用：先给锁存器写入1，使$\overline{Q}$端置0，使VT_2截止。然后使读引脚=1，P0口P0.x脚的引线与内部总线连接。

读锁存器：当需要读取原输出信号时，读锁存器置1，上输入缓冲器通路，Q端信号输入内部总线。

（3）P0口用作地址/数据总线的工作原理

P0口作为系统并行口扩展使用时，多路开关的控制信号为1（高电平），多路开关将非门输出端与VT_2的输入端接通。

地址/数据总线输出：控制信号=1，与门输出取决于地址/数据总线，地址/数据总线信号通过与门、非门控制VT_1、VT_2通断，使P0.x引脚得到地址/数据总线信号。

数据总线输入：当需要从外部存储器读取数据时，CPU使控制信号置0，并向锁存器置1（$\overline{Q}$端置0），V_2截止。读引脚=1，P0口P0.x脚的引线与内部总线连接。

2. P1口的结构与工作原理

P1口由锁存器、输入缓冲器及场效应管驱动电路构成，其电路原理如图2-12所示。

与P0相比，少了与门、非门和多路开关，上拉电阻取代了V_1，因此，不需要外接上拉电阻。P1的结构形式使它只能作为普通的I/O端口。同样，从外读入信号时，需要VT_2截止，因此，也要先向端口写入"1"。

作输出口用：CLK=1，$\overline{Q}$连接VT_2输入端。内部总线经锁存器D端、$\overline{Q}$端、VT_2与P1口P1.x脚的引线连接。

作输入口用：先给锁存器写入1，$\overline{Q}$端置0，使VT_2截止。然后使读引脚=1，P1口P1.x脚的引线与内部总线连接。

3. P2口的结构与工作原理

P2口由锁存器、输入缓冲器、多路切换开关、一个非门及场效应管驱动电路构成，其电路原理如图2-13所示。

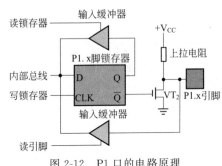

图2-12 P1口的电路原理

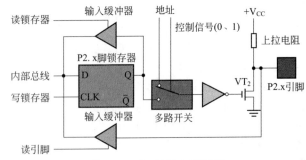

图2-13 P2口的电路原理

与P0口相比，VT_1换成了上拉电阻，无与门。P2口与P0相似，可作通用的I/O接口使用，也可用作访问外部存储器的高 8 位地址总线，与 P0 的低 8 位一起构成 16 位地址总线。

（1）P2 口用作输入/输出口的工作原理

P1 口作为 I/O 端口使用时，多路开关的控制信号为 0（低电平），多路开关将 $\overline{Q}$ 端与 VT_2 的输入端接通。

作输出口用：CLK=1，$\overline{Q}$ 端连接 VT_2 输入端。内部总线经锁存器 D 端、$\overline{Q}$ 端、多路开关、VT_2 与 P2 口 P2.x 脚的引线连接。

作输入口用：先给锁存器 Q 端置 1，通过反相器后使 VT_2 截止。然后将读引脚置 1，P2 口 P2.x 脚的引线与内部总线连接。

（2）P2 口用作地址总线的工作原理

P2 口作为高 8 位地址总线时，多路开关的控制信号为 1（高电平），多路开关将地址总线与 VT_2 的输入端接通。

地址总线信号输出：地址总线为 1 时，通过非门反相后使 VT_2 截止，使 P2.x 引脚为 1；地址总线为 0 时，反相后为 1，VT_2 导通，使 P2.x 引脚为 0。

4. P3 口的结构与工作原理

P3 口除了可作通用的 I/O 接口使用外，还具有第二功能。P3 口由锁存器、输入缓冲器、一个与非门及场效应管驱动电路构成，有第二功能输入、输出端，其电路原理如图 2-14 所示。

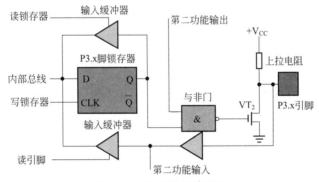

图 2-14　P3 口的电路原理

（1）P3 口用作输入/输出的工作原理

P3 口作为 I/O 端口使用时，第二功能输出端置 1。此时，内部总线信号的输入/输出过程与 P1 相同。

（2）P3 口用作第二功能的工作原理

P3 口的 8 条口线均具有第二功能，各端线的第二功能参见"单片机的引脚"。

用作第二功能输出：CPU 将该位的锁存器置 1，使 VT_2 输出状态只受"第二功能输出端"控制。信号经与非门、VT_2 两次反相后输出到 P3.x 引脚。

用作第二功能输入：CPU 使锁存器、第二功能输出端置 1，使 VT_2 截止。P3.x 引脚信号经缓冲器 3 送入第二功能输入端。

五、单片机的时钟、时序与工作方式

单片机的时序就是 CPU 在执行指令时所需控制信号的时间顺序，为了保证各部件间的同步工作，单片机内部电路需要在时钟脉冲的触发下按时序进行工作。

1. 时钟电路

8051 单片机内部有一个用于构成振荡器的高增益反相放大器，引脚 XTAL1 和 XTAL2 分别是此放大器的输入端和输出端。时钟脉冲的产生有内部方式 [图 2-15(a)] 和外部方式 [图 2-15(b)] 两种。

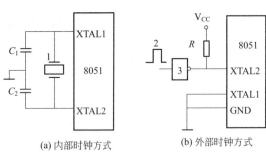

图 2-15　单片机时钟电路
1—晶体或陶瓷振荡器；2—外部振荡信号；
3—TTL 与非门

（1）内部时钟方式

如图 2-15(a) 所示的内部方式时钟电路，其外接晶体和电容 C_1、C_2 构成并联谐振电路，接在放大器的反馈回路中。内部振荡器产生自激振荡，晶振频率 f_{osc} 在 2~12MHz 之间任选。外接晶体时，C_1 和 C_2 通常选 30pF 左右；外接陶瓷谐振器时，C_1 和 C_2 的典型值为 47pF。

（2）外部时钟方式

如图 2-15(b) 所示的是外部方式时钟电路。采用外部方式时钟电路时，外部信号接至 XTAL2（内部时钟电路输入端），而 XTAL1 接地。由于 XTAL2 端的逻辑电平不是 TTL 与非门的，因而通常需要外接一个上拉电阻。

2. CPU 的时序

计算机在执行指令时，是将一条指令分解为若干基本的微操作。这些微操作所对应的脉冲信号在时间上的先后次序称为计算机时序。8051 单片机的时序由下面四种周期构成。

振荡周期：振荡脉冲的周期，即节拍，用 P 表示。

时钟周期：两个振荡周期为一个状态周期，也称为时钟周期，用 S 表示，它是单片机的基本时间单位。

机器周期：CPU 完成一个基本操作所需要的时间称为机器周期。一个机器周期包含 12 振荡周期，分为 6 个状态 S_1~S_6，每个状态又分为两个节拍（P_1、P_2）。振荡周期、时钟周期和机器周期的关系如图 2-16 所示。

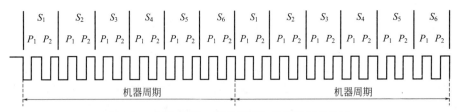

图 2-16　振荡周期、时钟周期和机器周期的关系

指令周期：执行一条指令所需的时间，它是以机器周期为单位。8051 系列单片机除乘法、除法指令是四周期指令外，其余都是单周期指令和双周期指令。若用 12MHz 晶振，则单周期指令和双周期指令的指令周期分别为 $1\mu s$ 和 $2\mu s$。

3. 单片机的工作方式

8051 单片机的工作方式有：程序执行方式、复位方式、待机运行方式、掉电工作方式以及 EPROM 编程和校验方式。

（1）程序执行方式

程序执行方式是单片机的基本工作方式，CPU 按照程序计数器 PC 所提供的地址从 ROM 中取指并执行。每取出一个字节，PC＋1→PC，因而在一般的情况下 CPU 顺序执行程序。当调用子程序、中断或执行转移指令时，PC 则会产生相应的地址码，使 CPU 根据 PC 新的地址从 ROM 中取指并执行。

（2）复位方式

复位是单片机的一个重要工作状态。在单片机工作时，上电时要复位，断电后要复位，发生故障后要复位，因此充分了解单片机的复位条件、复位后的状态及复位电路十分必要。

① 复位条件。8051 单片机的复位操作是使 RST 引脚（9 脚）保持高电平在两个机器周期以上。如果时钟频率为 6MHz，机器周期就为 2μs，则需要使 RST 引脚保持 4μs 以上的高电平。

② 复位后的状态。单片机复位操作不会改变片内 RAM 中低 128B 存储单元的内容，但特殊寄存器区中（高 128B）SFR 将被初始化。复位期间单片机的 ALE、$\overline{PSEN}$ 输出高电平，复位后片内各寄存器的状态如表 2-3 所示。

表 2-3 复位后片内各寄存器的状态

寄存器	状态	寄存器	状态
PC	0000H	TCON	00H
A_{CC}	00H	TMOD	00H
B	00H	TL0	00H
PSW	00H	TH0	00H
SP	07H	TL1	00H
DPTR	0000H	TH1	00H
IP	×××00000B	SBUF	不定
IE	0××00000B	SCON	00H
P0～P3	FFH	PCON	0×××××××B

注：×表示无关位，是一个随机数值。

单片机复位期间 ALE、$\overline{PSEN}$ 不输出信号，即单片机在复位期间不会有任何取指操作。

从单片机复位后各寄存器的状态，我们应该注意如下情况。

a. 程序计数器 PC 被清零，程序将从 0000H 地址开始执行。

b. SP 值为 07H，表明初始化的堆栈底为 07H，若在程序中不重新设置 SP 值，堆栈操作时堆栈将占用原属于通用寄存器区的 08H～1FH 存储单元（共 24B），20H 以上为位寻址区，若启动工作寄存器 1～3 区，或堆栈容量超出 24B，就将出错。因此，系统若要求堆栈深度足够大，或不占用部分工作寄存器区及位寻址区，就需要在程序初始化中重设 SP 值。通常置 SP 值为 50H 或 60H，相应的堆栈深度为 48B 和 32B。

c. P0～P3 口值为 FFH，即复位后已使 P0～P3 口每一端线均为高电平，为这些端线用作输入口做好了准备。

d. 其余各寄存器复位后均为 0，这些寄存器在使用时通常需要先赋值，因而无须记忆这些寄存器复位后的状态。

③ 复位电路。单片机的复位电路通常采用上电自动复位和按键复位两种方式。单片机复位电路原理如图 2-17 所示。

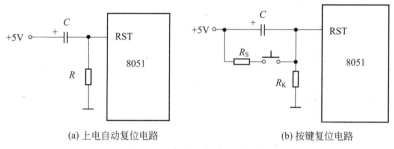

(a) 上电自动复位电路　　　　(b) 按键复位电路

图 2-17　单片机复位电路原理

上电自动复位是通过外部复位电路的电容充电来实现的。RC 构成微分电路，在接电瞬间产生微分脉冲，其宽度大于两个机器周期，因而单片机实现复位。

按键复位是通过手动按复位键（RESET）实现单片机的复位。按下 RESET 键，单片机 RST 端线就通过 RS 接通电源 V_{CC}，使 RST 端线足以保持高电平两机器周期以上。

手动按键复位除了图 2-17 所示的按键电平方式外，还有按键脉冲方式，按下 RESET 键后，通过 RC 微分电路产生的正脉冲来实现复位。

（3）待机运行方式

将 PCON 寄存器的 IDL 位置"1"，即进入待机运行方式。在程序运行过程中，CPU 没有工作要做（等待定时、中断请求等的到来）时，进入待机运行方式，可降低功耗。在待机运行方式下，时钟电路仍然工作，但不向 CPU 提供，只是向中断系统、定时/计数器和串行口等提供时钟脉冲。

单片机进入待机方式后，有两种退出方式：一种是中断系统发出了中断请求，响应中断（PCON 的 IDL 位被清零）而中止待机方式；另一种是通过硬件复位。

（4）掉电工作方式

掉电也是一种低功耗工作方式，将 RCON 寄存器的 PD 位置"1"，即进入掉电工作方式。在掉电工作方式下，片内时钟停振，仅保留 RAM 单元中的内容。退出掉电工作状态的唯一方法是硬件复位。

第三节　单片机的软件基础

一、单片机指令系统概述

用于控制单片机硬件有序地工作的机器指令是一组二进制数，所有机器指令的集合称为指令系统，指令系统是计算机软件的基础。

1. 指令的形式

每条机器指令都是一组二进制代码，它能够被机器识别。这种用二进制数表示的指令也被称为机器语言。虽然机器语言可直接操纵计算机硬件工作，但人要识别、记忆机器语言却十分困难。因此，为便于人的识别和记忆，用相应的助记符号来表示计算机的各条指令。这种用助记符号来表示的计算机指令，被称为汇编语言。

由此可见，要想掌握单片机的软件，就需要熟悉两种形式的计算机指令，一种是二进制代码组成，能被计算机识别的机器语言；另一种是采用助记符号，能被人十分容易地识别和记忆的汇编语言。汇编语言与机器语言指令有一一对应的关系，因此，人们用汇编语言来编制程序，通过"汇编"将程序翻译成机器语言后，再将其存入程序存储器。

2. 指令的格式

8051单片机每条指令都对应一个特定的操作功能，其中操作码和操作数用来表示该指令进行的是何种操作。包含内容最多的指令格式如下：

［标号］ 操作码 ［目的操作数］,［源操作数］;［注释］

指令中有方括号部分是可选项，也就是说，一条指令唯一不可缺少的是操作码。指令中各项的作用与意义如下。

操作码：用于指明机器所要进行的操作，比如：加、减、取数、输出等，因此，一条指明要进行何种操作的指令必须有操作码。操作码用助记符表示，例如，用 MOV 表示传送数据，ADD 则表示数相加。

操作数：用于指明本条指令所要执行的对象，操作数一般有 0~3 个，两个操作数之间用","分隔。操作数可以是一个数，也可以是一个地址或寄存器的代码。

注意：指令中目的操作数在前，源操作数在后。

标号：指令的地址标志符号，由 1~8 个字母或数字组成。规定第一个必须是字母，可以用下划线符号"_"。

特别提醒：指令助记符、伪指令、特殊功能寄存器名及指令系统符号等均不能用作标号。

注释：是该条指令功能的说明，以方便程序的阅读和调试。注释的内容不会有机器语言与之对应。

3. 指令的分类

（1）按指令的功能分类

每条指令都对应一个特定的操作功能，按指令的功能不同分类，可将指令系统分为数据传送类、算术运算类、逻辑运算类、位操作类、控制转移类五大类。8051单片机共有111条指令，其中数据传送类29条、算术运算类24条、逻辑运算类24条、位操作类12条、控制转移类22条。

（2）按指令的长度分类

指令的长度是指其在程序存储器中存储所占用的字节数，按指令的长度分，有单字节指令、双字节指令和三字节指令三种。8051单片机不同长度的指令数如图2-18所示。

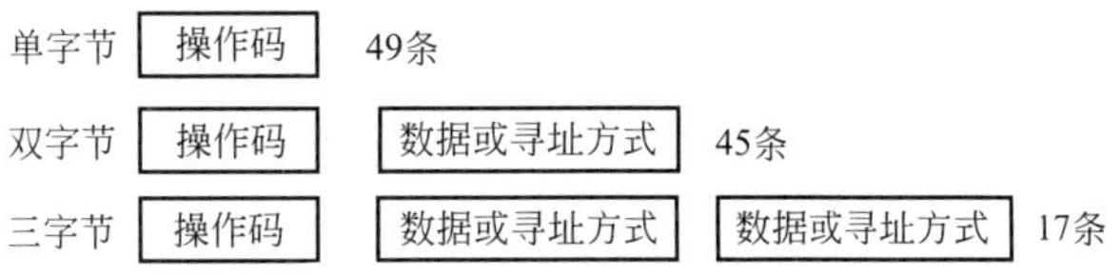

单字节	操作码			49条
双字节	操作码	数据或寻址方式		45条
三字节	操作码	数据或寻址方式	数据或寻址方式	17条

图 2-18 8051单片机不同长度的指令数

（3）按指令的时间分类

指令时间是指执行该指令所需的机器周期（12个时钟振荡脉冲），按指令的时间分类，有1个机器周期指令、2个机器周期指令和4个机器周期指令三种。8051单片机有1个机器周期指令64条，2个机器周期指令45条，4个机器周期指令2条。

4. 指令的符号

计算机指令中除了操作码采用相应的助记符外，通常还采用一些规定的符号。8051单片机指令系统中常用的符号如下。

Rn——当前选中的寄存器区中的 8 个工作寄存器 R0～R7（n=0～7）。
Ri——当前选中的寄存器区中的 2 个工作寄存器 R0、R1（i=0，1）。
direct——8 位的片内 RAM 地址。
♯data——包含在指令中的 8 位常数。
♯data16——包含在指令中的 16 位常数。
addr16——16 位目的地址，只限于 LCALL 和 LJMP 中使用。
addr11——11 位目的地址，只限于 ACALL 和 AJMP 中使用。
rel——8 位带符号的偏移字节，简称偏移量。
DPTR——数据指针，可用作 16 位地址寄存器。
bit——具有位寻址功能的位地址。
A——累加器。
B——专用寄存器，用于乘法和除法指令中。
C——进位标志或进位位，或布尔处理机中的累加器。
@——间址寄存器或基址寄存器的前缀，如@Ri，@DPTR。

二、单片机的寻址方式

大部分指令都需要有操作数，而操作数存放在寄存器、ROM、RAM 等记忆单元中。如何得到操作数的地址即为寻址。8051 单片机的寻址方式有 7 种，即：立即寻址、直接寻址、寄存器寻址、寄存器间接寻址、变址寻址、相对寻址、位寻址。

1. 立即寻址方式

立即寻址就是操作数由指令直接给出，例如

$$\text{MOV} \quad A,\sharp 3AH$$

该指令的含义是将数 3AH 传送至累加器 A。♯3AH 表示立即数，存储于 ROM 中，假设立即数♯3AH 存储在 ROM 地址码为 20H 的存储单元中，其寻址示意如图 2-19 所示。

图 2-19　立即寻址示意

立即数也可以是 16 位，例如

$$\text{MOV} \quad \text{DPTR},\sharp 1200H$$

该指令的功能是将 16 位二进制数 1200H 传送至数据指针 DPTR（16 位）。

立即寻址方式的特点是参加操作的数直接取自 ROM，无须运行总线周期，速度快。

2. 直接寻址方式

直接寻址就是指令直接给出操作数的地址，例如

$$\text{MOV} \quad A,52H$$

该指令的含义是将片内 RAM 字节地址为 52H 单元的内容 XX 传送至累加器 A 中，假设操作数地址 52H 是在 ROM 地址码为 20H 的存储单元，其寻址示意如图 2-20 所示。

直接寻址方式除了可访问片内 RAM 外（包括位寻址区），还可访问特殊功能寄存器。

3. 寄存器寻址方式

寄存器寻址就是在指令中给出存放操作数的寄存器，例如

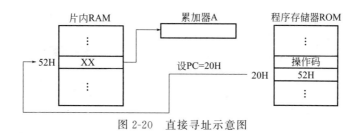

图 2-20 直接寻址示意图

$$\text{MOV} \quad A, Rn$$

该条指令的含义是将寄存器 Rn（n＝0～7）的内容 XX 传送至累加器 A 中，其寻址示意如图 2-21 所示。

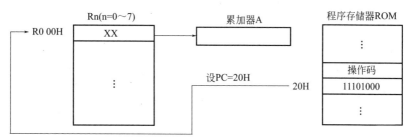

图 2-21 寄存器寻址示意

寄存器寻址方式以寄存器名为操作数地址。除了 R0～R7，累加器 A、通用寄存器 B、数据指针 DPTR 和进位累加 Cy 均可用作寄存器寻址。

4. 寄存器间接寻址方式

寄存器间接寻址就是指令中给出的寄存器存放的内容为操作数地址，例如

$$\text{MOV} \quad A, @R1$$

指令的含义是将寄存器 R1 中的内容作为地址，把该地址存储单元中的内容 XX 传送至累加器 A 中，其寻址示意如图 2-22 所示。

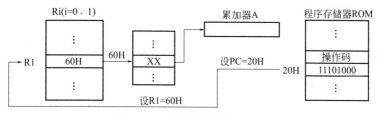

图 2-22 寄存器间接寻址示意

寄存器间接寻址方式在访问片内 RAM 时采用 R0、R1，访问片外 RAM 时则要用 16 位的寄存器 DPTR，DPTR 可访问片外数据存储器 RAM 的 64kB 存储空间。

注意：寄存器间接寻址方式不能用于特殊功能寄存器 SFR 的寻址！

5. 变址寻址方式

变址寻址是在寄存器间接寻址的基础上加上偏移量，例如

$$\text{MOVC} \quad A, @A+PC$$

指令的含义是以 PC 为基址，加上 A 的内容后作为新的地址，并将新地址单元中的内容 XX 传送至 A，其寻址示意如图 2-23 所示。

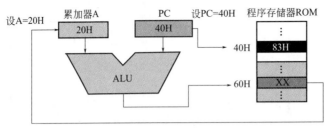

图 2-23 变址寻址示意

变址寻址以某寄存器内容为基址，加上偏移量后才能获得真正的操作数地址。8051 单片机以 PC、DPTR 为基址寄存器，以累加器 A 中的内容为偏移量，两者相加后形成操作数地址。

6. 相对寻址方式

在相对转移指令中使用相对寻址方式，例如：

SJMP 04H

以 PC 的内容为基本地址，加上指令中给定的偏移量作为转移地址，转移至目的地址，其寻指示意如图 2-24 所示。

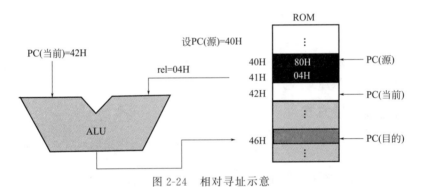

图 2-24 相对寻址示意

指令系统中的转移指令分为直接转移指令和相对转移指令，相对转移指令采用相对寻址方式。指令中给定的偏移量为 8 位带符号常数，其范围为 $-128 \sim 127$。

注意：该指令为两字节指令，CPU 取出指令的第二个字节时，PC 的当前值应为 PC+2。

7. 位寻址方式

位寻址操作数是内部 RAM 单元中某一位信息，例如

```
位操作指令            指令的含义
SETB  TR0            将 TR0 置位(TR0=1)
CLR   00H            将位地址为 00H 的存储元件清零
MOV   C,57H          将位地址 57H 中的内容送入累加器 C
```

在进行位操作时，一般借助进位位 Cy 作为位操作累加器。位寻址是对位寻址空间按位进行寻址操作。

注意：位寻址方式属于直接寻址方式，但参与的操作数是 1 位而不是 8 位。

三、单片机的指令系统

8051 单片机的指令系统的 111 条指令按其功能分类，有数据传送类、算术运算类、逻

辑运算类、控制转移类和位操作类五大类。

1. 数据传送类指令

数据传送类指令一般的操作是把源操作数传送到指令所指定的目标地址。指令执行后，源操作数保持不变，目的操作数由原操作数所替代。

数据传送类指令助记符有：MOV、MOVX、MOVC、XCH、XCHD、PUSH、POP、SWAP 等。这些数据传送类指令根据其数据传送的方式不同，又可分为内部数据传送、外部数据传送、访问程序存储器、堆栈操作、数据交换五种指令。

（1）内部数据传送指令

内部数据传送类指令共 16 条，助记符为 MOV，源自英文 Move。

① 以累加器 A 为目的操作数的传送指令。共有 4 条，例如

```
MOV    A,Rn         ;A←Rn,   n=0~7
MOV    A,direct     ;A←(direct),  片内 RAM 和 SFR
MOV    A,@Ri        ;A←Ri,   i=0、1
MOV    A,#data      ;A←data
```

第一条指令的含义：寄存器寻址方式，将寄存器 Rn 的内容送入累加器 A。

第二条指令的含义：直接寻址方式，将地址为 direct 存储单元的内容送入累加器 A。

第三条指令的含义：寄存器间接寻址方式，寄存器 Ri 的内容为操作数的地址，将该地址存储单元的内容送入累加器 A。

第四条指令的含义：立即寻址方式，将立即数 data 送入累加器 A。

② 以寄存器 Rn 为目的操作数的传送指令。共有 4 条，例如

```
MOV    Rn,#data     ;Rn←data,  n=0~7
MOV    Rn,direct    ;Rn←(direct),n=0~7
MOV    Rn,A         ;Rn←A,   n=0~7
MOV    DPTR,#data16 ;DPH←dataH,DPL←dataL
```

第一条指令的含义：立即寻址方式，将立即数 data 送入 Rn。

第二条指令的含义：直接寻址方式，将地址为 direct 存储单元的内容送入寄存器 Rn。

第三条指令的含义：寄存器寻址方式，累加器 A 中的内容送入寄存器 Rn。

第四条指令的含义：立即寻址方式，将立即数 data 高 8 位送入 DPTRH，data 低 8 位送入 DPTRL。

③ 以直接地址 direct 为目的操作数的传送指令，共有 5 条。

```
MOV    direct,A         ;(direct)←A
MOV    direct,Rn        ;(direct)←Rn
MOV    direct1,direct2  ;(direct1)←(direct2)
MOV    direct,@Ri       ;(direct)←((Ri))
MOV    direct,#data     ;(direct)←data
```

上述五条指令的功能是将源操作数所指定的内容送入地址为 direct 的片内存储器单元中。源操作数的寻址方式：第一和第二条为寄存器寻址，第三条为直接寻址，第四条为寄存器间接寻址，第五条是立即寻址。

④ 以寄存器间址 @Ri 为目的操作数的传送指令，共有三条。

```
MOV    @Ri,A        ;(Ri)←A,i=0、1
MOV    @Ri,direct   ;(Ri)←(direct),i=0、1
MOV    @Ri,#data    ;(Ri)←data,i=0、1
```

上述三条指令的功能是将源操作数所指定的内容送入 Ri，Ri 中的内容是存储单元的地址。可将 Ri 看成是一个指针，执行该指令后，Ri 即指向地址单元。

（2）外部数据传送指令

外部数据传送类指令共 4 条，用于和外部数据存储器之间的数据传送，助记符为 MOVX，源自英文 Move External RAM。4 条外部数据传送类指令如下。

```
MOVX    @Ri,A        ;(Ri)←A，   i=0、1
MOVX    A,@Ri        ;A←(Ri)，   i=0、1
MOVX    @DPTR,A      ;(DPTR)←A
MOVX    A,@DPTR      ;A←(DPTR)
```

前两条以 8 位 Ri 为间址寄存器，寻址范围 256 字节。后两条以 16 位 DPTR 为间址寄存器，可寻址 64kB 外部存储器地址。

请注意：与外部数据存储器之间的数据传送都要以 A 作为中介。

（3）访问程序存储器指令

访问程序存储器指令共两条，用于查询存放在程序存储器中的固定表格和常数，助记符为 MOVC，源自英文 Move Code。两条访问程序存储器指令如下。

```
MOVC    A,@A+DPTR    ;A←(A+DPTR)
MOVC    A,@A+PC      ;A←(A+PC)
```

两条指令均为变址寻址方式，但基址寄存器不同，因而其适应的范围不同。前一条用 DPTR 作基址寄存器，查表范围达 64kB。后一条以 PC 作基址寄存器，它指向当前执行指令的地址，查表范围由 A 确定，只是该指令后 256B 的地址空间。

传送类指令小结：三种传送类指令分别用于三种空间，对于片内 RAM（包括 SPR），用 MOV 指令传送；片外 RAM 则要用 MOVX 指令传送；程序存储器则是用 MOVC 指令传送。虽然三个不同的存储空间地址是重叠的，但所用的传送指令不同，因而不会出错。

（4）堆栈操作指令

堆栈是一个按照后进先出原则组织的一段内存区域，系统堆栈还包括指针寄存器 SP，SP 始终指向栈顶。堆栈的存储结构操作原理如图 2-25 所示。

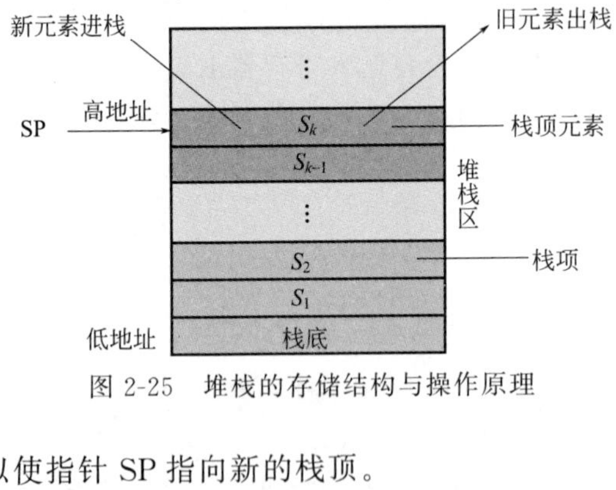

堆栈操作指令共有两条。

```
PUSH direct   ;SP←SP+1,(SP)←(direct)
POP  direct   ;(direct)←(SP),SP←SP-1
```

PUSH 为入栈指令，将指定直接寻址单元中的数据压入堆栈。进栈时，先将 SP 加 1，升高栈顶，再将数据压入（SP 指向栈顶）。

POP 为出栈指令，将 SP 所指单元中的数据弹出到指定地址单元中，然后将 SP-1，以使指针 SP 指向新的栈顶。

图 2-25 堆栈的存储结构与操作原理

提示：在调用子程序或中断处理时，堆栈用于保存返回地址和断点地址。

当调用子程序或执行中断处理时，在进入子程序或中断处理过程中，通过进栈操作，将通用寄存器原先的内容存入堆栈。而当返回主程序或恢复中断时，通过出栈操作，恢复通用寄存器的值，并将返回地址或断点地址恢复到指令指针寄存器中。

（5）数据交换指令

8051 单片机数据交换指令有字节交换指令（XCH）、半字节交换指令（XCHD）和累加器交换指令（SWAP），XCH、XCHD 和 SWAP 三个指令助记符分别源自英文 Exchange 和 Swap。数据交换指令共有五条。

① 字节交换指令。三条字节交换指令为

$$\text{XCH A，Rn} \quad ;A \leftrightarrow Rn, n=0\sim 7$$
$$\text{XCH A，@Ri} \quad ;A \leftrightarrow (Ri), i=0,1$$
$$\text{XCH A，direct} \quad ;A \leftrightarrow (direct)$$

第一条字节交换指令为寄存器寻址方式，寄存器 Rn 与累加器 A 互换内容。

第二条字节交换指令为寄存器间接寻址方式，寄存器 Ri 内容为地址的存储单元与累加器 A 互换内容。

第三条字节交换指令为直接寻址方式，direct 为地址的存储单元与累加器 A 互换内容。

② 半字节交换指令。一条半字节交换指令为

$$\text{XCHD A,@Ri} \quad ;A3\sim 0 \leftrightarrow (Ri)3\sim 0$$

该指令为寄存器间接寻址方式，寄存器 Ri 内容为地址的存储单元与累加器 A 互换低四位内容，高四位不变。

③ 累加器交换指令。一条累加器高低位互换指令为

$$\text{SWAP A} \quad ;A4\sim 7 \leftrightarrow A3\sim 0$$

该指令为累加器 A 的高四位与低四位互换。

2. 算术运算类指令

算术运算类指令共有 24 条，用于计算机的加、减、乘、除和十进制调整等运算。指令执行后会影响到 PSW（程序状态字）的相关标志位，如进位位 Cy、辅助进位位 AC、溢出位 OV 和奇偶校对位 P 等。

算术运算类指令的助记有：ADD、ADDC、SUBB、DA、INC、DEC MU、DIV 等。根据运算方式不同，这些算术运算类指令可分为加法、减法、加减1、BCD 调整、乘除法 5 种指令。

（1）加法指令

加法指令有不带进位和带进位两种。不带进位的加法运算指令有 4 条，使用 ADD 助记符，源自英文 Addition。带进位的加法运算指令也有 4 条，使用 ADDC 助记符，源自英文 Add with Carry。

① 不带进位位的加法指令。4 条指令为

$$\text{ADD A,Rn} \quad ;A \leftarrow A+Rn, n=0\sim 7$$
$$\text{ADD A,direct} \quad ;A \leftarrow A+(direct)$$
$$\text{ADD A,@Ri} \quad ;A \leftarrow A+(Ri), i=0,1$$
$$\text{ADD A,\#data} \quad ;A \leftarrow A+data$$

ADD 指令为 8 位二进制数加法运算，其中一个加数在 A 中，另一个由 4 种寻址方式得到，相加结果送入 A。ADD 运算结果会影响 PSW 的 Cy、AC、OV 等标志位。有进位 Cy=1，无进位 Cy=0。

② 带进位位的加法指令。4 条指令为

$$\text{ADDC A,Rn} \quad ;A \leftarrow A+Rn+Cy, n=0\sim 7$$
$$\text{ADDC A,direct} \quad ;A \leftarrow A+(direct)+Cy$$
$$\text{ADDC A,@Ri} \quad ;A \leftarrow A+(Ri)+Cy, i=0、1$$
$$\text{ADDC A,\#data} \quad ;A \leftarrow A+data+Cy$$

ADDC 指令的功能与 ADD 的区别是相加时再加上 Cy 位。ADDC 运算结果也会影响 PSW 的 Cy、AC、OV 等标志位。有进位 Cy=1，无进位 Cy=0。

（2）减法指令

带借位减法指令共 4 条，助记符为 SUBB，源自英文 Subtract with Borrow。4 条带借位的减法指令如下：

```
SUBB    A,Rn            ;A←A－Rn－Cy,n＝0～7
SUBB    A,direct        ;A←A－(direct)－Cy
SUBB    A,@Ri           ;A←A－(Ri)－Cy,i＝0、1
SUBB    A,#data         ;A←A－data－Cy
```

上述减法指令是将 A 中的数减去源操作数所指示的数以及借位位 Cy，结果送入 A。减法操作对 PSW 相关位也有影响，有借位时 Cy＝1，无借位时 Cy＝0。

8051 单片机无不带借位减法指令，若要做不带借位减法运算，可先将进位清 0，再执行减法指令。

（3）加减 1 指令

加 1 指令有 5 条，使用 INC 助记符，源自英文 Increase。减 1 指令有 4 条，使用 DEC 助记符，源自英文 Decrease。

① 加 1 指令。5 条加 1 指令为

```
INC     A               ;A←A＋1
INC     Rn              ;Rn←Rn＋1,n＝0～7
INC     direct          ;(direct)←(direct)＋1
INC     @Ri             ;(Ri)←(Ri)＋1,i＝0、1
INC     DPTR            ;DPTR←DPTR＋1
```

上述 5 条 INC 指令的功能是将指定单元的数加 1 后再送回该单元。前 4 条指令为 8 位加 1 指令，只有第 5 条指令为 16 位加 1 指令。除第一条会影响 PSW 的奇偶校验位 P 外，其他的不影响 PSW。

② 减 1 指令。4 条减 1 指令为

```
DEC     A               ;A←A－1
DEC     Rn              ;Rn←Rn－1,n＝0～7
DEC     direct          ;(direct)←(direct)－1
DEC     @Ri             ;(Ri)←(Ri)－1,i＝0、1
```

上述 4 条 DEC 指令的功能是将指定单元的数减 1，再送入该单元。DEC 无 16 位指令，结果不会影响 PSW 的 Cy、AC、OV 等标志位。

（4）BCD 调整指令

① BCD 码。BCD 码说明如下。

BCD 码（Binary Coded Decimal Code）是用二进制数对十进制数编码。常用的 8421 BCD 码是用 4 位二进制数 0000～1001 分别表示十进制数 0～9，如表 2-4 所示。

表 2-4　BCD 码表

BCD 码	十进制数	BCD 码	十进制数
0000	0	0101	5
0001	1	0110	6
0010	2	0111	7
0011	3	1000	8
0100	4	1001	9

② BCD 码调整指令的作用。BCD 码用 4 位二进制数表示,有 16 种状态,余下 6 种 1010~1111 在 BCD 码中为非法码。在 BCD 码的运算中,当出现非法码时,就必须修正,以确保正确的运算结果。BCD 码调整指令的作用是当进行 BCD 码加法运算时,如果通过二进制数加法运算后出现了非法码,就进行调整,以获得正确的运算结果。

③ BCD 码调整指令。BCD 码调整指令有 1 条。

$$DA \quad A$$

BCD 的调整是在计算机内部自动进行的,是执行"DA A"指令的结果。程序设计时,需要在 ADD、ADDC 指令后加上 DA 指令。

(5) 乘除法指令

8051 单片机乘法指令和除法指令各有 1 条。乘法指令的助记符为 MUL,源自英文 Multiply。除法指令的助记符为 DIV,源自英文 Divide。

① 乘法指令。1 条乘法指令如下。

$$MUL \quad AB \qquad ;B_{15\sim8}A_{7\sim0} \leftarrow A \times B$$

该指令的功能是:将累加器 A 和寄存器 B 中两个 8 位无符号数相乘,乘积的低 8 位送 A,高 8 位送 B。

乘法指令对 PSW 的影响:执行指令后,Cy 位清零,OV 位表示积的大小,乘积大于 255,即 B≠0,则 OV=1,否则 OV=0。奇偶标志位 P 由 A 中 1 的个数决定。

② 除法指令。1 条除法指令如下。

$$DIV \quad AB \qquad ;B_{余数}A_{商} \leftarrow A \div B$$

该指令的功能是:将累加器 A 和寄存器 B 中两个 8 位无符号数相除,商的整数部分送 A,余数送 B。

除法指令对 PSW 的影响:执行指令后,对 PSW 影响与乘法指令相同。当除数为 0,即 $B_{原}=0$ 时,OV=1,表示除法无意义,否则 OV=0。

3. 逻辑运算类指令

逻辑运算类指令共有 24 条,可以进行与、或、非和异或等逻辑运算,还可进行 A 清零、取反和移位等操作。这些指令涉及 A 时,影响奇偶标志位 P,但对 PSW 的进位位 Cy(除带 Cy 移位)、辅助进位位 AC 和溢出位 OV 均无影响。

各逻辑运算类指令用如下助记符表示:ANL、ORL、XRL、CLR、CPL、RL、RLC、RR 和 RRC。根据运算功能不同,逻辑运算类指令可分为与、或、异或、清零和取反、循环移位 5 类指令。

(1) 逻辑与运算指令

逻辑与运算指令共 6 条,助记符为 ANL,源自英文 And Logic。6 条与运算指令如下。

```
ANL    A,Rn              ;A∧Rn→A
ANL    A,direct          ;A∧(direct)→A
ANL    A,@Ri             ;A∧(Ri)→A
ANL    A,#data           ;A∧data→A
ANL    direct,A          ;(direct)∧A→(direct)
ANL    direct,#data      ;(direct)∧data→(direct)
```

前 4 条 A 中数与源操作数指定的数"按位相与"后,结果送入 A。执行指令后影响奇偶标志位 P。后 2 条直接地址单元中数与源操作数指定的数"按位相与"后,结果送入直接地址单元中。

（2）逻辑或运算指令

逻辑或运算指令也有6条，助记符为ORL，源自英文Or Logic。6条或运算指令如下。

  ORL A,Rn   ;A∨Rn→A
  ORL A,direct ;A∨(direct)→A
  ORL A,@Ri   ;A∨(Ri)→A
  ORL A,#data ;A∨data→A
  ORL direct,A ;(direct)∨A→(direct)
  ORL direct,#data ;(direct)∨data→(direct)

前4条A中数与源操作数指定的数"按位相或"后，结果送入A。执行指令后影响奇偶标志位P。后2条直接地址单元中数与源操作数指定的数"按位相或"后，结果送入直接地址单元中。

（3）逻辑异或运算指令

逻辑异或运算指令使用XRL助记符，源自英文Exclusive-Or Logic。6条异或指令如下。

  XRL A,Rn   ;A⊕Rn→A
  XRL A,direct ;A⊕(direct)→A
  XRL A,@Ri   ;A⊕(Ri)→A
  XRL A,#data ;A⊕data→A
  XRL direct,A ;(direct)⊕A→(direct)
  XRL direct,#data ;(direct)⊕data→(direct)

前4条A中数与源操作数指定的数"按位异或"后，结果送入A。执行指令后影响奇偶标志位P。后2条直接地址单元中数与源操作数指定的数"按位异或"后，结果送入直接地址单元中。

（4）逻辑清零指令和取反运算指令

8051单片机清零指令和取反指令各有1条。清零指令的助记符为CLR，源自英文Clear。取反指令的助记符为CPL，源自英文Complement。

① 清零指令。1条清零指令如下。

      CLR A ;A←0

该指令的功能是将累加器A置0。执行指令后会影响标志位P。

② 取反指令。1条取反指令如下。

      CPL A ;A←$\overline{A}$

该指令的功能是将累加器A中的内容"各位取反"，再将结果送入A。

（5）逻辑循环移位运算指令

8051单片机有4条循环移位指令：循环左移指令RL（Rotate Left）、循环右移指令RR（Rotate Right）、带进位循环左移指令RLC（Rotate Left with Carry）和带进位循环右移指令RRC（Rotate Right with Carry）。

① 循环左移指令如下。

      RL A ;A各位循环左移一位

该指令的功能是：将累加器A中各位均由低向高移动1位，A7移入A0。循环左移指令示意如图2-26所示。

② 循环右移指令如下。

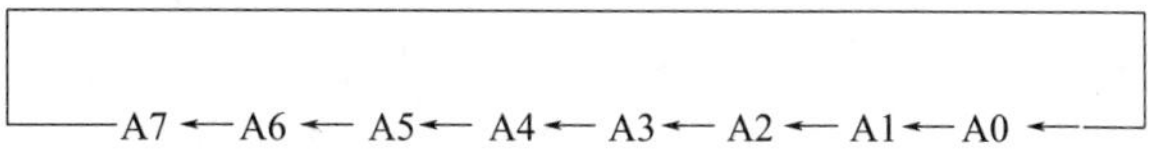

```
┌──────────────────────────────────────────┐
└─ A7 ← A6 ← A5 ← A4 ← A3 ← A2 ← A1 ← A0 ←┘
```
图 2-26　循环左移示意

　　　　　　　　RR A　　　;A 各位循环右移一位

该指令的功能是：将累加器 A 中各位均由高向低移动 1 位，A0 移入 A7。循环右移指令示意如图 2-27 所示。

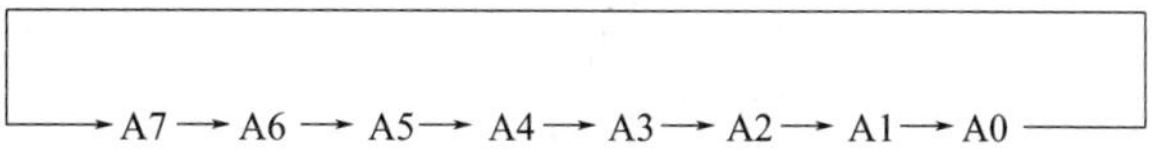

```
┌──────────────────────────────────────────┐
└→ A7 → A6 → A5 → A4 → A3 → A2 → A1 → A0 ─┘
```
图 2-27　循环右移示意

③ 带进位循环左移指令如下。

　　　　　　　　RLC A　　　;A 各位及进位循环左移一位

该指令的功能是：将累加器 A 中各位均由低向高移动 1 位，A7 移入 Cy，Cy 移入 A0。带进位循环左移指令示意如图 2-28 所示。

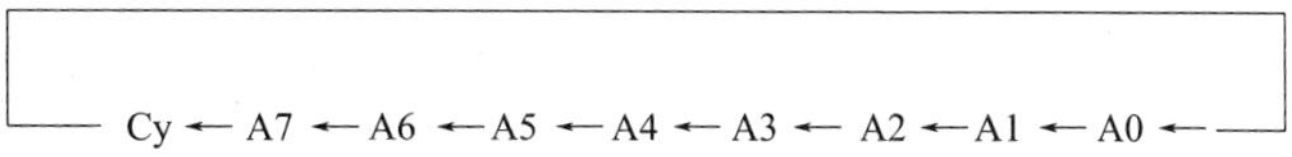

```
┌───────────────────────────────────────────────┐
└─ Cy ← A7 ← A6 ← A5 ← A4 ← A3 ← A2 ← A1 ← A0 ←┘
```
图 2-28　带进位循环左移示意

④ 带进位循环右移指令如下。

　　　　　　　　RRC A　　　;A 带进位右移一位

该指令的功能是：将累加器 A 中各位均由高向低移动 1 位，A0 移入 Cy，Cy 移入 A7。带进位循环右移指令示意如图 2-29 所示。

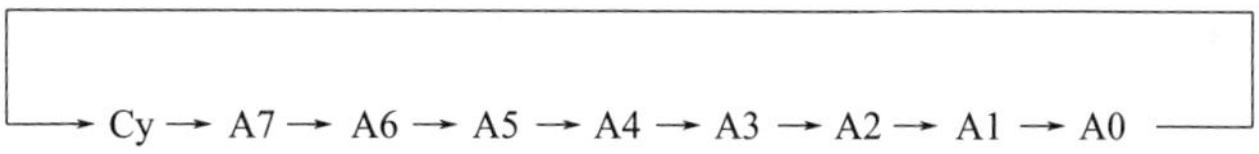

```
┌───────────────────────────────────────────────┐
└→ Cy → A7 → A6 → A5 → A4 → A3 → A2 → A1 → A0 ─┘
```
图 2-29　带进位循环右移示意

4. 控制转移类指令

控制转移类指令共有 17 条，这类指令通过修改 PC 的内容来控制程序的执行过程，可提高程序的效率。这些指令除比较转移指令外，一般不影响标志位。

各控制转移类指令用如下助记符表示：LJMP、AJMP、SJMP、JMP、JZ、JNZ、CJNE、DJNE、LCALL、ACALL、RET、RETI 和 NOP。控制转移类指令也称跳转指令，可改变 PC 原顺序执行流向。可分无条件转移、条件转移和子程序调用及返回三种。

（1）无条件转移指令

无条件转移指令共 4 条：长跳转指令 LJMP（Long Jump）、绝对跳转指令 AJMP（Absolute Jump）、短跳转指令 SJMP（Short Jump）和无条件跳转指令 JMP（Jump）。

① 长跳转指令也称长转移指令，指令如下。

　　　　　　　　LJMP　addr16;addr16→PC

LJMP 的功能是：将程序跳转到 addr16 处执行。由于 16 位目的地址（addr16）的范围为 0000H～FFFFH，因此，LJMP 可以跳转至 64kB 程序存储器的任意位置。

② 绝对跳转指令。也称绝对转移指令，指令如下。

AJMP addr11   ;addr11→PC10～0

AJMP 跳转指令的功能是：将操作数给定 11 位地址送入 PC，取代 PC 的低 11 位（$PC_{10\sim 0}$），与 PC 的高 5 位（$PC_{15\sim 11}$）一起构成 16 位目的地址，使程序跳转到该目的地址处执行。11 位目的地址（addr11）范围为 2kB，因此，AJMP 可以跳转至当前 PC 的同一个 2kB 区域内，向前或向后转移均可。

③ 短跳转指令。指令如下。

SJMP rel   ;rel＋PC→PC

SJMP 指令的功能是将操作数给定的带符号 8 位地址＋PC 后形成新的目的地址，送入 PC，使程序跳转到该目的地址处执行。rel 的地址范围为－128～128，SJMP 执行时，先将 PC＋2，再加相对地址 rel，形成转移目标地址。

④ 无条件跳转指令。指令如下。

JMP @A＋DPTR   ;A＋DPTR→PC

JMP 指令的功能是：将 DPTR 中的基址与 A 中的偏移量相加，形成新的目的地址，送入 PC，使程序跳转到该目的地址处执行。JMP 也称散转指令，执行后，不改变累加器 A 和数据指针 DPTR 的内容，也不影响标志位。

（2）条件转移指令

条件转移指令的功能是：只有当满足条件时，程序才跳转。条件转移指令有：累加器判零条件转移指令 JZ（Jump of Zero）、JNZ（Jump if Not Zero）、比较条件转移指令 CJNE（Compare, Jump if Not Equal）和减 1 条件转移指令 DJNZ（Decrement, Jump if Not Zero）。

① 累加器判零条件转移指令。累加器判零条件转移指令有 2 条，如下所示。

JZ rel   ;若 A＝0 则 PC＋2＋rel→PC
JNZ rel   ;若 A＝0 则 PC＋2→PC
              ;若 A≠0 则 PC＋2＋rel→PC

JZ 条件转移指令，若 A＝0，则程序跳转到偏移地址 rel 处执行。

JNZ 条件转移指令，若 A≠0，则程序跳转到偏移地址 rel 处执行；若 A＝0，则程序顺序执行。

PC＋2 是因为这 2 条指令均为 2 字节指令，跳转是当前 PC＋rel。因此，无论是跳转或是顺序执行下一条指令，均应为 PC＋2。

② 比较条件转移指令。4 条比较条件转移指令如下。

CJNE A,direct,rel   ;A≠(direct)，则 PC＋3＋rel→PC
CJNE A,♯data,rel   ;A≠data，则 PC＋3＋rel→PC
CJNE Rn,♯data,rel   ;(Rn)≠data，则 PC＋3＋rel→PC
CJNE @Ri,♯data,rel   ;((Ri))≠data，则 PC＋3＋rel→PC

上述 4 条比较转移指令的功能是：当比较结果为相等时，PC＋3→PC，程序顺序执行。

第一条指令累加器 A 与直接地址单元内容不一致时，程序转移至 PC＋3＋rel 处执行，且

A＞(direct),0→Cy;A＜(direct),1→Cy

第二条指令累加器 A 的内容与立即数不一致时，程序转移至 PC＋3＋rel 处执行，且

A＞data,0→Cy;A＜data,1→Cy

第三条指令工作寄存器 Rn 的内容与立即数不一致时，程序转移至 PC＋3＋rel 处执行，且

(Rn)＞data,0→Cy;(Rn)＜data,1→Cy

第四条指令寄存器 Ri 中的地址存储单元内容与立即数不一致时，程序转移至 PC＋3＋

rel 处执行，且

$$((Ri))>data, 0\to Cy; ((Ri))<data, 1\to Cy$$

③ 减 1 条件转移指令。减 1 条件转移指令有 2 条，如下所示。

  DJNZ Rn, rel   ;Rn$-1\neq 0$, PC+2+rel→PC
  DJNZ direct, rel   ;(direct)$-1\neq 0$, PC+3+rel→PC

DJNZ 指令的功能是：将操作数给定的内容减 1，再判断其是否为 0，若为 0，则 PC+2（2 字节指令）或+3（3 字节指令），程序顺序进行；若不为 0，则程序跳转执行。

第一条指令工作寄存器 Rn$-1\to$Rn，Rn 若不为 0，则 PC+2，再加相对地址 rel 后送 PC，形成转移目标地址，程序跳转至目标地址执行。

第二条指令直接地址单元 (direct)$-1\to$(direct)，若 (direct) 不为 0，则 PC+3，再加相对地址 rel 后送 PC，形成转移目标地址，程序跳转至目标地址执行。

（3）子程序调用及返回指令

主程序通过调用指令调用子程序，子程序执行完成后，通过返回指令返回到主程序。

调用指令有 2 条：长调用指令 LCALL（Long Subroutine Call）和短调用指令 ACALL（Absolute Subroutine Call）。返回指令也有 2 条：子程序返回指令 RET（Return From Subroutine）、中断返回指令 RETI（Return From Interruption）。

① 长调用指令。指令如下。

  LCALL addr16   ;PC+3→PC
           ;SP+1→SP, (PC)$_{7\sim 0}$→(SP)
           ;SP+1→SP, (PC)$_{15\sim 8}$→(SP)
           ;(addr16)→PC

执行该指令时先将 PC+3，以获得下一条指令首地址。然后分两次将首地址压入堆栈，先低字节后高字节，且将 SP+2。最后将目标地址 addr16 送入 PC，程序转向执行子程序。

长调用指令中 addr16 为 16 位直接地址，其调用的地址范围为 64kB。

② 短调用指令。指令如下。

  ACALL addr11   ;PC+2→PC
           ;SP+1→SP, (PC)$_{7\sim 0}$→(SP)
           ;SP+1→SP, (PC)$_{15\sim 8}$→(SP)
           ;(addr11)→PC$_{10\sim 0}$

该指令执行时先将 PC+2，以获得下一条指令首地址。然后分两次将首地址压入堆栈，先低字节后高字节，且将 SP+2。最后将目标地址 addr11 送入 PC 的低 11 位，PC 高 5 位不变，形成新的 16 位地址，程序转向该地址执行子程序。

短调用指令中 addr11 为 11 位直接地址，其调用的地址范围为 2kB。

③ 子程序返回指令。指令如下。

  RET   ;(SP)→(PC)$_{15\sim 8}$, SP-1
        ;(SP)→(PC)$_{7\sim 0}$, SP-1

该指令将堆栈顶部相邻两单元的内容分两次弹出送到 PC，且 SP 内容减 2。程序返回到 PC 值所指向的地址执行。SP 则指向栈顶。

请注意：RET 只能用在子程序的末尾。

④ 中断返回指令。指令如下。

  RETI   ;(SP)→(PC)$_{15\sim 8}$, SP-1
        ;(SP)→(PC)$_{7\sim 0}$, SP-1

该指令将堆栈顶部相邻两单元的内容分两次弹出送到 PC，且 SP 内容减 2。程序返回到 PC 值所指向的地址（中断点）执行。SP 则指向栈顶。

请注意：RETI 只能用在中断服务程序的末尾。执行该指令在程序返回断点地址的同时，将会中断优先级状态信息清除，以保证其他中断请求能得到响应。

⑤ 空操作指令。8051 单片机设有 1 条空操作指令，如下所示。

$$NOP \qquad ;PC+1 \rightarrow PC$$

该单字节、单周期指令在时间上消耗了 12 个时钟周期，而 CPU 不做任何工作，用于等待和使执行速度放慢。

5. 位操作类指令

在自动控制应用中，通常只需要一位就可满足，若按字节进行操作，就会浪费其他 7 位存储空间。8051 单片机引入位处理机制，硬件结构中设有位处理器（布尔处理器），与之配套的则是位操作指令系统。

位操作类指令的助记符有：MOV、ANL、ORL、CPL、JC、JNC、JB、JNB、JBC、CLR 和 SETB。根据其功能不同，位操作类指令可分为：位传送、位逻辑运算、位转移控制、位置位与清零 4 部分位操作类指令。

（1）位传送指令

位传送指令的功能是实现位累加器 C（即 PSW 中的 Cy 位），与其他位地址之间的数据传送。位传送指令共 2 条，如下所示。

$$MOV \quad C,bit \qquad ;(bit) \rightarrow Cy$$
$$MOV \quad bit,C \qquad ;Cy \rightarrow (bit)$$

指令中 C 为进位位 Cy 的助记符，bit 为内 RAM 中 20H～2FH 的 128 个可寻址位和特殊功能寄存器中的可寻址位存储单元。

（2）位逻辑运算指令

位逻辑运算指令共 6 条，指令助记符与按字节操作的逻辑运算指令相同。这 6 条指令如下。

$$ANL \quad C,bit \qquad ;C \wedge (bit) \rightarrow C$$
$$ANL \quad C,/bit \qquad ;C \wedge \overline{(bit)} \rightarrow C$$
$$ORL \quad C,bit \qquad ;C \vee (bit) \rightarrow C$$
$$ORL \quad C,/bit \qquad ;C \vee \overline{(bit)} \rightarrow C$$
$$CPL \quad C \qquad ;\overline{C} \rightarrow C$$
$$CPL \quad bit, \qquad ;\overline{(bit)} \rightarrow (bit)$$

第一条位逻辑与指令是将 Cy 的内容与直接位地址内容相与，结果送入 Cy。
第二条位逻辑与指令是将 Cy 的内容与直接位地址内容取反后再相与，结果送入 Cy。
第三条位逻辑或指令是将 Cy 的内容与直接位地址内容相或，结果送入 Cy。
第四条位逻辑或指令是将 Cy 的内容与直接位地址内容取反后再相或，结果送入 Cy。
第五、第六条位逻辑非指令将 Cy、(bit) 内容取反。

（3）位转移控制指令

位转移控制指令有 5 条，均为条件转移，分别为：JC（Jump if the Carry flag is set）、JNC（Jump if the Carry flag is not set）、JB（Jump if the Bit is set）、JNB（Jump if the Bit is not set）和 JBC（Jump if the Bit is set and Clear the bit）。

```
JC    rel              ;若 C=1,则 PC+2+rel→PC
JNC   rel              ;若 C=0,则 PC+2+rel→PC
JB    bit,rel          ;若(bit)=1,则 PC+3+rel→PC
JNB   bit,rel          ;若(bit)=0,则 PC+3+rel→PC
JBC   bit,rel          ;若(bit)=1,则 PC+3+rel→PC,且 0→(bit)
```

对于第一、第二条位转移指令，当条件不满足 Cy=0 或 1 时，则 PC+2 送 PC，程序顺序执行。

对于第三、第四条位转移指令，当 (bit)=0 或 1 时，则 PC+3 送 PC，程序顺序执行。第五条与第三条的区别是，在 (bit)=1 时程序跳转执行外，(bit) 清零。

（4）位置位与位清零指令

8051 单片机位操作的清零和置位指令各有 2 条：位清零指令的助记符为 CLR，源自英文 Clear，位置位指令的助记符为 SETB，源自英文 Set Bit。

① 位清零指令。2 条位清零指令如下。

```
CLR   C                ;Cy←0
CLR   bit              ;(bit)←0
```

上述两清零指令的功能是将 Cy 或 bit 的内容清零。

② 位置位指令。2 条位置位指令如下。

```
SETB  C                ;Cy←1
SETB  bit              ;(bit)←1
```

上述两置位指令的功能是将 Cy 或 bit 的内容置 1。

四、汇编语言简介

1. 汇编语言与机器语言

（1）机器与程序

这里的机器是指计算机的硬件，主要包括 CPU、ROM、RAM、I/O、中断/定时及接口电路等。程序是指能完成所设定的任务的指令集合，程序能使计算机有序工作，是计算机的软件。机器与程序结合，才使得单片机能实现各种各样的控制功能。

（2）汇编语言

汇编语言是符号化的程序设计语言，是一种面向机器的程序设计语言。在汇编语言中，用助记符代替机器指令的操作码，用地址符号或标号代替指令或操作数的地址，是一种与硬件紧密相关的程序设计低级语言。

汇编语言以较容易识别的助记符和一定格式来表示每条指令，例如："MOV A,♯02"这条用汇编语言写成的指令，就很容易识别出该指令是"将立即数传送到累加器 A"。

特别提示：汇编语言提高了程序的可读性，也方便了程序设计与调试，但汇编语言是不能被机器识别的！

（3）机器语言

机器语言以二进制代码表示每条指令，机器语言也称其为机器码。机器码能直接被机器识别并执行。但是，机器码人工识别与记忆困难，例如，机器码"01110100000000010B"也是表示"将立即数传送到累加器 A"。很显然，用机器语言编制的成百上千条这样的机器码，人工识别和记忆实在是太难了。

（4）汇编语言与机器语言的关系

汇编语言与机器语言的关系如图 2-30 所示。

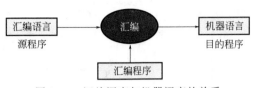

图 2-30 汇编语言与机器语言的关系

通常将用汇编语言编写的程序称其为源程序，源程序需要转换成相对应的二进制代码（机器语言）才能被写入程序存储器 ROM。将源程序转换为二进制代码（机器语言）的过程称为"汇编"，机器语言表示的程序被称为目的程序。

由程序员逐条将助记符表示的指令转换为机器码的过程称为人工汇编。汇编程序则相当于一个"自动翻译机器"，承担汇编任务的程序。

2. 汇编语言与高级语言

在汇编语言之后，又发展了多种高级语言，我们较为熟悉的就有 BASIC 语言、C 语言等。高级语言已被被广泛应用，但是，单片机开发应用中仍然会用到汇编语言，其原因说明如下。

（1）汇编语言的问题

由于汇编语言与机器语言一一对应，是面向机器的低级语言。不同的机器其指令系统也不同，因而汇编语言不具备通用性和可移植性。此外，程序设计者必须对计算机的硬件和软件资源有充分的了解，才有可能设计出合理、高效的程序。

（2）高级语言的特点

高级语言是面向过程的语言，不依赖于机器，通用性和可移植性好，程序设计效率高。用高级语言设计程序，可以不熟悉计算机的硬件结构和指令系统，设计者可把精力集中于熟悉语言的语法规则和程序的结构设计方面。高级语言是一种接近人们自然语言和常用数字表达式的计算机语言，方便设计者编程。这些就是高级语言被广泛应用的原因。

相比于汇编语言，高级语言的不足是占用的计算机空间大、运行速度也相对较慢。

（3）汇编语言与高级语言的关系

在高级语言高度发展的今天，人们还离不开汇编语言，其原因如下。

① 汇编语言仍是各种系统软件设计的基础语言。C 语言虽然也可编写系统程序，但要译成机器语言还必须用到汇编语言。

② 采用汇编语言编程，可以充分利用机器的硬件功能和结构，程序执行速度快。对于硬件资源不够充足、机器主频不是很高的单片机而言，汇编语言编程会更显其优势。

③ 在计算机实时控制系统中（如中断控制、直接控制端口等），当高级语言不能适应时，汇编语言就显得不可缺少了。

④ 一些高级语言不支持的非标准过程，也需要用汇编语言来补充。

3. 伪指令

提示：伪指令是指示和控制汇编过程的命令。只对汇编程序起作用，不针对 CPU，汇编后这些伪指令不产生机器码。

不同版本的汇编语言，伪指令的符号和含义会有所不同，但基本用法相同。8051 单片机常用的伪指令有 8 种，助记符分别为：ORG、END、EQU、DATA、DB、DW、DS、BIT。

（1）起始伪指令 ORG

起始伪指令 ORG，源自英文 Origin，指令如下。

[标号]　ORG　16 位地址或符号

该伪指令的功能是：汇编时，将该语句后的源程序所汇编成的目标代码放在 16 位地址或符号所指定的存储单元中。

请注意：ORG 一般放在源程序开头，若程序中间再次使用 ORG 时，其地址参数必须大于前面的，否则汇编不能通过。

（2）结束伪指令 END

结束伪指令 END，源自英文 End，指令如下。

[标号]　END　[程序起始地址]

该伪指令的功能是：汇编时，告诉汇编程序源程序至此结束，停止汇编。END 后可跟第一条指令的符号地址。

请注意：END 在源程序最末尾，且一个程序中 END 只能出现一次。

（3）赋值伪指令 EQU

EQU 源自英文 Equate，指令如下。

字符名称　EQU　表达式

该伪指令的功能是：汇编时，将右边表达式的内容赋给左边的字符名。赋值后，字符名称可以作为地址或数据在程序中使用。

请注意：EQU 赋值后，该字符名称在程序中不能重复定义，且先赋值，再使用。因此，该指令应放在程序开始的地方。

（4）数据地址赋值伪指令 DATA

DATA 源自英文 Data，指令如下。

字符名称　DATA　表达式

该伪指令的功能是：将数据地址或代码地址赋给左边的字符名称。

请注意：DATA 作用与 EQU 类似，但 DATA 通常是定义数据的地址。DATA 可以先使用后定义，即该伪指令不一定要放在前面。

（5）定义字节伪指令 DB

DB 源自英文 Define Byte，指令如下。

[标号]　DB　8 位二进制数表

该伪指令的功能是：在程序汇编时，将 8 位二进制数表存入以左边标号为起始地址的一个连续存储单元中。

8 位二进制数可以用二进制、十进制或十六进制表示，也可以是加引号的字符串，中间用逗号分隔。

（6）定义字伪指令 DW

DW 源自英文 Define Word，指令如下。

[标号]　DW　16 位二进制数表

该伪指令的功能是：在程序汇编时，将 16 位二进制数表存入以左边标号为起始地址的一个连续存储单元中。

与 DB 用法相同，但每个 16 位二进制数要占据 2 个存储单元。数据的低 8 位存入高字节地址，数据的低 8 位存入低字节地址。

（7）定义存储空间伪指令 DS

DS 源自英文 Define Storage，指令如下：

[标号] DS 表达式

该伪指令的功能是：在程序汇编时，从标号所指示的地址开始，预留一定数量的内存单元。预留的空间大小由表达式确定。

DS 与 DB、DW 一样，只能用于程序存储器，而不能用于数据存储器。

（8）定义位伪指令 BIT

BIT 源自英文 Bit，指令如下：

字符名称 BIT 位地址

该伪指令的功能是：在程序汇编时，将位地址赋给左边的字符名称。

请注意：只能用于有位地址的位（片内 RAM 和 SFR 块中），常用于位操作的程序中。

五、程序设计简介

程序是指令的有序集合，一个好的程序不仅要完成规定的功能和任务，而且还应是执行速度快、占用内存少、条理清晰、阅读方便、便于移植、巧妙而实用。

（1）程序设计的基本流程

程序设计的基本流程如图 2-31 所示。

图 2-31　程序设计的基本流程

① 分析任务的问题。分析任务所要解决的问题，设计总体方案和算法，并抽象为数学模型，明确解题的方法与步骤。对较简单的问题，则不需要进行建立模型等过程。

② 画出程序流程图。根据程序设计基本思路画出程序流程框图，将程序的执行过程图形化，以方便程序编写、修改、调试和交流。对简单程序可不画程序流程图。

③ 编写源程序。根据程序框图中各部分功能，写出具体的程序。要注意程序的可读性和正确性。可通过添加注释来提高程序的可读性，以方便程序的调试与修改。

④ 汇编与调试源程序。先对源程序进行汇编，汇编过程中针对问题修改源程序。汇编完成后，输入数据进行程序测试，若不正确，再修改源程序、再汇编、再测试，直到获得正确结果。

（2）源程序汇编过程

源程序汇编有人工和机器两种方法，现在普遍采用机器汇编。

① 人工汇编过程。由程序员根据 8051 的指令集将源程序的指令逐条翻译成机器码。其过程为：第一次汇编是通过查表，将各条指令逐一翻译成机器码，并以字节为单位顺序排列；第二次汇编则是将空出的地址标号或变量用所计算出的具体地址值或偏移量替代。

② 机器汇编过程。在计算机上（联机 8051 单片机仿真器）通过编译程序自动进行。其过程为：第一次扫描用于检查语法错误，确定符号名字，并建立所用符号名字表，与地址或数字对应；第二次扫描则是将符号地址转换成真值，利用操作码表将助记符转换为机器码。

（3）顺序程序示例

顺序程序的特点：程序运行时，按排列的顺序执行每条指令。每条指令都要执行一次

（有别于分支程序）也仅有一次（有别于循环程序）。

顺序程序设计举例：将两个无符号双字节数相加。设被加数存放于片内 RAM 的 40H（高位字节），41H（低位字节），加数存放于 50H（高位字节），51H（低位字节），和数存入 40H 和 41H 单元中。

顺序程序流程框图如图 2-32 所示。

根据程序流程编写的程序如下。

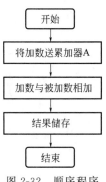

图 2-32　顺序程序流程框图

```
START:  CLR   C              ;将 Cy 清零
        MOV   R0,#41H         ;将被加数地址送数据指针 R0
        MOV   R1,#51H         ;将加数地址送数据指针 R1
AD1:    MOV   A,@R0           ;被加数低字节的内容送入 A
        ADD   A,@R1           ;两个低字节相加
        MOV   @R0,A           ;低字节的和存入被加数低字节中
        DEC   R0              ;指向被加数高位字节
        DEC   R1              ;指向加数高位字节
        MOV   A,@R0           ;被加数高位字节送入 A
        ADDC  A,@R1           ;两个高位字节带 Cy 相加
        MOV   @R0,A           ;高位字节的和送被加数高位字节
        RET
```

（4）分支程序示例

当有不同的条件而需要有不同的操作时，就要用分支程序来解决。分支程序的特点如图 2-33 所示。分支程序运行时，按不同的条件转向不同的处理程序。满足条件的执行一次，通过条件转移指令实现分支控制。

分支程序设计举例：x、y 均为 8 位二进制数，设 x 存入 R0，y 存入 R1，求解：

$$y=\begin{cases}1 & x>0 \\ 0 & x=0 \\ -1 & x<0\end{cases}$$

分支的一般方法，用比较指令、数据操作指令、位检测指令等改变标志寄存器的标志位，然后用条件转移指令来判断分支。分支程序流程框图如图 2-34 所示。

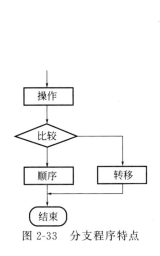

图 2-33　分支程序特点

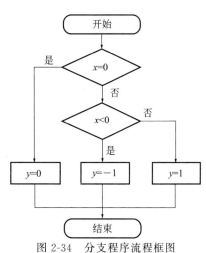

图 2-34　分支程序流程框图

根据程序流程图编写的分支程序如下。

```
START:  CJNE  R0,#00H,SUL1    ;R0中的数与00比较,不相等则转移到SUL1
        MOV   R1,#00H         ;相等,  R1←0
        SJMP  SUL2            ;转移到SUL2
SUL1:   JC    NEG             ;两数不等,若(R0)<0,转向NEG
        MOV   R1,#01H         ;(R0)>0,则R1←01H
        SJMP  SUL2            ;转移到SUL2
NEG:    MOV   R1,#0FFH        ;(R0)<0,则R1←0FFH
SUL2:   RET                   ;子程序返回
```

（5）循环程序示例

当某个操作需要重复进行时,就需要用到循环程序来解决问题。循环程序的特点如图2-35所示。循环程序运行时,使某些操作重复进行。可使程序简化。重复操作部分程序（循环体）循环次数通过初始值来设定。

循环程序设计举例:控制LED信号灯循环闪烁,其电路如图2-36所示。用单片机的P1口控制8个LED信号灯亮起和熄灭,P1高电位（"1"）时LED信号灯熄灭,P1低电位（"0"）时LED信号灯亮起。

通过调用延时子程序来实现灯的亮灭间隔,循环程序流程框图如图2-37所示。

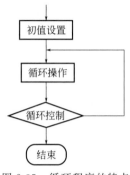

图2-35 循环程序的特点

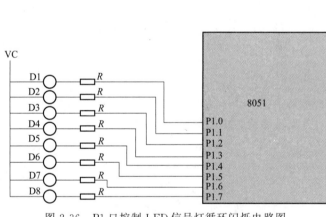

图2-36 P1口控制LED信号灯循环闪烁电路图

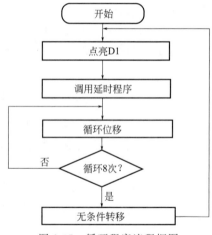

图2-37 循环程序流程框图

根据程序流程图设计的程序如下。

```
START:  MOV   A,#FEH        ;将D1亮数据送A(11111110)
        MOV   P1, A         ;将A送P1,灯D1亮
        MOV   R0,#7H        ;将R0值7,即循环次数
LOOP:   RL    A             ;将A中数据左移一位
        MOV   P1,A          ;将移动后数据送P1,D2亮D1灭
        ACALL DELAY         ;调用延时子程序,灯亮灭有间隔
        DJNZ  R0,LOOP       ;判断是否完成7次移动操作
        AJMP  START         ;若已7次移动,跳转到开始
```

```
DELAY:              ;延时子程序的标号
       延时子程序,可通过循环执行空操作程序(循环执行空操)完成
       RET          ;延时子程序返回
```

第四节　单片机的中断

一、单片机中断概述

1. 中断的定义

在日常生活中，经常有"中断"的事情，如图 2-38 所示。

将看书过程比喻为 CPU 执行主程序，有人向你请教解题就是中断请求，你转去帮人解题的就是"CPU 响应中断请求"，帮人解题的过程就是"CPU 执行中断服务程序"；在帮人解题的过程中手机铃响就是"更高级的中断请求"，你接听电话就是"CPU 响应高级中断请求"，接听电话过程就是"CPU 执行高级中断服务程序"。接听电话结束继续帮人解题就是"CPU 返回低级中断服务"，帮人解题结束后继续看书就是"CPU 返回主程序"。

可见，所谓计算机的中断，就是 CPU 暂时中止其正在执行的程序，转去执行请求中断的外设或事件的服务程序，当处理完毕后再返回执行原被中断的程序，这一程序执行处理过程称为中断。单片机的中断过程可用图 2-39 表示。

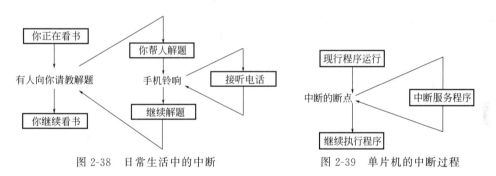

图 2-38　日常生活中的中断　　　　图 2-39　单片机的中断过程

2. 中断的作用

单片机引入中断系统，可使单片机具有分时操作、对多个对象实时控制和突发故障处理等功能。

（1）分时操作

单片机引入中断系统后，其控制服务对象可以有多个，只有当其中某个向 CPU 发出中断申请时，CPU 才转去向它服务。这种分时操作功能使单片机的工作效率大为提高。

（2）对多个对象实时控制

实时控制是单片机的重要功能，利用中断技术，各个服务对象在需要时即可向 CPU 发出中断申请，CPU 予以及时处理，从而实现了对多个对象的实时控制。

（3）突发故障处理

当系统出现突然断电、存储出错、运算溢出等故障时，系统会立即发出中断请求，由

CPU 及时做出必要的数据转移、储存等处理，以备故障排除后恢复原程序的执行，从而提高系统的安全可靠性。

3. 中断的相关名词

（1）中断源与中断请求

中断源：是指能发出中断请求，引起中断的装置或事件。

中断请求：就是中断源向 CPU 提出的处理申请，中断请求包含信号的产生、识别及消除，以确保中断的执行和恢复。

（2）中断响应、处理与返回

中断响应：CPU 暂时中断正在执行的程序，转去执行中断源服务程序。

中断处理：执行中断源服务程序的过程即为中断处理。

中断返回：执行完中断处理程序后，再回到原程序中断处继续执行。

（3）现场保护与恢复

现场保护：CPU 转去执行中断源服务程序时，除了单片机硬件自动将断点地址（PC 值）压入堆栈外，还包括用户对工作寄存器、累加器、标志位等信息的保护。

现场恢复：执行完中断处理程序后，恢复相关寄存器中断时的信息，最后执行 RETI，从堆栈中自动弹出断点地址到 PC，继续执行被中断的程序。

（4）中断优先级与嵌套

中断优先级：单片机实时控制过程中，各中断源的处理有轻重缓急之分。因此，中断系统设置中断优先级，当有多个中断请求时，CPU 先响应急需的中断请求。

中断嵌套：CPU 执行中断服务程序中出现优先级更高的中断请求时，会中断当前程序，转去执行优先级中断服务，处理完该中断服务后，再返回低级中断服务程序。

二、单片机中断系统的硬件结构

8051 单片机中断系统硬件主要由中断标志寄存器（在相关 SPR 中）、中断允许寄存器 IE、中断优先级寄存器 IP 及内部硬件查询电路组成，如图 2-40 所示。

中断标志寄存器：用于锁存中断请求标志位，其中 TCON 寄存器由定时器控制，SCON 寄存器由串行口控制。

中断允许寄存器 IE：用于控制 CPU 是否响应中断源的中断请求。

中断优先级寄存器 IP：用于设置各中断源的优先级，每个中断源均可编程为高优先级中断或低优先级中断。

1. 中断源

8051 单片机中共设置了 5 个中断源，其中 2 个为外部中断源（$\overline{INT0}$、$\overline{INT1}$），另 3 个为内部中断源（T0、T1、Tx/Rx）。

（1）外部中断源 $\overline{INT0}$、$\overline{INT1}$

8051 单片机两个外部中断源 $\overline{INT0}$、$\overline{INT1}$ 由 P3.2、P3.3 脚引入，用于接收由外部中断源发出的请求。有电平方式和脉冲触发方式两种，用户可通过定时器控制寄存器 TCON 中的 IT0 和 IT1 位的状态进行设置。

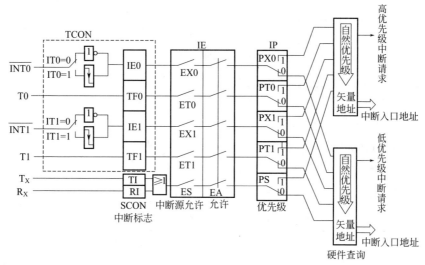

图 2-40　8051 单片机中断系统硬件组成

（2）定时器中断源 T0、T1

内部定时器中断源 T0、T1 由片内定时器/计数器溢出产生，8051 内部的两个 16 位定时/计数器对内部定时脉冲进行计数，或对 T0/T1 引脚上的外部脉冲进行计数，当计数器发生溢出时，表明定时时间已到或计数值已满，溢出信号就是向 CPU 发出的中断请求信号。

（3）串行口中断源 Tx/Rx

串行口中断源 Tx/Rx 由内部串行口产生，当串行口接收或发送串行数据时，串行口自动向 CPU 发出一个中断请求，CPU 响应中断请求后转入串行中断服务子程序，以实现串行数据的传送。

2. 中断优先级

8051 单片机设有两个中断优先级，可实现两级中断嵌套，每个中断源均可通过编程设置为优先级中断或低优先级中断。两级个中断优先级中断响应的基本原则如下。

① CPU 在执行低优先级中断服务程序时，可被高优先级中断请求中断，CPU 转向执行高优先级中断服务程序，然后返回执行低优先级中断服务程序。

② CPU 在执行高优先级中断服务程序时，不会被低优先级中断请求中断。

③ CPU 在执行中断服务程序时，无论是高优先级还是低优先级，都不会被同优先级的中断请求中断。

④ 当 CPU 接收到两个同一级的中断请求时，CPU 则通过内部硬件查询电路，按自然优先级确定优先响应的中断请求。中断自然优先级的顺序如表 2-5 所示。

表 2-5　中断自然优先级的顺序

序号	中断源	自然优先顺序
1	外部中断源 INT0	最高
2	定时/计数器中断源 T0	次高
3	外部中断源 INT1	中

续表

序号	中断源	自然优先顺序
4	定时/计数器中断源 T1	次低
5	串行口中断源 Tx/Rx	最低

3. 中断控制寄存器

单片机通过对特殊功能寄存器 TCON、SCON、IE 的设置，实现中断控制。

（1）定时/计数器控制寄存器 TCON

定时/计数器控制寄存器 TCON 是 8 位寄存器，字节地址为 88H，其功能如表 2-6 所示。

表 2-6　定时/计数器控制寄存器 TCON 功能

TCON	D7	D6	D5	D4	D3	D2	D1	D0
位名称	TF1	TR1	TF0	TR0	IE1	IT1	IE0	IT0
位地址	8FH	8EH	8DH	8CH	8BH	8AH	89H	88H
功能	用于定时/计数器控制				用于中断控制			

IT0（D0 位）：外部中断 $\overline{INT0}$ 的触发方式控制位。IT0＝1 时，P3.2 端出现脉冲下降沿时中断请求有效；IT0＝0 时，P3.2 端出现低电平时中断请求有效。

IE0（D1 位）：外部中断 $\overline{INT0}$ 的请求标志位。当 CPU 检测到外部中断请求时，IE0 位置"1"；当 CPU 转去执行中断处理子程序时，由硬件自动清零（只适用边沿触发）。

IT1（D2 位）：外部中断 $\overline{INT1}$ 的触发方式控制位。IT1＝1 时，P3.3 端出现脉冲下降沿时中断请求有效；IT1＝0 时，P3.3 端出现低电平时中断请求有效。

IE1（D3 位）：外部中断 $\overline{INT1}$ 的请求标志位。当 CPU 检测到外部中断请求时，IE1 位置"1"；当 CPU 转去执行中断处理子程序时，由硬件自动清零（只适用边沿触发）。

TR0（D4 位）：定时计数器 T0 的启动/停止标志位。由用户编程确定，TR0＝1 时定时器开始计数，TR0＝0 时定时器计数停止。

TF0（D5 位）：定时计数器 T0 的中断溢出标志位。定时器作加 1 计数中最高位产生进位时，定时器计数溢出，由硬件置位 TR0＝1，CPU 响应中断结束后，硬件置位 TR0＝0。

TR1（D6 位）：定时计数器 T1 的启动/停止标志位。由用户编程确定，TR1＝1 时定时器开始计数，TR1＝0 时定时器计数停止。

TF1（D7 位）：定时计数器 T1 的中断溢出标志位。定时器作加 1 计数中最高位产生进位时，定时器计数溢出，由硬件置位 TR1＝1，CPU 响应中断结束后，硬件置位 TR1＝0。

（2）串行口控制寄存器 SCON

串行口控制寄存器 SCON 也是 8 位寄存器，其字节地址为 98H，与中断相关的是其中的两位，如表 2-7 所示。

表 2-7　串行口控制寄存器 SCON 功能

SCON	D7	D6	D5	D4	D3	D2	D1	D0
位名称	SM0	SM1	SM2	REN	TB8	RB8	TI	RI
位地址	9FH	9EH	9DH	9CH	9BH	9AH	99H	98H
功能	用于串行通信						串行口中断控制	

RI（D0 位）：串行口接收中断标志位。当串行口接收到一帧数据时，硬件自动将 RI 置 1，CPU 响应中断后，RI 标志位并不清零，需通过软件清零。

TI（D1 位）：串行口发送中断标志位。当串行口发送一帧数据时，硬件自动将 TI 置 1，CPU 响应中断后，TI 标志位并不清零，也需通过软件清零。

（3）中断允许控制寄存器 IE

中断允许控制寄存器 IE 也是 8 位寄存器，用于控制各中断源的开放和屏蔽，字节地址为 A8H，其功能如表 2-8 所示。

表 2-8 中断允许控制寄存器 IE 功能

IE	D7	D6	D5	D4	D3	D2	D1	D0
位名称	EA	—	—	ES	ET1	EX1	ET0	EX0
位地址	AFH	AEH	ADH	ACH	ABH	AAH	A9H	A8H
中断源	CPU	—	—	串行口	T1	$\overline{INT1}$	T0	$\overline{INT0}$

EX0（D0 位）：外部中断 $\overline{INT0}$ 的中断允许控制位。EX0＝1 时，$\overline{INT0}$ 开中断；EX0＝0 时，$\overline{INT0}$ 关中断。

ET0（D1 位）：定时计数器 T0 的中断允许控制位。ET0＝1 时，T0 开中断；ET0＝0 时，T0 关中断。

EX1（D2 位）：外部中断 $\overline{INT1}$ 的中断允许控制位。EX1＝1 时，$\overline{INT1}$ 开中断；EX1＝0 时，$\overline{INT1}$ 关中断。

ET1（D3 位）：定时计数器 T1 的中断允许控制位。ET1＝1 时，T1 开中断；ET1＝0 时，T1 关中断。

ES（D4 位）：串行口的中断允许控制位。ES＝1 时，串行口开中断；ES＝0 时，串行口关中断。

EA（D7 位）：CPU 的中断允许控制位。EA＝1 时，CPU 全开中断（总开关开）；EA＝0 时，CPU 全关中断（总开关关）。

（4）中断优先级控制寄存器 IP

中断优先级控制寄存器 IP 也是 8 位寄存器，用于定义各中断源的中断优先级，字节地址为 B8H，IP 状态由用户编程时设定。中断优先级控制寄存器 IP 功能如表 2-9 所示。

表 2-9 中断优先级控制寄存器 IP 功能

IP	D7	D6	D5	D4	D3	D2	D1	D0
位名称	—	—	—	PS	PT1	PX1	PT0	PX0
位地址	BFH	BEH	BDH	BCH	BBH	BAH	B9H	B8H
中断源	—	—	—	串行口	T1	$\overline{INT1}$	T0	$\overline{INT0}$

PX0（D0 位）：外部中断 $\overline{INT0}$ 中断优先级控制位。PX0＝1 时，$\overline{INT0}$ 为高优先级；PX0＝0 时，$\overline{INT0}$ 为低优先级。

PT0（D1 位）：定时计数器 T0 的中断优先级控制位。PT0＝1 时，T0 为高中断优先级；PT0＝0 时，T0 为低中断优先级。

PX1（D2 位）：外部中断 $\overline{INT1}$ 中断优先级控制位。PX1＝1 时，$\overline{INT1}$ 为高优先级；

PX1=0 时，$\overline{INT1}$ 为低优先级。

PT1（D3 位）：定时计数器 T1 的中断优先级控制位。PT1=1 时，T1 为高中断优先级；PT1=0 时，T1 为低中断优先级。

PS（D4 位）：串行口的中断优先级控制位。PS=1 时，串行口为中断高优先级；PS=0 时，串行口为中断低优先级。

三、单片机中断控制过程

单片机执行一次中断服务可将其分为中断请求、中断响应、中断处理、中断返回四个过程。单片机执行中断处理程序流程如图 2-41 所示。

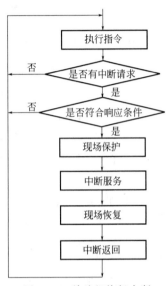

图 2-41　单片机执行中断处理程序流程

1. 中断请求

外部中断请求信号通过采样获得，片内中断请求信号则是由置位产生的。

（1）采样与置位

采样：针对外部中断请求信号，CPU 通过对芯片引脚 P3.2、P3.3 的采样结果设置 TCON 寄存器中的中断响应标志位状态。

置位：对于片内的定时器中断请求和串行口中断请求，则是通过直接向定时器控制寄存器 TCON 和串行口控制寄存器 SCON 相应的中断请求标志位置位。

（2）中断查询

单片机通过采样或置位，在 TCON 和 SCON 锁存了中断标志位后，由 CPU 在每个机器周期的最后状态 S6 对锁存器进行查询，以确定有无中断请求。

CPU 按中断优先级的顺序对中断请求标志位进行查询，同级中断则按外 0、定 0、外 1、定 1、串行的顺序查询。当查询到有标志位为"1"时，则表明有中断请求发生，接着就从相邻的下一个机器周期的第 1 个状态 S1 开始进行中断响应。

2. 中断响应

（1）中断响应的条件

中断响应的条件如下。

① CPU 开中断，即 IE 中的中断总允许位 EA 置"1"，且该中断源允许位置"1"。

② 没有响应同级别或更高级别的中断。

③ 如果正执行的指令是返回（RETI）指令或访问 IP、IE 寄存器的指令，则 CPU 将至少再执行一条指令才能响应中断。

（2）中断响应过程

在满足中断条件的情况下，CPU 即响应中断，过程如下。

① 将 IP 中相应的优先级控制位置 1，以阻断后面的同级和低级中断请求。

② 撤销该中断源的中断请求标志，以避免中断返回后重复响应该中断。

③ 将断点地址保存后，程序转向执行中断服务子程序。

3. 中断处理

单片机中断处理过程如图 2-42 所示。

（1）保护现场

之前 CPU 只是保护了 PC 的值，如果中断服务子程序中要用到公共存储空间（如 PSW、DPTR 等），则在执行中断服务程序前，也要将这些公共存储空间存储的内容加以保护（压入堆栈）。

（2）执行中断服务程序

如果中断服务子程序超出上述指定的空间时就需要安排 LJMP 指令将服务程序跳转到其他地址。

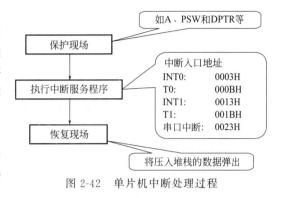

图 2-42 单片机中断处理过程

（3）恢复现场

恢复现场与保护现场相对，在返回主程序前需要将保护现场过程中压入堆栈的相关数据弹出，以确保程序能正确返回断点。

4. 中断返回

中断返回由中断返回指令 RETI 来实现。该指令的功能是把断点地址从堆栈中弹出，送回到程序计数器 PC；通知中断系统已完成中断处理，并同时清除优先级状态。

中断返回的恢复断点地址、清除优先级状态通常是由 CPU 自动完成的。

四、单片机中断的应用

中断系统包括硬件和软件两部分，中断系统的应用主要是根据实际的需要设计相应的中断应用程序。中断应用程序可分为中断初始化和中断服务主程序两部分。

中断初始化包括设置堆栈指针 SP、定义中断优先级、定义外中断触发方式、开放中断和其他相关设置。

（1）设置堆栈指针 SP

保护断点 PC 地址和保护现场数据均要用到堆栈，根据所保护的内容设置适宜的堆栈深度。深度要求不高时可维持复位时状态，即 SP=07H；如果需要保护的内容较多时，则堆栈要有一定深度，可选 SP=60H 或 50H。

（2）定义中断优先级

根据中断源的轻重缓急，划分其优先级的高低。可用"MOV IP, ♯XX"或"SETB XX"指令来设置中断的优先级。

（3）定义外中断触发方式

对于外部中断源，还需设置中断触发方式。一般设置边沿触发方式，若外中断信号无法适应，必须采用电平触发方式时，则应在硬件电路上和中断服务程序中采取撤除中断请求状态的措施。

（4）开放中断

中断允许控制位和总允许要同时开放。可用"MOV IE, ♯XXH"指令设置，也可用

"SETB EA"和"SETB XX"位操作指令设置。

（5）其他相关设置

除了上述中断初始化之外，还应安排好等待中断或中断发生前主程序应完成的操作内容。

第五节 单片机的定时/计数器

对于 8051 单片机来说，其片内有两个 16 位定时/计数器（T0 和 T1），可用作计数器和定时器，在单片机中定时/计数器也是一个重要的部件。

一、定时/计数器概述

1. 单片机定时/计数器的作用与特点

（1）单片机定时/计数器的作用

定时/计数器既可以利用片内机器脉冲完成定时操作，又可以进行片外脉冲信号的计数。因此，单片机可利用定时/计数器来实现控制与测量，其功能主要包括：定时控制、延时控制、频率测量、脉宽测量、信号发生器、信号检测、中断控制等。

（2）单片机定时/计数器的特点

定时与计数功能均可用软件和硬件实现，纯软件实现的定时器其缺点是占用 CPU 资源；由硬件构成的定时器可不占用 CPU 时间，但定时的控制不方便。

单片机所用的实际上是可编程定时/计数器，其特点是：工作方式灵活多样、编程简单、使用方便、容易实现多种控制与测量功能。

2. 单片机定时/计数器的组成与功能

（1） 8051 单片机定时/计数器的组成

8051 单片机的定时/计数器由两个 16 位的计数器 T0 和 T1 组成。其中 T0 计数器由两个 8 位计数器 TH0、TL0 组成，T1 计数器则由两个 8 位计数器 TH1、TL1 组成。

（2） 8051 单片机定时/计数器的功能

① 计数器功能。定时/计数器 T0、T1 的基本功能是加 1 计数，最高计数值是 65536。用作计数器时，通常是对外部事件脉冲进行计数。

② 定时器功能。用作定时器时，针对内部机器脉冲，因为机器脉冲频率是固定的，机器脉冲周期为定值，所以通过计数器脉冲的数量可确定时间。

③ 可编程功能。定时时间和计数值可由编程设定，方法是设定一个初值，计数器加 1 计满溢出，即可确定从初值到计满溢出的数值。调整计数初值，也即调整了定时时间和计数值。

二、定时/计数器的硬件结构

1. 定时/计数器的硬件构成

8051 单片机的定时/计数器的硬件结构如图 2-43 所示。

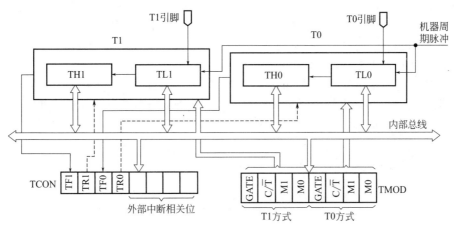

图 2-43 8051 单片机的定时/计数器的硬件构成

定时计数器 T0 从 T0 引脚（P3.4）输入外部脉冲信号时用作计数器；由内部机器周期脉冲作为输入信号时用作定时器。

定时计数器 T1 从 T1 引脚（P3.5）输入外部脉冲信号时用作计数器；由内部机器周期脉冲作为输入信号时用作定时器。

工作方式控制寄存器 TMOD 用于控制定时/计数器的工作方式，其中低 4 位控制 T0，高 4 位控制 T1。

控制寄存器 TCON 用于定时/计数器的控制，控制 T1、T0 的启动、停止及设置溢出标志。

2. 定时计数器的基本原理

T0 或 T1 工作在计数方式时，从外部引入脉冲信号，每个脉冲计数器加 1，当加到全 "1" 时，再输入 1 即溢出，计数器的最高计数值 65536 减去初值即为计数值。

T0 或 T1 工作在定时方式时，引入片内机器周期脉冲信号，每个脉冲计数器加 1，当加到全 "1" 时，再输入 1 即溢出，表示定时已到。输入机器的脉冲数×周期即为定时时间。

3. 定时/计数器控制寄存器

（1）控制寄存器 TCON

定时/计数器控制寄存器 TCON 在中断控制寄存器中已做了介绍，其低 4 位用于外部中断（$\overline{INT0}$、$\overline{INT1}$）控制，高 4 位用于定时/计数器控制（表 2-10）。为方便阅读，TCON 高 4 位功能复述如下。

表 2-10 定时/计数器控制寄存器 TCON 功能

TCON	D7	D6	D5	D4	D3	D2	D1	D0
位名称	TF1	TR1	TF0	TR0	IE1	IT1	IE0	IT0
位地址	8FH	8EH	8DH	8CH	8BH	8AH	89H	88H
功能	T1 中断标志	T1 启/停控制	T0 中断标志	T0 启/停控制	用于中断控制			

TR0（D4 位）：定时计数器 T0 的启动/停止标志位。由用户编程确定，TR0＝1 时定时器开始计数，TR0＝0 时定时器计数停止。

TF0（D5 位）：定时计数器 T0 的中断溢出标志位。定时器作加 1 计数中最高位产生进位时，定时器计数溢出，由硬件置位 TR0＝1，CPU 响应中断结束后，硬件置位 TR0＝0。

TR1（D6 位）：定时计数器 T1 的启动/停止标志位。由用户编程确定，TR1＝1 时定时器开始计数，TR1＝0 时定时器计数停止。

TF1（D7 位）：定时计数器 T1 的中断溢出标志位。定时器作加 1 计数中最高位产生进位时，定时器计数溢出，由硬件置位 TR1＝1，CPU 响应中断结束后，硬件置位 TR1＝0。

（2）工作方式控制寄存器 TMOD

工作方式控制寄存器 TMOD 也是 8 位寄存器，其低 4 位控制 T0，高 4 位控制 T1，不能位寻址，其功能如表 2-11 所示。

表 2-11 定时/计数方式控制寄存器 TMOD 功能

TMOD	D7	D6	D5	D4	D3	D2	D1	D0
位名称	GATE	C/$\overline{T}$	M1	M0	GATE	C/$\overline{T}$	M1	M0
功能	门控位	定时/计数方式选择	工作方式选择		门控位	定时/计数方式选择	工作方式选择	

M0、M1（D4 和 D5 位、D0 和 D1 位）：工作方式选择位，M1、M0 共同设置 T1 或 T0 的工作方式，如表 2-12 所示。

表 2-12 M1、M0 控制定时/计数器的 4 种工作方式

M1、M0	工作方式	说明
00	方式 0	13 位定时/计数器
01	方式 1	16 位定时/计数器
10	方式 2	8 位自动重装定时/计数器
11	方式 3	T0 分成两个独立的 8 位定时/计数器，T1 停止计数

C/$\overline{T}$（D2 或 D6 位）：定时/计数器方式选择位。该位＝0 时，为定时工作方式，对片内机器周期计数，T0、T1 用作定时器；该位＝1 时，为计数工作方式，对外入脉冲计数，下降沿有效，T0、T1 用作计数器。

GATE（D3 或 D7 位）：门控位。GATE＝0 时，软件方法将 TCON 中的 TR1 置 1，即可启动 T0 或 T1 工作；GATE＝1 时，除 TCON 中的 TR1 置 1 外，还需 $\overline{INT0}$ 或 $\overline{INT1}$ 为高电平才能启动 T0 或 T1 工作。

三、定时/计数器的工作方式

通过定时/计数器工作方式控制寄存器 TMOD 的 M1、M0 位，设定 T1 和 T0 的四种工作方式。T0、T1 各工作方式操作相似，T1 无工作方式 3。

1. 工作方式 0

M1M0＝00 时，T0 为工作方式 0，由 TL0 低 5 位和 TH0 的 8 位构成 13 位计数器，如图 2-44 所示。

TL0 低 5 位计数满时，不向 TL0 第 6 位进位，而是向 TH0 进位，13 位计满溢出，TF0 置"1"。

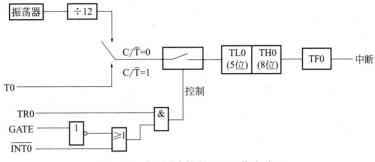

图 2-44　定时/计数器 T0 工作方式 0

13 位计数器最大计数值为 $2^{13}=8192$，用作定时器时，如果振荡器时钟频率 $f_{osc}=12MHz$，机器周期＝1μs，工作方式 0 最大的定时时间为 $8192\mu s$。

2. 工作方式 1

M1M0＝01 时，T0 为工作方式 1，由 TL0 和 TH0 构成 16 位定时/计数器，如图 2-45 所示。

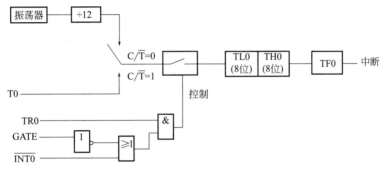

图 2-45　定时/计数器 T0 工作方式 1

当 16 位计满溢出时，TF0 置"1"，16 位计数器最大计数值 $2^{16}=65536$，在振荡器时钟频率 $f_{osc}=12MHz$、机器周期＝1μs 的情况下，工作方式 1 最大的定时时间为 $65536\mu s$。

3. 工作方式 2

M1M0＝10 时，T0 为工作方式 2，为能自动恢复原来初值的 8 位自动重装定时/计数器，如图 2-46 所示。

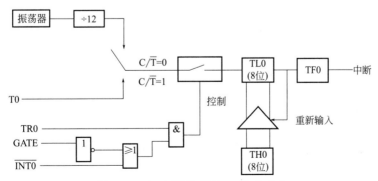

图 2-46　定时/计数器 T0 工作方式 2

TL0 计数满溢出，TF0 置 1 的同时，TH0 中的初值自动装入 TL0。工作方式 2 的优点是能自动恢复定时/计数初值，缺点是只是 TL0 用来计数，计数范围小（$2^8=256$），TH0 用于保存计数初值。

4. 工作方式 3

M1M0＝11 时，T0 为工作方式 3，T0 被拆成两个独立的定时/计数器，如图 2-47 所示。

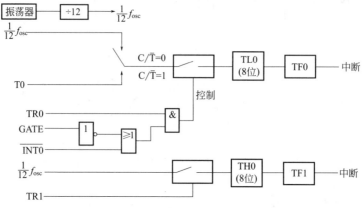

图 2-47　定时/计数器 T0 工作方式 3

T0 为工作方式 3 时，TL0 使用 T0 原有资源，可作为 8 位计数器，TH0 则只能作定时器使用，而 T1 仍可设置为工作方式 0、工作方式 1、工作方式 2，如图 2-48 所示。

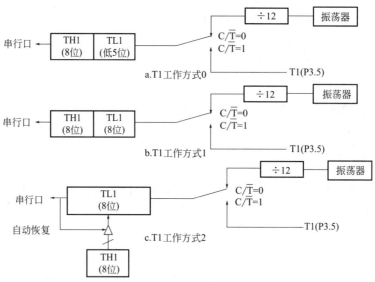

图 2-48　T0 工作方式 3 时 T1 的 3 种工作方式

四、定时/计数器的应用

在使用定时/计数器前，需要进行初始化，以确保定时/计数器在设定的状态下工作。

1. 初始化的步骤

定时/计数器的初始化步骤如下。

① 根据实际任务确定定时/计数器工作方式、操作模式以及启动控制方式，然后将控制字写入寄存器 TMOD。

② 根据实际任务要求计算出定时/计数器的计数初值，并将初值写入相应的计数器 T0 或 T1。

③ 根据需要确定是否采用中断方式，并设置中断允许控制寄存器 IE 中的相关位。

④ 根据前面设定的启动控制模式启动定时/计数器工作。

2. 定时/计数器初值的计算方法

计数方式下的初值 x 计算方法如下。

$$x = 2^n - N$$

式中，n 为所选的计数器位数；N 为所要求的计数值。

定时方式下的初值 x 计算方法如下。

$$x = 2^n - \frac{T}{T_c}$$

式中，n 为所选的计数器位数；T 为所要求的定时时间；T_c 为单片机的机器周期。

3. 应用实例

例一：在 P1.0 口输出周期为 $200\mu s$ 的连续方波，设晶振频率为 6MHz。

输出 $200\mu s$ 的方波，可由 P1.0 脚上的电平每 $100\mu s$ 取反一次实现；可用 T0 来完成 $100\mu s$ 的延时。

由于需要重复定时，选用 T0 工作方式 2，M1M0＝10；使用定时/计数器的定时功能，因而 $C/\overline{T}=0$。定时/计数器 T1 不用，相关设置为 0。

晶振频率为 6MHz，一个机器周期为 $2\mu s$，初值 x 为

$$x = 2^8 - \frac{100\mu s}{2\mu s} = 256 - 50 = 206 = 11001110B = 0CEH$$

查询方式的程序如下。

```
            MOV     IE，   ＃00H         ;禁止中断
            MOV     TMOD，＃02H          ;设置 T0 为工作方式 2
            MOV     TH0， ＃0CEH         ;保存计数初值
            MOV     TL0， ＃0CEH         ;设置计数初值
            SETB    TR0                  ;启动定时
LOOP：      JBC     TR0,LOOP1            ;查询计数溢出
            AJMP    LOOP
LOOP1：     CPL     P1.0                 ;输出方波
            AJMP    LOOP                 ;重复循环
```

例二：8051 单片机只有两个外部中断源，不能满足实际需要时，将定时/计数器用作外部中断源。

定时/计数器在用作外部信号计数时，相当于一个延缓了的中断。只要将延缓缩短到最小，便成了即时中断，方法如下。

① 将定时/计数器设置为计数模式。该模式下定时/计数器引脚连接外部设备，可对外部中断源发出的中断请求做出响应。

② 设定定时/计数器为工作方式 2。此时定时/计数器是一个 8 位自动重装计数器，溢出（中断响应）后可自动"复位"，为下次中断请求做好准备。

③ 将预设的计数初值设为满程。使计数器的"延缓"减至最小,即外部中断源向引脚输入一个下降沿信号,计数器就会溢出(响应中断)。

当外部信号由高电平跳变为低电平时,该定时/计数器即响应中断。

第六节　单片机的串行接口

一、串行通信概述

1. 串行通信与并行通信

计算机中的通信是指不同的系统经由线路相互交换数据的过程。有并行通信和串行通信两种形式,如图 2-49 所示。

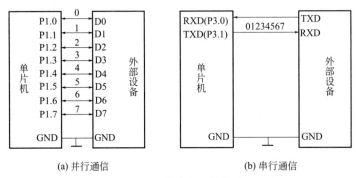

图 2-49　单片机通信方式

（1）并行通信

并行通信[图 2-49(a)]按字节传送,其特点是通信速度快,线路成本高。并行通信适用于机器内部的数据传输。8051 单片机有 4 个并行接口(P0、P1、P2、P3)。

（2）串行通信

串行通信[图 2-49(b)]按位传送,其特点是通信速度慢,线路成本低。串行通信适用于机器外部的数据传输。8051 单片机有 1 个可编程全双工串行口,利用 P3.0(RXD)和 P3.1(TXD)实现片内与片外的数据串行传送。

2. 串行通信的方式

串行通信中,为了把每个字节区别开来,在传送数据的信息流中添加了标记位。串行通信在信息的格式上有异步方式和同步方式两种,如图 2-50 所示。

（1）异步通信方式

异步通信方式数据按帧传输,如图 2-50(a)所示。在一个字符帧中,包括起始位、数据位(占 5~8 位)、奇偶校验位(占 1 位,可以没有)和停止位(占 1~2 位)4 部分。

起始位占 1 位,用逻辑值"0"表示数据的开始。该位使通信双方在传送数据位前协调同步。

数据位占 5~8 位,传送时低位在前,高位在后。

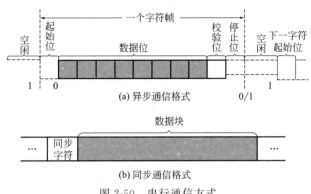

图 2-50 串行通信方式

停止位占 1~2 位,用逻辑值"1"表示数据传送结束。

异步通信方式的特点是对硬件的要求较低,实现较为容易,为单片机所常用。由于异步通信方式在通信中加入的附加位较多,因此数据传送速度较低。

(2) 同步通信方式

同步通信方式 [图 2-50(b)] 数据传送以帧为单位,帧由多个数据构成,每帧由两个同步字符作为起始位,以触发同步时钟开始发送或接收数据。同步数据块中在字符间不允许留空。

异步通信方式面向字节传送,而同步方式面向数据块传送,在多字节数据间没有空隙,故数据传输速度快。同步通信方式对硬件的要求较高,适用于大数据量的传输。

3. 串行通信制式

串行通信按其传送数据的方向分,有单工、半双工和全双工三种制式,如图 2-51 所示。

单工制式:发送端和接收端均固定,数据只能单向传输。

半双工制式:通信双方均可发送/接收数据,但不可同时接收和发送。

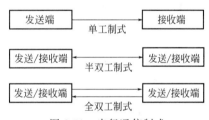

图 2-51 串行通信制式

全双工制式:通信双方均可发送/接收数据,且可同时接收和发送数据。

4. 串行通信的波特率

波特率是指每秒传送的二进制代码的位数(也称比特数),即

$$1 \text{ 波特率} = 1 \text{ 位/秒}(1\text{bit/s})$$

波特率的倒数即为每位传输所需时间。由此可见,波特率也是衡量传输通道频宽的重要指标。

在串行通信中,数据位的发送和接收分别由发送时钟脉冲和接收时钟脉冲进行定时控制,因此,时钟频率高,波特率也高,通信速度也就快。一般波特率取时钟频率的 1/16 或 1/64。

二、单片机串行口的硬件结构

8051 单片机串行口硬件主要由定时器 T1、串行口缓冲 SBUF、输入移位、串行控制等寄存器及内部控制电路组成,如图 2-52 所示。

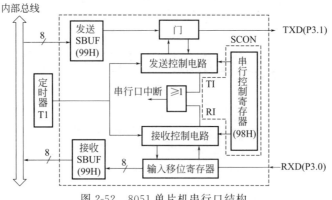

图 2-52　8051 单片机串行口结构

1. 串行口数据发送与接收过程

8051 单片机通过 P3.1、P3.0 这 2 个端子接收和发送数据。

（1）串行口发送数据过程

CPU 通过内部总线将并行数据写入发送 SBUF，在发送控制电路的控制下，按设定好的波特率，每来一次移位脉冲，通过引脚 TXD 向外输出一位。

一帧数据发送结束后，向 CPU 发出中断请求，TI 位置 1；CPU 响应中断后，开始准备发送下一帧数据。

（2）串行口接收数据过程

CPU 不停检测引脚 RXD 上的信号，当信号中出现低电平时，在接收控制电路的控制下，按设定好的波特率，每来一次移位脉冲，读取外部设备发送的一位数据到移位寄存器。

一帧数据传输结束后，数据被存入接收 SBUF，同时向 CPU 发出中断请求，RI 位置 1；CPU 响应中断后，开始接收下一帧数据。

2. 串行口数据缓冲器 SBUF

8051 单片机串行口在物理上有两个独立的数据缓冲寄存器，可用于数据的发送和接收。两个缓冲器使用同一个字节地址 99H，需要通过指令的读写来区分是对发送缓冲器的操作还是对接收缓冲器的操作。

3. 串行口控制寄存器 SCON

串行口控制寄存器 SCON 也是 8 位寄存器，可进行位寻址，字节地址为 98H。通过 SCON 可定义串行口的工作方式，控制串行口数据的发送和接收。串行口控制寄存器 SCON 功能如表 2-13 所示，各位功能说明如下。

表 2-13　串行口控制寄存器 SCON 功能

SCON	D7	D6	D5	D4	D3	D2	D1	D0
位名称	SM0	SM1	SM2	REN	TB8	RB8	TI	RI
位地址	9FH	9EH	9DH	9CH	9BH	9AH	99H	98H
功能	用于串行通信						串行口中断控制	

RB8（D2 位）：接收到的第 9 位数据位。在工作方式 0 中不用该位；在工作方式 2 或工

作方式 3 中，RB8 为接收到的第 9 位数据；在工作方式 1 中，若（SM2）=0，RB8 则为接收到的停止位。

TB8（D3 位）：要发送第 9 位数据位。在工作方式 2 或工作方式 3 中，TB8 为要发送的第 9 位数据，可根据需要由软件（指令）置 1 或 0。例如，可约定作为奇偶校验位，或在多机通信中作为区别地址帧或数据帧的标志位。

REN（D4 位）：允许/禁止串行接收控制位。由软件置 1 或 0。REN=1 时，表示允许串行接收；REN=0 时，则禁止串行接收。

SM2（D5 位）：多机通信控制位。用于工作方式 2 或工作方式 3。接收状态时，若 SM2=1 且 RB8=1，则 RI 置 1；在工作方式 1 时，SM2 一定要为 0；在工作方式 1 时，SM2=1 且接收到有效停止位时，RI 才置 1。

SM0/SM1（D7/D6 位）：串行口工作方式选择位。SM0 和 SM1 确定串行口工作方式如表 2-14 所示。

表 2-14　SM0 和 SM1 确定串行口的 4 种工作方式

SM0、SM1	工作方式	功能	波特率
00	方式 0	8 位同步移位寄存器(用于 I/O 扩展)	$f_{osc}/12$
01	方式 1	10 位(8+2)异步收发方式	由定时/计数器 T1 控制
10	方式 2	11 位(9+2)异步收发方式	$f_{osc}/64$ 或 $f_{osc}/32$
11	方式 3	11 位(9+2)异步收发方式	由定时/计数器 T1 控制

SCON 控制寄存器中的串行口中断标志位功能复述如下。

RI（D0 位）：串行口接收中断标志位。当串行口接收到一帧数据时，硬件自动将 RI 置 1，CPU 响应中断后，RI 标志位并不清零，需由软件清零。

TI（D1 位）：串行口发送中断标志位。当串行口发送一帧数据时，硬件自动将 TI 置 1，CPU 响应中断后，TI 标志位并不清零，需由软件清零。

4. 电源控制寄存器 PCON

电源控制寄存器 PCON 为电源控制专用寄存器，其字节地址为 97H，不能位寻址，只有最高位 SMOD 与串行口工作有关。电源控制寄存器 PCON 的功能如表 2-15 所示。

表 2-15　电源控制寄存器 PCON 的功能

PCON	D7	D6	D5	D4	D3	D2	D1	D0
位名称	SMOD	—	—	—	GF1	GF0	PD	IDL

SMOD（D7 位）：串行口的波特率倍增位。当 SMOD=1 时，串行口工作方式 1、工作方式 2、工作方式 3 的波特率加倍；当 SMOD=0 时，原设定的波特率不变。

三、单片机串行口的工作方式

通过 SCON 中的 SM0、SM1 位，或设定单片机串行口的四种工作方式，以满足单片机各种控制的需要。

1. 工作方式 0

M1M0=00 时，单片机串行口为外接移位寄存器工作方式（工作方式 0），其发送/接收逻辑电路如图 2-53 所示。单片机串行口在此工作方式下，其波特率固定，为 $f_{osc}/12$。

发送数据时，数据从 RXD 引脚串行输出，TXD 引脚输出同步脉冲。当一个数据写入串行口发送缓冲器 SBUF 时，串行口将 8 位数据从低位到高位以 $f_{osc}/12$ 的固定波特率从 RXD 引脚输出。8 位数据发送后由硬件将中断标志位 TI 置 "1"，请求中断。在下一次发送数据之前，必须用软件将 TI 清零。

接收数据时，TXD 引脚输出同步脉冲，接收器通过 RXD 引脚接收输入的数据。当接收完 8 位数据后，由硬件将中断标志位 RI 置 "1"，请求中断。在下一次发送数据之前，必须用软件将 RI 清零。

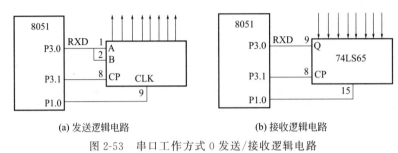

图 2-53 串口工作方式 0 发送/接收逻辑电路

2. 工作方式 1

SM0SM1＝01 时，串行口为一帧 10 位的异步通信方式（工作方式 1），波特率可变。在工作方式 1 下，字符帧格式为一帧 10 位，即 1 位起始位（0），8 位数据位，1 位停止位（1）。TXD 为数据发送引脚，RXD 为数据接收引脚。工作方式 1 字符帧格式如图 2-54 所示。

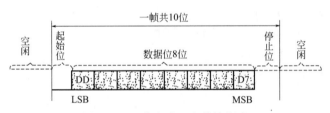

图 2-54 工作方式 1 字符帧格式

串行口发送数据时，CPU 执行一条写入 SBUF 指令后便启动串行口发送，数据从 TXD 输出。一帧发送结束后由硬件将中断标志位 TI 置 "1"，CPU 响应中断。之后 TI 位由软件清零。

串行口接收数据时，置 REN 为 1，允许接收。当接收器对 RXD 引脚状态进行采样时，如果检测到由 1 到 0 的负跳变时，则开始接收数据，在接收移位脉冲的控制下，将接收的数据移入接收寄存器。接收完一帧，必须同时满足以下两个条件，这次接收才真正有效。

① RI＝0，即上一帧数据接收完成，上次发出的中断请求已被响应，SBUF 中的数据已被取走，说明接收 SBUF 已空。

② SM2＝0 或收到的停止位＝1（停止位已进入 RB8）。

若上述两个条件同时满足，则置中断标志 RI＝1，将收到的数据装入 SBUF；反之，收到的数据不能装入 SBUF，该帧数据将丢失。

3. 工作方式 2

SM0SM1＝10 时，串行口为 11 位一帧可编程串行工作方式。一帧数据由 11 位组成，1

位起始位，8 位数据，1 位可编程控制的第 9 位数据和 1 位停止位。工作方式 2 字符帧格式如图 2-55 所示。

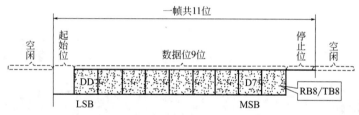

图 2-55 工作方式 2 字符帧格式

串行口发送数据时，先将数据的可编程位写入 TB8，CPU 执行写入 SBUF 指令后，立即启动发送器发送，发送一帧数据后，T1 置"1"，再次向 CPU 申请中断。因此，在进入中断服务程序后，在发送完一帧数据之前，必须将 TI 清零。

串行口接收数据时，REN=1，允许接收。与方式 1 的接收方式类似，接收完一帧数据后，必须同时满足如同工作方式 1 中的两个条件，本次接收才真正有效。使 RI=1，将接收数据装入接收 SBUF，同时第 9 位装入 RB8。

4. 工作方式 3

SM0SM1=11 时，也是 11 位一帧可编程串行工作方式，其通信过程与工作方式 2 完全相同，不同点仅在于波特率。工作方式 2 的波特率只有固定的两种，而工作方式 3 的波特率与工作方式 1 相同，可通过设置 T1 的初值来设定波特率。

5. 各种工作方式下的波特率设定

串行通信过程中，波特率反映了串行传输数据的速率。接收和发送的波特率必须一致，使用时通过软件进行设置。各种串行工作方式下，波特率的计算公式如下。

工作方式 0：波特率 $=f_{\text{osc}}/12$。

在工作方式 0 时，串行数据传输波特率固定不变，为振荡频率的 1/12。

工作方式 2：波特率 $=f_{\text{osc}} \times 2^{\text{SMOD}}/64$。

在工作方式 2 时有两种波特率，由 SMOD 确定：

① 当 SMOD=1 时，工作方式 2 的波特率为 $f_{\text{osc}}/32$；
② 当 SMOD=0 时，工作方式 2 的波特率为 $f_{\text{osc}}/64$。

工作方式 1、工作方式 3：波特率 $=$ T1 的溢出率 $\times 2^{\text{SMOD}}/32$。

工作方式 1、工作方式 3 的波特率均为可变，由 T1、SMOD 设定。串行口工作在工作方式 1、工作方式 3 时，通常是根据波特率来计算 T1 初值（一般 T1 工作在方式 2）。即 T1 用作波特率发生器，在确定所需的波特率后，再计算 T1 的定时初值。T1 的初值 x 计算方法如下。

$$x = 2^8 - \left(\frac{f_{\text{osc}} \times 2^{\text{SMOD}}}{32} \times \text{波特率} \times 12 \right)$$

第三章 汽车电子控制器的构成与检测

第一节 汽车电子控制器概述

一、汽车电子控制器的基本组成

1. 汽车电子控制器的组成框图

电子控制器（Electric Control Unit）简称 ECU，是汽车电子控制系统的核心部件，用于对各传感器及开关等输入信号的预处理，并根据传感器的输入信号分析与判断被控对象的工况与状态，再根据设定的控制程序输出控制信号，控制执行器工作。汽车 ECU 由微处理器、输入电路、输出电路等组成，其基本组成框图如图 3-1 所示。

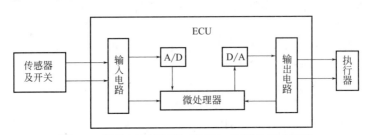

图 3-1 汽车电子控制器（ECU）的基本组成框图

2. 汽车电子控制器组成部件功能

汽车电子控制器各组成部件功能如下。

① 输入电路。汽车电子控制器输入电路包括信号处理电路和传感器电源。信号处理电路用于各传感器及开关信号的预处理，并将其转换为计算机可接受的数字信号；传感器电源向传感器提供稳定的电压，以确保各传感器产生能正确反映被控对象状态参量的电信号。

② 微处理器。微处理器是电子控制器的核心，微处理器通过 I/O 接口接受输入电路送来的相关传感器及开关电信号，并根据 ROM 存储器中的控制程序和标准数据进行运算、分析与判断，然后输出控制指令，通过输出电路控制执行器工作。

③ 输出电路。汽车电子控制器输出电路包括信号处理电路和驱动电路，微处理器输出的数字式控制信号需由信号处理电路转换为相应的控制脉冲，再由驱动电路控制相应的执行

器按微处理器的指令动作。

二、汽车电子控制器输入信号的形式

汽车电子控制器的输入信号包括各脉冲式传感器与触点开关类传感器的信号，以及一些执行器的反馈信号，信号的形式总体上可分为脉冲式、开关式和模拟式三种类型。

1. 脉冲类传感器的信号形式

（1）以频率与相位表示被测量

汽车电子控制系统中输出脉冲式信号的传感器较多，这些传感器按其结构与工作原理分，有磁感应式、光电式、霍尔效应式、舌簧式、磁阻式等多种。此类传感器以脉冲的频率或相位反映被测量，例如：发动机转速与曲轴位置传感器、车轮转速传感器、车速传感器、涡旋式空气流量传感器、光电式方向盘转角等。此类传感器的信号电压波形示例如图 3-2 所示。

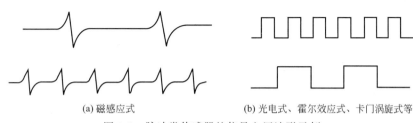

(a) 磁感应式　　　　　　　(b) 光电式、霍尔效应式、卡门涡旋式等

图 3-2　脉冲类传感器的信号电压波形示例

（2）以幅值表示被测量

有些传感器的输出信号虽然也是脉冲式的，但是以其电压脉冲的幅值来反映被测量。例如，电感式方向盘转矩传感器和差动变压器式汽车减速度传感器，这两种传感器输出的也是脉冲式的信号，但电感式方向盘转矩传感器通过输出矩形脉冲信号的幅值来表示方向盘转矩的大小；差动变压器式汽车减速度传感器则是通过其输出正弦波脉冲信号的幅值来表示汽车减速度的高低。

2. 电位计类传感器信号的信号形式

电位计类传感器以电压的高低反映被测量，例如：节气门位置传感器、量板式空气流量传感器、电位计式方向盘转矩传感器、废气再循环膜片阀位置传感器、空调各风门位置传感器等。电位计类传感器输出模拟式信号，其电路原理及信号形式如图 3-3 所示。

电位计的电源电压 U_C 通常由电子控制器提供，电位计的输出电压 U_0 随与被测量一起移动（或转动）的滑片位移量而变。由于 U_0 与被测量之间成比例关系，因此电子控制器根据 U_0 的高低即可获得被控对象相关的位置与状态参量。

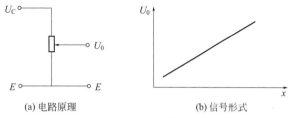

(a) 电路原理　　　　(b) 信号形式

图 3-3　电位计类传感器电路原理及信号形式

U_C—电源电压；U_0—输出电压；E—接地；x—被测物理量

3. 热敏电阻类传感器的信号形式

热敏电阻类传感器根据被测对象的温度来改变自身的电阻,并通过测量电路转换为相应的电压信号。汽车电子控制系统中的热敏电阻类传感器有:发动机温度传感器、排气管温度传感器、燃油箱温度传感器、变速器油温传感器、蒸发器温度传感器、车内与车外温度传感器等。热敏电阻类传感器电路原理与信号形式如图 3-4 所示。

热敏电阻类传感器的电源(U_C)也是由电子控制器提供,传感器电阻 R_t 通常与电子控制器内的电阻 R 组成分压电路,输出电压的分压 U_0 就是传感器向电子控制器提供的温度信号。

4. 触点开关类传感器的信号形式

触点开关类传感器其内部触点随被测对象的状态变化而做出通断动作,向电子控制器提供开关式的电信号。此类传感器有:水银式减速度传感器、滚球或滚柱式碰撞传感器、摆锤式碰撞传感器、开关式节气门位置传感器、自动变速器挡位开关、制动灯开关、空挡开关等。触点开关类传感器电路原理如图 3-5 所示。

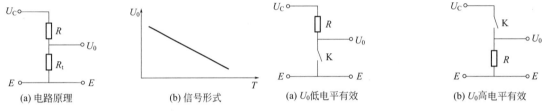

(a) 电路原理　　(b) 信号形式　　(a) U_0 低电平有效　　(b) U_0 高电平有效

图 3-4　热敏电阻类传感器电路原理与信号形式　　　图 3-5　触点开关类传感器电路原理
U_C—电源电压;U_0—输出电压;E—接地;　　　　　U_C—电源电压;U_0—输出电压;E—接地;
R_t—传感器电阻;R—常值电阻;T—温度　　　　　K—传感器触点;R—常值电阻

当传感器触点 K 随被测对象的状态变化而动作(闭合)时,就输出阶跃式电压信号 U_0,电子控制器根据此信号获得被控对象的状态参量。

5. 其他类型传感器的信号形式

除了上述各类传感器外,汽车电子控制系统还用到了其他种类的传感器。几种典型的传感器作用原理简介如下。

(1) 电阻类传感器

此类传感器的自身电阻随被测量改变,并通过测量电路转换为相应的电压信号 U_0。例如:电热式进气流量传感器、应变式进气压力传感器、电子式汽车碰撞传感器、氧化钛式氧传感器等。这些电阻类传感器通常采用直流电桥或分压器等测量电路,将传感器电阻的变化转换为相应的电压信号,并输送给电子控制器,电子控制器根据 U_0 确定被控制对象相关的状态参量。

(2) 氧化锆式氧传感器

该传感器根据废气中的氧含量高低产生相应的电压信号(图 3-6),其敏感元件是试管状的二氧化锆。当混合气过浓时,废气中的氧含量极少,氧传感器产生 0.8V 左右的电压;当混合气过稀时,氧传感器输出 0.1V 左右的电压信号。电子控制器根据氧传感器的信号电压高低即可判断当前发动机的混合气是否过浓或过稀。

（3）压电式爆震传感器

该传感器通过检测发动机缸体的震动产生电压脉冲信号（图3-7），其敏感元件是压电晶体。当发动机爆震时，爆震传感器产生一个反映发动机爆震特征的振荡信号，电子控制器根据爆震传感器信号电压的幅值或振动频率判断发动机爆震与否。

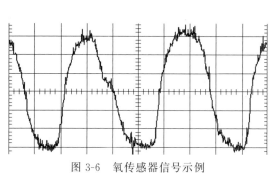

图3-6　氧传感器信号示例　　　　　　图3-7　爆震传感器的信号形式

（4）光电式车身高度传感器

该传感器将车身的高度变化转换为遮光转子转动角度的改变，并通过4个光电耦合器产生代表车身高度的一组高低电平（相当于4位二进制数）。电子控制器根据传感器所输出的一组组信号，即可判断车身的高度变化和震动情况。

（5）光照度传感器

光照度传感器有光敏电阻式和光敏二极管式等多种形式，当光照强度改变时，光敏电阻或光敏二极管的反向电阻减小，通过测量电路转换为相应的电压信号（图3-8）。

6. 执行器的反馈信号

一些汽车电子控制系统需要根据执行器的工作状态来进行修正控制，因而其执行器直接向电子控制器输送其工作状态的反馈信号。例如，电动式动力转

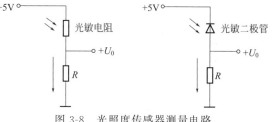

图3-8　光照度传感器测量电路

向电子控制系统中，动力转向驱动电机通过信号线向ECU反馈其电流信号；电子点火控制系统中，电子点火器向ECU提供点火工作状态的脉冲信号。

三、汽车电子控制器输出信号的形式

控制器输出相应的控制信号，使执行器按设定的状态工作。根据执行器结构类型、工作方式的不同，其输出的控制信号的形式也不同。总体上，汽车电子控制器向执行器输出的控制信号大致有如下几种形式。

1. 高/低电平控制方式

汽车电子控制器通过通/断电（高电平/低电平）的方式控制执行工作，在汽车电子控制系统中，此类执行应用较多。例如，各种控制继电器（通常用作中间执行器）、开关式电磁

阀、报警灯等。这些执行器有的动作，有的不动作。

对继电器、开关式电磁阀等以蓄电池为电源的执行器，汽车电子控制器输出的控制信号均是低电平有效；对报警灯、燃油泵控制模块等由控制器提供电源的执行器，汽车电子控制器输出的控制信号则是高电平有效（图3-9）。

2. 脉冲电压控制方式

汽车电子控制器的控制信号为电压脉冲，以电压脉冲的相位（相对于发动机曲轴的位置）和脉宽控制执行器工作。例如，点火控制脉冲控制电子点火器（中间执行器）或点火线圈工作，燃油喷射控制脉冲控制喷油器工作等（图3-10）。

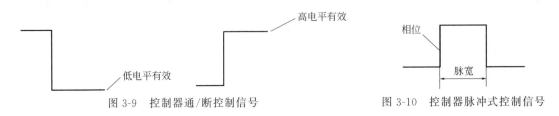

图3-9　控制器通/断控制信号　　　图3-10　控制器脉冲式控制信号

3. 占空比控制方式

汽车电子控制器通过占空比脉冲（频率固定，脉宽可变）信号控制执行器工作。占空比信号电压波形如图3-11所示。用占空比信号控制的执行器有转动式电磁阀、脉动式电磁阀等。

在汽车电子控制系统中，用占空比（开与关的比率）控制的执行器较多，例如旋转式怠速控制电磁阀、自动变速器油压调节电磁阀、变矩器锁止电磁阀、废气再循环控制电磁阀、活性炭罐通气控制电磁阀、直动式怠速控制电磁阀等，均是由占空比信号控制其工作的。

4. 分频脉冲控制方式

步进电动机有四个控制端子，电子控制器通过输出一个四分频的脉冲信号控制其按步转动。控制器控制步进电动机的控制信号如图3-12所示。

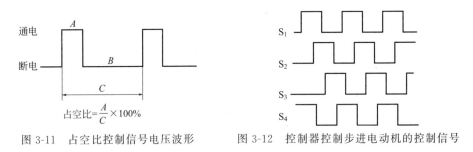

图3-11　占空比控制信号电压波形　　　图3-12　控制器控制步进电动机的控制信号

四、汽车电子控制器实例

汽车电子控制器硬件由单片机及其他相应的元器件焊接在印制电路板上所构成（图3-13）。将电路板封装在控制盒内，并通过插接器与各传感器和执行器连接。汽车电子控制器外形如图3-14所示。

图 3-13　汽车电子控制器内部电路板　　　　图 3-14　汽车电子控制器外形

第二节　汽车电子控制器输入电路

　　传感器输入的信号有数字式和模拟式等不同的形式,这些信号均不能被微处理器识别,需要通过输入电路的信号处理,转换为 CPU 能接收的数字信号才能通过 I/O 接口输入微处理器内部。另外,电子控制器还需要通过输入电路向传感器提供稳定的 5V 电源,以使传感器能产生正确反映被测参量的电信号。

一、数字信号输入电路

1. 传感器数字信号的特点

　　在汽车电子控制系统中,一些传感器将控制对象的被测参量转换为脉冲信号,以脉冲信号的幅值、相位及频率来反映被测量,通常将这种类型的传感器信号称为数字信号。
　　请注意：汽车传感器的"数字信号"与计算机中的数字信号不是同一个概念。
　　计算机可能接收汽车传感器的"数字信号",需要在控制器内部通过相应的数字信号处理电路进行相关的处理,变为相应的二进制式数字信号后才能被计算机接收。
　　汽车电子控制系统中的各种转速传感器、涡旋式空气流量传感器等输出的是以脉冲频率或相位来反映被测参数的"数字信号",而碰撞传感器、挡位开关等输出的是高低电平跃变的阶跃信号表达被测对象的状态,这些传感器信号均需经数字信号输入电路的预处理才能输入微处理器。

2. 传感器数字信号的处理方式

　　在汽车电子控制系统中,不同形式的"数字信号"其数字化处理的方式也有所不同。对于可能包含有杂波的非矩形波脉冲信号,需经过输入电路的滤波、整形和电平转换等预处理,如图 3-15 所示。

图 3-15　数字信号输入电路工作过程

　　磁感应式转速传感器的信号电压随转速而变,因此,ECU 中的磁感应式转速传感器的输入电路可能还包括信号放大和稳压（衰减）电路。

光电式传感器、霍尔效应式传感器和一些其内部设有信号转换与预处理电路的传感器，其输出的信号是矩形脉冲。对于这种矩形脉冲信号和开关信号，数字信号输入电路的处理方式通常只是对其进行电平转换。

二、模拟信号输入电路

1. 传感器模拟信号的特点

模拟式传感器输出的信号是一个连续变化的电压或电流，通过信号电压的高低或电流的大小来反映被控对象的状态参量，这些传感器信号也是不能直接输入计算机的。

在汽车电子控制系统中，输出模拟信号的传感器有很多，比如，各种温度传感器、线性节气门位置传感器、量板式和热式空气流量传感器等。这些模拟信号必须经模/数（A/D）转换器转化为相应的数字信息（二进制数字信号）才能被微处理器接收。

2. 模拟信号的处理方法

ECU 中对模拟信号进行 A/D 转换主要包括采样、量化及编码等过程，如图 3-16 所示。

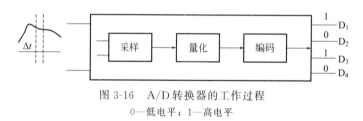

图 3-16　A/D 转换器的工作过程
0—低电平；1—高电平

采样过程：A/D 转换器以某特定频率在一个固定的时间段内对模拟信号进行扫描，取得一系列离散的采样幅值。

量化过程：A/D 转换器通过舍入或去尾的方法将采样值（各离散幅值的平均值或中间值）变为一个有限有效数字的数。

编码过程：A/D 转换器通过编码器将代表各采样幅值的有效数字变为二进制数。

例如：模拟输入信号在 Δt 的采样时间里得到若干个离散数值，并取值 5.234；该数值经量化后的数为 5（取一位有效数字），由编码器进行编码后，通过编码器的输出端输出"0101"这个微处理器可接收的二进制数。该二进制数即可通过单片机的 I/O 接口输入微处理器。

三、传感器电源

除了可通过自身发电产生电信号的磁感应式传感器、氧化锆型传感器等发电型传感器外，光电式传感器、霍尔效应式传感器等，均需要有一个电压稳定的电源。电子控制器由其内部稳压电路产生 5V 稳压电源，通过输入电路输送给相关的传感器，使这些传感器能正常工作。传感器电源电路如图 3-17 所示。

传感器电源除向传感器提供产生电信号所需的电能、向传感器测量电路提供工作电流外，对于像热敏电阻式传感器（如发动机温度传感器、进气温度传感器等）、电位计式传感器（如节气门位置传感器、量板式空气流量传感器等），传感器电源电压还是信号的基准电压，此类传感器电源电路如图 3-18 所示。U_0 就是传感器输送给 ECU 的信号。

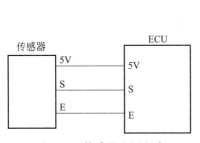

图 3-17 传感器电源电路
S—传感器信号端子；E—传感器接地端子

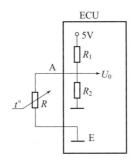

(a) 热敏电阻式传感器电源电路

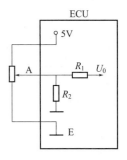

(b) 电位计式传感器电源电路

图 3-18 用作基准电压的传感器电源电路

阅读提醒：汽车传感器（无须电源的传感器除外）信号异常或无信号输出时，可能故障的原因除了汽车传感器本身及其连接线路外，还包括汽车电子控制器（内部的输入电路）。

第三节　微处理器

微处理器是 ECU 的核心部件，从第二章已经了解到它主要由中央微处理器（CPU）、存储器（ROM、RAM）、输入/输出接口（I/O）等组成，各组成部件用总线连接，如图 3-19 所示，汽车上使用的微处理器如图 3-20 所示。

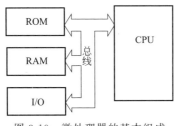

图 3-19　微处理器的基本组成

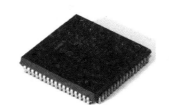

图 3-20　汽车上使用的微处理器

一、中央微处理器的构成

中央微处理器（Central Processing Unit）简称 CPU，包含运算器、控制器、寄存器等部件，这些部件也是通过内部总线连接的，如图 3-21 所示。

1. 运算器

运算器（ALU）主要由算术逻辑运算部件、累加器、暂存器、程序状态字寄存器、移位与取反寄存器、通用寄存器及相应的逻辑电路等组成，ALU 在控制器的控制下工作，对输入的数据进行算术运算和布尔逻辑运算。

2. 控制器

控制器（CU）主要由指令译码器、指令寄存器 IP、控制矩阵（逻辑电路）等组成，其

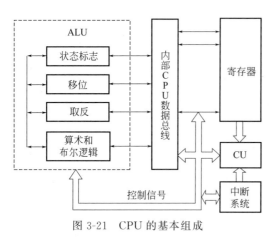

作用是将控制程序中的指令按时钟节拍转换为相应的控制字（控制脉冲），以控制计算机系统各部自动协调地工作。

3. 寄存器

除了配合运算器和控制器工作的专用寄存器外，在 CPU 中还有其他的专用寄存器，例如：程序计数器、缓冲寄存器、地址指针寄存器及程序地址寄存器等，用于程序地址和运算数据的存储及缓冲。

CPU 在控制器控制脉冲的控制下，按其时钟脉冲的频率（节拍）自动协调地进行数据的运算、寄存、传送等操作。

图 3-21　CPU 的基本组成

二、程序存储器的存储原理与类型

1. 程序存储器的结构与存储原理

程序存储器也称只读存储器（Read Only Memory，ROM），用于存储各汽车电子控制系统的控制程序以及各项控制相关的标准参数。现以只有 4 个位存储单元，每个存储单元为 4 位的程序存储器 ROM（图 3-22）为例，说明 ROM 的结构与信息存储原理。

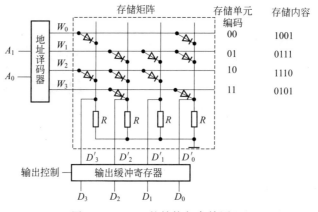

图 3-22　ROM 的结构与存储原理

只有 4 个存储单元的 ROM 需要两根地址线。假设这 4 个存储单元的地址码及储存的内容分别为：00（1001）、01（0111）、10（1110）、11（0101）。输出控制端为高电位时，就可通过输出缓冲器输出 ROM 某存储单元的信息。

从 ROM 中取出地址码为 00 存储单元信息的过程为：地址总线输入地址码（$A_1A_0=00$），地址译码器将地址码 00 转换为该存储单元的字线高电平（$W_0=1$），使得 $D_3'D_2'D_1'D_0'=1001$，即 1001 寄存于缓冲寄存器；当 ROM 的输出控制端为 1 时，缓冲寄存器的数据输出 $D_3D_2D_1D_0=1001$，将地址码为 00 存储单元的信息"1001"输入数据总线。

ROM 除了二极管式外，也有采用 MOS 管的。ROM 中储存的信息通常是在芯片制造时写入的，此后不能更改，在工作时 ROM 中的程序和数据只供 CPU 读取，电源切断时其储存的信息不会消失。

请注意： ROM 存储的信息是已经固化了的，用于存储控程序和标准参数。在电源切断时，ROM 中的信息也不会消失。

例如，点火电子控制系统 ECU 的 ROM 中，存有各设定工况下的最佳点火提前角标准参数，和根据发动机转速与进气流量（或进气管压力）进行插值计算的基本点火提前角控制程序，以及在发动机各种不同状态下的点火提前角的修正参数与修正控制程序。工作时，CPU 根据 I/O 接口输入的相关传感器的信号，从 ROM 中查寻得到相应发动机工况与状态下的基本点火提前角标准参数和修正参数，并从 ROM 相关的存储单元中取出指令，进行插值计算和/或修正计算，得到该工况状态下的最佳点火提前角值。然后，再从 ROM 中读取比较与控制指令，将计算得到的最佳点火提前角与当前点火提前角进行比较，并根据比较结果从 I/O 接口输出点火提前角调整控制信号。

2. 程序存储器的类型

近年来，在汽车电子控制系统中使用了可编程只读存储器 PROM、可擦除只读存储器 EPROM 以及电可擦除只读存储器 EEPROM 等新型只读存储器，这些程序存储器的特点与作用如下。

（1）可编程只读存储器 PROM

从芯片厂出来的可编程只读存储器（Programable ROM）内部没有任何信息，这种只读存储器可由用户根据需要自行编程，一次写入。PROM 给用户根据需要写入不同的信息资料，为微处理器适用于不同车型、不同控制项目提供了方便。

（2）可擦除只读存储器 EPROM

可擦除只读存储器（Erasable Programable ROM），与 PROM 不同的是存储的信息可通过芯片顶部窗口用紫外线照射的方法全部清除，然再通过编程器写入新的信息。EPROM 是可反复擦写使用的只读存储器。EPROM 特别适用于汽车电子控制系统的研究与开发过程。在某个汽车电子控制系统开发过程中，当需要对控制程序及相关参数进行修改时，EPROM 可方便地进行擦除和改写。

（3）电可擦除只读存储器 EEPROM

电可擦只读存储器（Electrically Erasable Programable ROM），可在通电的情况下改写部分信息，可使微处理器的使用更为方便灵活。在汽车电子控制系统中，EEPROM 的使用已较为普遍。用 EEPROM 存储控制程序和标准参数，可通过专用的诊断仪器对 EEPROM 中的程序和数据进行修改，汽车电子控制系统的技术升级变得十分方便。

三、数据存储器的存储原理与类型

1. 数据存储器的作用

数据存储器也称随机存储器（Read Access Memory，RAM），在计算机工作时随时可存入或读取信息，电源切断后，RAM 中的信息随即消失。

随机存储器的作用概括如下。

（1）用作专门用途

RAM 中的某些存储单元被用作专用寄存器 SFR，例如，8051 单片机的内部 RAM 的

256个存储单元中，后128个单元作为SFR使用。SFR也称特殊功能寄存器，是计算机进行算术与逻辑运算及各种控制所不可或缺的，一些SFR还可以位寻址。

（2）用于随机存取数据

RAM的另一个重要作用就是随机存取数据。单片机片内RAM分工作寄存器区（用作工作寄存器R0～R7）、位寻址区（用于位操作）和用户区（用于存放用户数据或作堆栈区使用）。使用单片机的电子控制器，仅靠片内RAM远不能满足工作时大量数据的随机存取，需要通过单片机的扩展功能，使用片外RAM。

（3）用作特殊特殊用途

汽车电子控制系统的故障信息（代码）和自适应学习修正参数一般用RAM储存，这些信息在点火开关断开后仍需保留。正因为如此，汽车电子控制器均设有一根直接连接蓄电池的电源线，使RAM有一个不受点火开关控制的常接电源，以便在点火开关关断时，使RAM所储存的故障码和学习修正信息不会消失。

2. 随机存储器的结构

随机存储器主要由存储矩阵、地址译码器和读写控制电路（I/O电路）等组成，RAM的结构示例如图3-23所示。

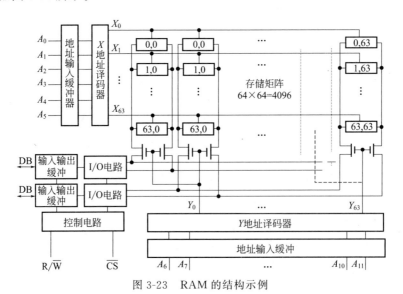

图3-23　RAM的结构示例

3. RAM的类型

RAM根据所采用的存储器单元工作原理的不同，分为静态随机存储器（SRAM）和动态随机存储器（DRAM）两种。

四、输入/输出接口

输入/输出接口（Input/Output，I/O）是CPU与外部设备进行数据传送的纽带，数据的输入与输出有串行和并行两种形式，其构成与工作原理参见第二章的相关内容。

从输入电路送来的传感器、开关信号及某些执行器的反馈信号经输入接口送入CPU；CPU的控制指令则通过输出接口传送到输出电路。I/O在CPU与外围设备之间起着数据的缓冲、电平和时序的匹配等多种作用。

第四节 汽车电子控制器输出电路

一、输出电路的构成

汽车电子控制器中输出电路的作用是将 CPU 经 I/O 输出的控制指令转换为驱动执行器工作的控制信号，使执行器按微处理器的指令动作。电子控制器输出电路通常由信号转换电路和驱动电路组成，如图 3-24 所示。

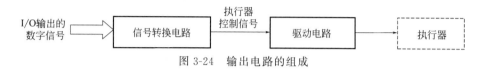

图 3-24 输出电路的组成

二、信号转换电路

微处理器经 I/O 输出的控制信号是二进制代码，不能直接控制执行器，需由信号转换电路将微处理器的控制指令转换为相应的控制脉冲，再经驱动电路控制执行器工作。

1. 开关量信号转换电路

警告灯、继电器、开关式电磁阀及电动机等执行器，控制其动作的是开关（通断电）信号。开关量信号转换电路如图 3-25 所示。

微处理 MCU 通过 I/O 接口输出开关量控制信号（1、0），通过 VT 组成的信号转换电路，将 MCU 输出的 1 与 0 转换为信号转换电路输出的"关"和"开"，再通过驱动电路控制执行器工作。

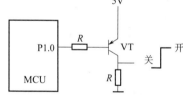

图 3-25 开关量信号转换电路

2. 模拟量信号转换电路

开度式电磁阀、转向助力电动机、模拟式仪表等执行器，控制其工作状态的是电流的大小，因此，信号转换电路需要将微处理器输出的控制信号（二进制代码）转换为模拟信号。双缓冲 D/A 转换电路如图 3-26 所示。

微处理器经 I/O 接口输出的控制信号（8 位二进制数）经 $D_0 \sim D_7$ 数据线锁存到输入寄存器中，再将输入寄存器中内容锁存到 DAC 寄存器，并由 D/A 转换器转换为相应的输出电压 U_0。

3. 脉冲式信号转换电路

点火线圈（或点火控制模块）、喷油器、脉冲式电磁阀、步进电动机等执行器，控制其工作的是脉冲式信号。将微处理器输出的数字式控制信号转换为脉冲信号的信号转换电路通常包括译码器、单稳触发器、振荡器、移相电路、分频器等多种功能电路，产生的脉冲信号形式如图 3-27 所示。

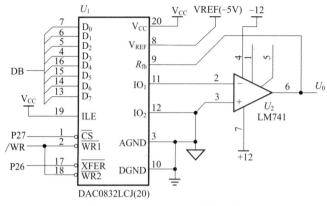

图 3-26 双缓冲 D/A 转换电路

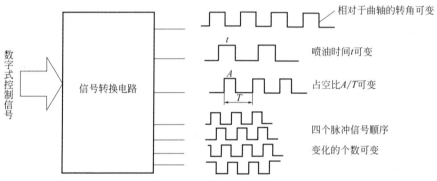

图 3-27 信号转换电路产生的脉冲信号形式

① 点火控制脉冲信号。以脉冲信号的相位为控制参数，控制点火线圈（或点火控制模块）工作。

② 喷油控制脉冲信号。以脉冲信号的脉宽为控制参数，控制喷油器的喷油时间。

③ 占空比控制脉冲信号。占空比脉冲信号是指信号脉冲的频率固定，脉宽可变的脉冲信号，占空比是指脉宽 A 与周期 T 的比值（占空比 $=A/T$），以占空比为控制参数的执行器有各种脉动式电磁阀和转动电磁阀等。

④ 步进电动机控制脉冲信号。控制步进电动机转动的是四个相位不同的脉冲信号，这四个脉宽相同的信号脉冲在任何时候均为两个高电平和两个低电平，以四个脉冲信号顺序变化的数量为控制参数，控制步进电动机转动的次数和转动的方向。

三、执行器驱动电路

执行器驱动电路根据执行器电源电压的不同，有车载电源供电方式和 ECU 供电方式两种，如图 3-28 所示。

1. 车载电源供电方式

喷油器、点火线圈、电动机、继电器及各种电磁阀等执行器，其工作电流较大，由车载电源（蓄电池或发电机）提供电流。这类执行器电源端子直接连接车载电源，控制端子连接控制器，由控制器驱动电路提供接地通路而使其通电工作，如图 3-28(a) 所示。

2. ECU 供电方式

一些电子控制系统的指示灯和警告灯等执行器,由控制器内部电源向执行器提供电流,其驱动电路如图 3-28(b) 所示。

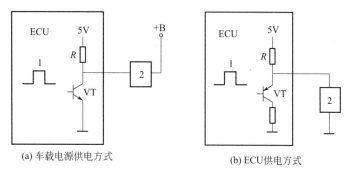

图 3-28 控制器的驱动电路
1—控制脉冲;2—执行器

第五节 汽车电子控制器检测方法

一、汽车电子控制器检测概述

1. 汽车电子控制器的检修特点

汽车电子控制器(ECU)是各汽车电子控制系统的核心部件,当汽车电子控制系统出现故障时,许多故障都可能与 ECU 有关。但是,与汽车电子控制系统中的其他部件和线路相比,汽车 ECU 的故障概率相对较低,而 ECU 的故障检测难度则相对较大。

要注意:在检修汽车电子控制系统故障时,不能盲目地拆检 ECU,而是应首先检测与故障现象相关的线路和器件。当汽车 ECU 以外的可能故障部位均为正常的情况下,再对 ECU 进行检测。

2. 常用汽车 ECU 故障检测方法优缺点分析

在汽车电子控制系统故障检修过程中,通常采用排除法、电压检测法、替换法等间接的方法来诊断 ECU 是否有故障,但这些故障诊断方法都有其不足之处。

(1)排除法

用排除法诊断 ECU 故障,首先针对汽车电子控制系统的故障现象分析可能的故障原因,然后通过相应的检测方法检查除 ECU 以外的汽车电子控制系统可能有故障的部件和线路,当这些可能的故障原因均排除后,如果汽车电子控制系统故障现象依然存在,再检测 ECU 是否有故障。

排除法通常采用电压表和欧姆表检测连接 ECU 的各部件及线路的电压(通电时)及电阻(断电时),通过测得的电压或电阻来判断被检测的线路或部件是否有故障。排除法本身容易掌握,是目前诊断汽车 ECU 故障较为常用的方法。

排除法检修汽车 ECU 的不足是，需要逐个检测与 ECU 相关联的部件和线路，只有当除 ECU 之外的电子控制系统相关部件及线路均确定为正常时，才能诊断为 ECU 可能有无故障。由此可见，用排除法诊断 ECU 故障，其故障检测过程需要耗费较多的时间和精力，且准确性也不是很高。要确认 ECU 故障与否，通常还需要与 ECU 端子电压检测法或替换法配合使用。

（2）ECU 端子电压检测法

ECU 端子电压检测法是用电压表检测 ECU 传感器电源端子的电压，以及执行器控制端子的脉冲电压或模拟电压，根据这些被检测端子有无电压，或测得的电压是否在正常的范围之内来判断 ECU 是否有故障。ECU 端子电压检测方法如图 3-29 所示。

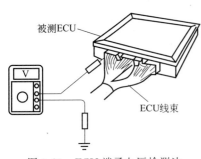

图 3-29　ECU 端子电压检测法

在 ECU 的电源端子电压正常的情况下，如果检测到 ECU 的传感器电源端子无电压或电压不正常，则可确认 ECU 有故障。但是，如果检测结果为各端子的电压均正常，则并不能由此确认 ECU 无故障。

ECU 端子电压检测方法的优点是可较为迅速地获得检测数据，并可根据测得的异常数据准确判定 ECU 有故障。ECU 端子电压检测方法的不足是，如果相关端子测得的结果均为正常，还不能确定 ECU 没有故障，需要通过排除法或替换法来确认其故障与否。

（3）替换法

所谓替换法是用一个新的或确认是无故障的 ECU 来替代需要检测的 ECU，如果故障现象消失了，则可判断为原 ECU 有故障。

替换法的优点是较为简便，但其不足也是显而易见的。该方法需要有新的或确认是良好的 ECU，在有些情况下很难或无法获得这样的条件。此外，当替换后，如果故障现象没有消失，也不能以此来确认被测 ECU 就是正常的，通常还需要用其他方法来寻找电子控制系统的故障所在。

二、汽车 ECU 故障检测的一般程序

1. 汽车 ECU 故障检测的一般程序

当汽车 ECU 出现故障时，其故障检测可按如图 3-30 所示的程序进行。

2. 汽车 ECU 故障检测程序说明

（1）首先检测 ECU 之外的可能故障部位

虽然汽车 ECU 的许多故障现象均与汽车 ECU 有关，但 ECU 的故障概率较低，且故障检测与确认难度相对较大，因而在故障检修时，先要检测 ECU 之外的可能故障部位。当与故障现象相关的传感器、执行器及其线路的可能故障均排除后，如果 ECU 仍不能恢复正常工作，再对 ECU 进行检测。

（2）应取得故障码

检修汽车 ECU 故障时，先要进行故障码的读取操作，如果有故障码，就可按故障码所

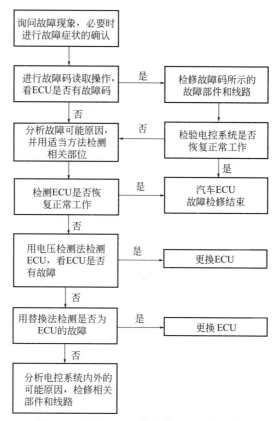

图 3-30 汽车 ECU 故障检测的一般程序

指示的故障部位检修故障,这可使汽车电子控制系统的故障检修变得准确而又快捷。

(3)先用电压检测法检验 ECU 故障与否

当需要检测 ECU 是否有故障时,可先检测 ECU 相关端子的电压是否正常。如果测得电压不正常,就可迅速而又准确地判定 ECU 有故障;如果测得的电压均正常,再考虑用排除法或替换法检测 ECU。

(4)要全面检测 ECU 内外的可能故障部位

当更换了 ECU 后汽车电子控制系统仍不能恢复正常工作时,就需要全面分析导致该故障现象所有(包括电子控制系统内外)可能的故障原因,并进行相关的检测与维修。

例如,发动机低温时怠速不稳或没有怠速,除了要检测怠速控制系统内的相关传感器、ECU 和怠速控制电磁阀等部件外,不要忽略了怠速控制电磁阀有堵塞、怠速辅助空气通道堵塞等可能的故障原因。

再如,汽车制动失灵,除了 ABS 电子控制系统外,制动系统有多种原因也会导致该故障的发生,检修时,不能漏检这些部位和部件。

三、汽车 ECU 的动态检测法简介

1. 汽车 ECU 动态检测法的实现

汽车 ECU 动态检测法是利用信号发生器产生汽车电子控制系统各种传感器和开关模拟

信号，并将这些模拟信号输入待测 ECU，使 ECU 处于"工作"状态，然后测量 ECU 的输出信号，根据所测得的输出信号正常与否来判断 ECU 本身是否有故障。

汽车 ECU 动态检测的检测仪构成如图 3-31 所示。

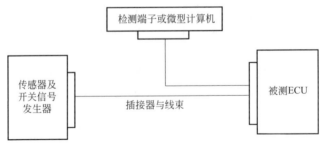

图 3-31　汽车 ECU 动态检测的检测仪构成

（1）传感器模拟信号发生器

传感器模拟信号发生器用于向被测 ECU 提供各传感器及开关电信号，传感器的电压信号大致可分为脉冲式、开关式和缓变式等几种。脉冲式电压信号由脉冲信号发生器产生，开关式电压信号和缓变式电压信号可由连接常值电阻及电位器的电路产生，各信号模拟电路的电源仍由被测 ECU 内部的输入电路提供。

（2）插接器及线束

插接器及线束用于连接被测 ECU 和检测仪器，由于不同类型的 ECU，其传感器、执行器的种类也会有所不同，因而 ECU 插接器端子的数量、端子的排列及各端子的功能也不同。因此，不同类型的 ECU 进行动态检测时，需要用专用的插接器及线束将被测 ECU 与信号发生器及检测端子连接。

（3）检测端子或微型计算机

检测端子由模拟各执行器的电阻及电感线圈加检测插孔组成，示波器和电压表可通过各检测插孔来检测 ECU 各输出端子的控制信号。如果采用微型计算机直接判断和显示检测结果，则需要用数据采集卡连接被测 ECU，将 ECU 各输出端子的控制信号输入微型计算机。

2. 汽车 ECU 动态检测法的特点

由于动态检测法将各传感器及开关的模拟信号输入 ECU，使 ECU 处在模拟的工作环境下，这样，就将 ECU 以外的故障可能因素均排除在外。因此，根据 ECU 各输出端的动态信号来判断 ECU 是否有故障，具有极高的准确性，且故障诊断的效率也很高。

动态检测法在一些汽车 ECU 制造厂家作为其产品的质量监测已有较多的应用，但在汽车使用与维修领域，由于对 ECU 的动态检测仪有通用性要求，需要适用于不同汽车上的各种 ECU，其实现的难度相对较大，因此，目前尚未达到广泛应用阶段。

第四章 汽车发动机电子控制系统

第一节 发动机电子控制系统概述

一、发动机电子控制系统的基本控制功能

现代汽车发动机电子控制系统普遍具有多项控制功能，常见的电子控制有点火控制、汽油喷射控制、发动机怠速控制、炭罐通气量控制、废气再循环控制等。日产汽车发动机集中电子控制系统（ECCS）的基本组成与控制功能如图4-1所示。利用这些电子控制功能，可使发动机在各种工况和状态下均有最佳的点火时间、适当的空燃比、最适宜的怠速、最理想的排放控制，有效地提高了发动机的动力性和经济性，并降低了排气污染。

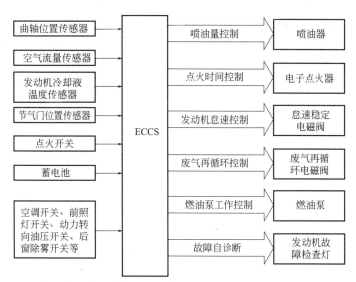

图4-1 日产汽车发动机集中电子控制系统（ECCS）的基本组成与控制功能

二、发动机集中控制系统的工作过程

发动机电子控制器（ECU）中的ROM存储器除了储存有各个控制单项工作所需的标准

参数外，还存有发动机集中控制的主程序及各个单项控制的子程序。主程序在工作时可有序地调用各控制单项的子程序，使发动机各个控制系统均能正常工作。

在工作中，发动机集中控制系统通过各传感器的信号及相关的开关信号获得发动机工况及状态信息，CPU在运行发动机集中控制主程序过程中，逐个调用各单项控制子程序，周而复始地控制着各个电子控制系统的工作。在执行各单项控制子程序的间隙，CPU还运行故障自诊断子程序，通过对输入ECU各个电信号的监测，确定提供该信号的线路和部件是否有故障。在运行故障自诊断子程序过程中，如果输入ECU的信号有异常，自诊断程序就会认定提供该信号的线路或部件有故障，并根据故障的性质与影响的大小做出相应的故障自诊断处理。故障自诊断的原理、功能等详细内容请参阅第十章的相关内容。

三、发动机电子控制系统的功能扩展

为进一步提高现代汽车发动机的动力性和经济性，先后又开发出新的发动机电子控制功能，并已经在一些汽车上得到了应用。

1. 配气相位可变控制功能

（1）配气相位可变控制的作用

配气相位是指发动机进、排气门早开与晚关时曲轴所对应的转角。普通发动机均有一个固定的配气相位，该配气相位只是使发动机在某种转速下有最佳的充气效率。配气相位可变控制就是使发动机的配气相位随其转速的变化而改变，以使发动机在各种转速下均处于理想的配气相位状态，达到最佳的充气效率，用以提高发动机的动力性和经济性。

（2）配气相位可变控制方法

发动机电子控制系统（ECU）根据发动机转速传感器的信号，并参考发动机负荷、发动机温度及车速等传感器的信号，对当前的配气相位是否需要调整做出判断。当需要调整时，ECU随即输出控制信号，控制执行器工作，对配气相位进行适当的调整。

配气相位调整机构有机械式、液压式、机液混合式等多种形式。

2. 进气压力波增压控制

（1）进气压力波的产生

发动机工作中，当进气门关闭时，高速的进气流由于惯性作用仍在流动，使进气门附近的气体被压缩而压力上升。气流惯性过后，被压缩的气体开始膨胀，向着进气相反的方向流动，进气门处的气压则下降。当膨胀的气体波传到进气管口处时，由于此处为大气压，因而进气又会被反射回去。于是，在进气管内就形成了振荡的压力波。

（2）进气压力波的利用

如果在进气门打开时正好是进气压力波的波峰，进气就具有增压的效果，会使进气行程的进气量增加。进气压力波的波长与进气管的长度有关，进气管较长时，压力波长较长，可使中低速时有进气增压的效果；进气管较短时，压力波长较短，可使高速时有进气增压效果。

（3）进气压力波增压控制的作用

进气压力波增压控制的作用是让进气压力波的波长随发动机转速变化而改变，使发动机在中低速和高速时都有进气增压效果，从而可提高发动机的动力性。

（4）进气压力波增压控制方法

通常的进气压力波增压控制方式是在进气管的中部设置一个容量较大的空气室，并通过进气增压控制阀的开闭来控制空气室与进气管的连通或阻断。丰田汽车 2JZ-GE 发动机谐波进气增压控制系统如图 4-2 所示。

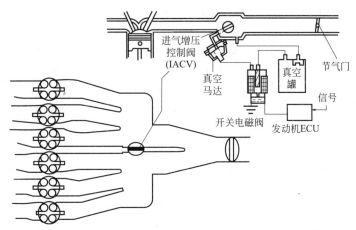

图 4-2　丰田汽车 2JZ-GE 发动机谐波进气增压控制系统

当发动机的转速较低时，进气增压控制阀处于关闭状态，进气流压力波传递的路径为空气滤清器至进气门，进气压力波长较长，使较低转速下的发动机具有进气压力波增压效果。

当发动机的转速较高时，发动机 ECU 输出控制信号，控制开关电磁阀通电，使进气增压控制阀打开。这时，进气流压力波只是在空气室至进气门之间进行传播，使进气压力波的波长缩短，这样就使得发动机在高转速下仍可利用进气压力波来增压。

3. 电子节气门

（1）电子节气门的组成

电子节气门与加速踏板之间无机械连接关系，而是通过传感器、电子控制器及驱动电动机实现电子方式的连接，其基本组成如图 4-3 所示。

（2）电子节气门的工作方式

驾驶员踩下加速踏板时，加速踏板位置传感器产生相应的电信号，并输送给电子控制器。电子控制器结合当前发动机工况来确定最佳的节气门开度，并与当前节气门的位置进行比较，根据比较结果输出控制信号，通过控制电动机工作，将节气门调整到最佳的开度。

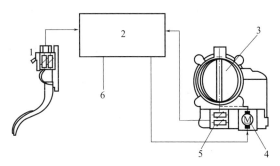

图 4-3　电子节气门的组成
1—加速踏板位置传感器；2—电子控制器；3—节气门；
4—电动机；5—节气门位置传感器；
6—其他相关传感器信号

（3）电子节气门的特点

电子节气门可使节气门的开度与加速踏板踩下的行程不一致，控制器可根据发动机的运转情况、驾驶员的操纵情况及汽车的行驶工况等对节气门的开度进行适当的控制。

电子节气门可实现基于驾驶员不同踏板感觉需要的踏板特性控制、良好的驾驶特性控制、舒适的车速控制、发动机转速限制控制、降低转矩控制、巡航控制等。

4. 废气涡轮增压控制

(1) 废气涡轮增压控制的作用

一些汽油发动机采用了废气涡轮增压技术，而废气涡轮增压电子控制装置的作用就是使发动机在工作中能达到最佳的增压效果。

(2) 废气涡轮增压控制的方式

典型的废气涡轮增压控制系统如图4-4所示。

发动机ECU根据发动机的加速、进气量、温度等信号确定增压压力目标值，并与进气管压力传感器所监测到的实际增压压力值进行比较。当目标值与实际值有差别时，ECU输出占空比控制信号，分别控制可变喷嘴环控制电磁阀和放气阀控制电磁阀的开关占空比，用以改变可变喷嘴环控制膜盒和放气阀控制膜盒的真空度而使其动作，使可变喷嘴环的角度和废气放气阀的开度适当地改变，从而控制废气涡轮的转速，将增压压力调整到目标值。

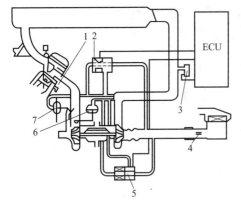

图4-4 典型的废气涡轮增压控制系统
1—爆震传感器；2—放气阀控制电磁阀；3—进气管压力传感器；4—空气流量传感器；5—可变喷嘴环控制电磁阀；6—可变喷嘴环控制膜盒；7—放气阀控制膜盒

爆震传感器反馈发动机的爆震情况，以实现废气涡轮增压的闭环控制。由于增压发动机的排气温度较高，不可能单纯地通过调节点火提前角来控制爆震，也不可能只用降低增压的方式来防止爆震，无论哪种单独的爆震控制均会引起发动机的动力性下降。因此，通常采用减小点火提前角与降低增压压力相结合的办法。具体控制方法是：当发动机产生爆震时，ECU立刻推迟点火时间，同时，降低增压压力，当点火提前角改变已经生效时，增压压力就可缓慢下降。随着增压压力的降低，点火提前角又恢复至正常值。

第二节 汽油喷射电子控制系统

一、汽油喷射电子控制系统的组成与控制原理

1. 汽油喷射控制基本原理

汽油喷射式发动机是通过将一定压力的燃油喷入进气歧管或气缸内，与空气混合而形成可燃混合气。由于喷油的压力和喷油器的喷口截面积均为确定值，因此，电子控制系统通过控制喷油器的间歇喷油时间就可准确控制喷油量。汽油喷射电子控制系统的基本组成与控制原理如图4-5所示。

ECU根据各传感器信号确定基本喷油量和各种情况下的喷油量修正，并输出相应的喷油器控制脉冲，通过控制喷油器的喷油时间，实现最佳空燃比控制。

2. 基本喷油量的控制

基本喷油量是保证在正常工作温度下运行的发动机有最佳的空燃比。电子控制器根据发

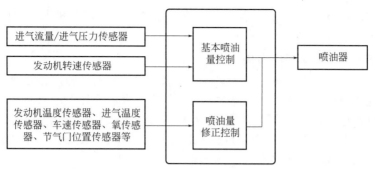

图 4-5 汽油喷射电子控制系统的基本组成与控制原理

动机转速传感器和进气压力传感器/空气流量传感器的电信号确定基本喷油量,并通过喷油器驱动电路控制喷油器在每个工作循环下的喷油(通电)时间。基本喷油时间的确定方式有控制模型计算法和查寻插值计算法两种。

3. 喷油量修正控制

喷油量修正控制是确保发动机在各种情况下都有最适当的空燃比,使发动机始终工作在最佳状态。汽油喷射电子控制系统的喷油量修正控制主要内容如表 4-1 所示。

表 4-1 汽油喷射电子控制系统的喷油量修正控制主要内容

修正项目名称	作用	传感器与开关
进气温度修正	在不同的进气温度下均能达到理想的空燃比	进气温度传感器
启动喷油量修正	改善启动时的空燃比,使发动机容易启动	点火开关(启动挡)、发动机温度传感器
启动后喷油量修正	使发动机在温度较低、汽油雾化不良的情况下能稳定运转	点火开关、发动机温度传感器、发动机转速传感器
怠速暖机喷油量修正	确保低温下发动机稳定运转,并加快发动机暖机过程	节气门位置传感器、发动机温度传感器、发动机转速传感器
加速喷油量修正	确保发动机有良好的加速性能	节气门位置传感器、空气流量/进气压力传感器、发动机转速传感器
减速喷油量修正	降低汽车减速时的燃油消耗和排气污染	节气门位置传感器、空气流量/进气压力传感器、发动机转速传感器
汽油高温喷油量修正	避免发动机热机启动困难	点火开关(启动挡)、发动机温度/燃油箱温度传感器
大负荷喷油量修正	确保发动机大负荷时有最佳空燃比	节气门位置传感器
燃油关断控制	减少汽车减速时排气污染/避免发动机超速损坏	节气门位置传感器、发动机转速传感器、发动机温度传感器
蓄电池电压变化喷油量修正	避免实际的喷油量随喷油器电源电压变化而改变	蓄电池电压
空燃比回馈修正	将混合气的浓度控制在理论空燃比	氧传感器

二、汽油喷射电子控制器主要部件结构原理

1. 传感器

汽车发动机汽油喷射电子控制系统中所用到的传感器主要有发动机转速与曲轴位置传感

器、空气流量传感器/进气压力传感器、发动机转速传感器、发动机温度传感器、节气门位置传感器、氧传感器等。

（1）发动机转速与曲轴位置传感器

发动机转速与曲轴位置传感器用于向电子控制器提供发动机转速和曲轴转角电信号，电子控制器根据此信号确定点火正时和喷油正时，产生点火和喷油控制脉冲，控制燃油泵的工作等。在无分电器电子控制点火系统中，以及按各缸的工作顺序独立喷油的汽油喷射电子控制系统中，曲轴位置传感器的脉冲信号还被用来识别气缸。发动机转速与曲轴位置传感器主要有磁感应式、光电式、霍尔效应式三种类型。

① 磁感应式发动机转速与曲轴位置传感器。磁感应式发动机转速与曲轴位置传感器的基本组成与原理如图4-6所示。当传感器的导磁转子随发动机曲轴转动时，磁路（图中虚线所示）中的空气间隙会发生变化，使通过感应线圈的磁通量随之周期性地变化，感应线圈产生与发动机曲轴转动频率相对应的电压脉冲。

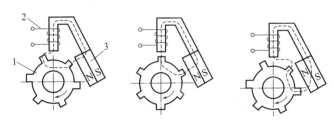

图 4-6　磁感应式发动机转速与曲轴位置传感器的基本组成与原理
1—导磁转子；2—感应线圈；3—磁铁

磁感应式发动机转速与曲轴位置传感器根据信号的触发形式可分为导磁转子触发式、飞轮齿圈触发式和专用齿圈触发式等几种。

导磁转子触发式发动机转速与曲轴位置传感器的导磁转子由分电器轴或传感器轴来带动，而如图4-7所示的则是目前使用较为广泛的飞轮齿圈触发式发动机转速与曲轴位置传感器，传感器安装于飞轮壳体处。传感器本身无信号触发转子，而是利用飞轮的齿圈和飞轮上的正时记号触发产生感应电压。

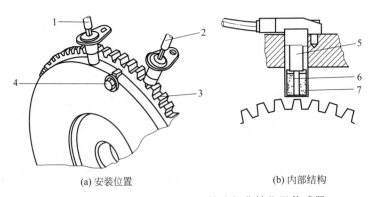

(a) 安装位置　　(b) 内部结构

图 4-7　飞轮齿圈触发式发动机转速与曲轴位置传感器
1—曲轴位置传感器；2—转速传感器；3—飞轮齿圈；4—曲轴位置标记；5—永久磁铁；6—铁芯；7—感应线圈

当发动机转动而使飞轮的轮齿和飞轮上的正时记号通过传感器铁芯时，使传感器内部磁路的磁阻发生变化，通过感应线圈的磁通量随之改变，从而使两传感器的感应线圈产生相应的电压脉冲信号。

专用齿圈触发式发动机转速与曲轴位置传感器如图4-8所示,传感器也是安装于飞轮处。专用的信号触发齿圈有一个60-2个齿,安装在飞轮处,与飞轮同步旋转。安装后,齿圈缺齿位置与曲轴的位置相对应。例如,富康轿车缺齿的位置是1、4缸上止点后114°,发动机转动时传感器产生如图4-8(b)所示的信号电压波形。电子控制器根据此脉冲信号可计算发动机的转速,并确定曲轴的位置。

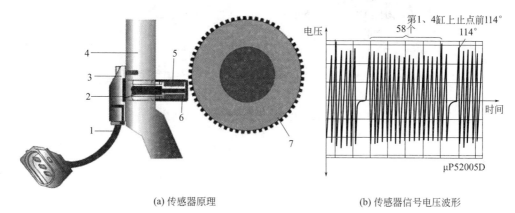

(a) 传感器原理   (b) 传感器信号电压波形

图4-8 专用齿圈触发式发动机转速与曲轴位置传感器
1—屏蔽线;2—永久磁铁;3—传感器外壳;4—飞轮壳;5—铁芯;6—感应线圈;7—专用齿圈

② 光电式发动机转速与曲轴位置传感器。光电式发动机转速与曲轴位置传感器的主要部件是发光元件、光敏元件及遮光转子。发光元件与光敏元件组成光电偶合器,由插在其间的遮光转子的缺口(缝隙)触发其产生电压脉冲信号。现以安装在分电器内的光电式发动机转速与曲轴位置传感器(图4-9)为例,说明光电式发动机转速与曲轴位置传感器的工作原理。

发光元件通电后产生光源,光敏元件受光后产生光敏电压。在光电偶合器中间的遮光转子由分电器轴驱动,遮光转子其外圈均布有360道缝隙,内圈有与发动机缸数相同的缺口,分别与两个光电偶合器相对应。

在发动机工作时,遮光转子随之转动,一个光电偶合器(一组发光管与光敏管)通过遮光转子外圈缝隙透光,每转一圈产生360个脉冲信号;另一个光电偶合器则通过内圈缺口触发,每转一圈产生与气缸数相同的脉冲信号。两个光敏管产生的脉冲信号经整形电路整形后输入电子控制器,用以确定发动机的转速与曲轴转角。

③ 霍尔效应式发动机转速与曲轴位置传感器。霍尔效应式发动机转速与曲轴位置传感器的基本组成部件是信号触发开关和导磁转子,如图4-10所示。信号触发开关主要由霍尔元件、导磁板、永久磁铁等组成,由导磁转子触发其产生电压脉冲。在导磁转子叶片插入信号触发开关缝隙时,永久磁铁为磁动势的磁路被短路,霍尔元件上无磁通,霍尔元件不产生电压;当导磁转子的缺口通过信号触发开关缝隙时,磁路经空气隙和导磁板穿过霍尔元件而产生霍尔电压。当导磁转子随发动机曲轴转动时,信号触发开关就会在导磁转子的触发下产生一个与发动机曲轴转动相对应的电压脉冲信号。霍尔集成块上的集成电路用于对霍尔元件产生的微弱电压信号进行放大、整形及温度修正等。

霍尔效应式发动机转速与曲轴位置传感器也有导磁转子触发式和专用齿槽触发式等不同的结构形式。

① 导磁转子触发式霍尔效应式传感器。安装在分电器内的霍尔效应式传感器的导磁转子沿分电器轴上下布置,两个导磁转子的叶片数不同,分别对应一个信号触发开关。现代汽车发动机电子控制系统大都无分电器,其霍尔效应式发动机转速与曲轴位置传感器的结构形

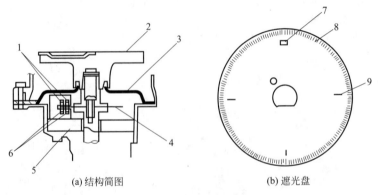

图 4-9 光电式发动机转速与曲轴位置传感器
1—发光管；2—分火头；3—密封盖；4—遮光盘；5—整形电路；6—光敏管；
7—第一缸 180°信号缺口；8—1°信号缝隙；9—180°信号缺口

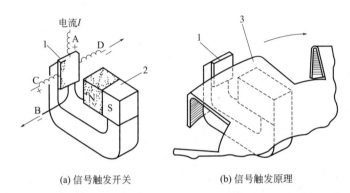

图 4-10 霍尔效应式发动机转速与曲轴位置传感器的基本组成与工作原理
1—带集成电路的霍尔元件；2—带导磁板的永久磁铁；3—导磁转子

式有三种。

与安装在分电器内的结构形式完全一样，传感器轴上两个导磁转子仍为上下布置的霍尔效应式传感器，由于其轴向结构尺寸相对较大，其安装形式与分电器相似，现已很少采用。

另一种是两个导磁转子和相应的触发开关分别安装于两个传感器上，各有一个传感器轴由发动机曲轴或凸轮轴驱动（图 4-11）。这种形式的传感器结构尺寸相对较小，通常安装于发动机的前端。

还有一种是两个导磁转子内外布置，在内外导磁转子的侧面各设置一个信号触发开关，如图 4-12 所示。

② 专用齿槽触发式霍尔效应式传感器。安装于飞轮处的霍尔效应式发动机转速与曲轴位置传感器如图 4-13 所示。

在飞轮齿圈与驱动盘的边缘有对称的 2 组（6 缸发动机为 3 组）槽，每组均布有 4 个槽。当槽对准信号触发开关下方时，传感器输出高电平（5V），而当无槽面对准信号触发开关下方时，传感器输出低电平（0.3V）。发动机转动时，传感器产生如图 4-13(b) 所示的电压波形，电子控制器根据此脉冲信号就可判别曲轴的位置并计算发动机的转速。

（2）空气流量传感器

空气流量传感器用于将发动机的进气流量转变为相应的电信号，是电子控制器计算基本

图 4-11 独立安装的霍尔效应式发动机转速与曲轴位置传感器

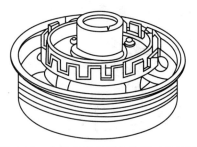
图 4-12 内外布置的霍尔效应式发动机转速与曲轴位置传感器

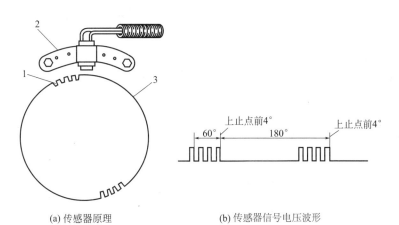
(a) 传感器原理　　(b) 传感器信号电压波形

图 4-13 安装于飞轮处的霍尔效应式发动机转速与曲轴位置传感器
1—槽；2—信号触发开关；3—飞轮

喷油量、确定最佳点火提前角的重要参数之一。空气流量传感器有量板式、卡门涡旋式、热式等不同的形式。

① 量板式空气流量传感器。量板式空气流量传感器在汽车上的应用较早。

a. 测量原理。量板式空气流量传感器由流量计和电位计组成。量板式空气流量传感器的测量原理如图 4-14 所示。

置于进气通道中的流量计量板在进气推力作用下绕轴转动，带动固定在同一轴上的电位计滑片转动。无进气时，转轴上的回位弹簧使测量板保持在关闭位置。当有空气进入时，进气流产生推力而使量板克服回位弹簧力转动，进气流量大，其推动流量计量板转动的角度也大。与量板联动的电位计滑片随之转动，将流量计量板的转动角度转变为电位计电阻的变化，再经测量电路转换为与进气流量相对应的电压。可见，量板式空气流量传感器输出的是电压值随进气流量逐渐变化的模拟信号。

b. 组成结构：量板式空气流量传感器的结构如图 4-15 所示。

量板式空气流量传感器的流量计通常设有怠速旁通道、阻尼板和缓冲室，其作用如图 4-16 所示。

怠速旁通道用于改善发动机怠速和小负荷时的空燃比。由于通过旁通道的空气未经流量计量板计量，会使喷油量有所减少，用以适应怠速和小负荷工况空燃比的实际需要。通过怠速 CO 调整螺钉可改变怠速旁通道的截面积，以调整发动机怠速时的混合气浓度。

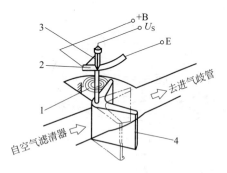 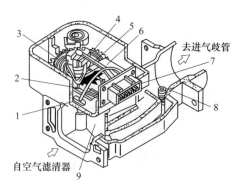

图 4-14 量板式空气流量传感器的测量原理
1—回位弹簧；2—电位计电阻；
3—电位计滑片；4—流量计量板

图 4-15 量板式空气流量传感器的结构
1—进气温度传感器；2—燃油泵触点；3—回位弹簧；
4—调节齿轮；5—电位计滑片；6—印制电路板；
7—插接器；8—怠速 CO 调整螺钉；
9—流量计量板

阻尼板和缓冲室用于稳定传感器信号电压，在量板转动时，与之连为一体的阻尼板在缓冲室转动而形成阻尼，可减缓出现冲击气流时量板的振动，以减小传感器信号电压波动。

c. 测量电路。量板式空气流量传感器内部的测量电路中通常连接有温度传感器和串联常值电阻，早期的量板式空气流量传感器还有燃油泵开关，其内部电路如图 4-17 所示。

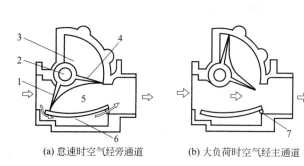 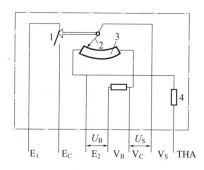

图 4-16 怠速旁通道及阻尼板的作用
1—量板；2—转轴；3—缓冲室；4—阻尼板；5—进气主通道；
6—怠速旁通道；7—怠速 CO 调整螺钉

图 4-17 量板式空气流量传感器内部电路
1—燃油泵开关；2—电位计滑片；3—电位计
电阻；4—进气温度传感器

传感器以相对电压 U_S/U_B 表示空气流量，用以避免电源电压波动对测量精度的影响。在电源电压波动时，电位计的输出绝对电压 U_S 会随之变化，这使得 U_S 值不能准确反映空气的流量。用相对电压 U_S/U_B 表示空气流量，在电源电压波动时，U_S、U_B 同时成比例地变化，其比值仍然保持不变，从而消除了电源电压波动对传感器测量精度的影响。

空气流量传感器中的进气温度传感器向电子控制器提供进气温度电信号，用于对进气流量信号进行进气温度修正。

空气流量传感器中的燃油泵开关串联在燃油泵电路中，当发动机不工作（无进气）时燃油泵开关断开，可使燃油泵在发动机熄火时就会立即停止工作。

请注意：新型的空气流量传感器不带燃油泵开关，由 ECU 直接控制燃油泵的工作。

d. 性能特点。量板式空气流量传感器结构简单、价格便宜、具有良好的工作可靠性，在发动机空气流量的变化范围内其测量精度稳定。其缺点是量板造成进气阻力，信号的反应也比较迟缓；由于信号反映的是体积流量，进气温度变化时，需要对信号进行温度修正。

② 卡门涡旋式空气流量传感器。

a.测量原理。在进气通道中设置一个锥形涡流发生器，当空气通过时，涡流发生器的后面便会产生两列并排的涡旋（称为卡门涡旋），如图 4-18 所示。

卡门涡旋的频率 f 与空气流速 v 有如下关系。

$$f = S_t \frac{v}{d}$$

式中，d 为涡流发生器外径；S_t 为斯特罗巴尔数。

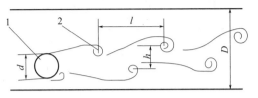

图 4-18 卡门涡旋的产生
1—涡旋发生器；2—卡门涡旋

合理地设计进气通道截面积和涡流发生器的尺寸，使发动机进气流速范围内的 S_t 为一个常数。这样，卡门涡旋的频率 f 与空气的流速 v 就成正比关系。因此，只要测出 f，就可以知道 v，空气的流速 v 乘以空气通道的截面积，就可获得进气体积流量。

b.结构类型。涡旋式空气流量传感器有反光镜检测法和超声波检测法两种。

反光镜式卡门涡旋空气流量传感器是利用涡流发生器产生涡旋时，其两侧压力会发生变化的这一特点来检测涡旋频率，其检测原理如图 4-19 所示。

用导压孔将涡流发生器的压力振动引向用薄金属制成的反光镜处，当进气通过涡旋发生器而产生涡旋时，反光镜就会随之产生振动。反光镜将发光管投射的光反射给光电管，反光镜振动时，光电管便产生与涡旋频率相对应的脉冲电压信号。

超声波式卡门涡旋空气流量传感器是利用涡旋会引起空气疏密变化这一特点来检测涡旋的频率，其检测原理如图 4-20 所示。

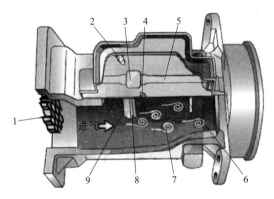

图 4-19 反光镜式卡门涡旋空气流量传感器检测原理
1—整流网栅；2—发光二极管；3—镜片；4—光电管；5—板簧；6,7—卡门涡旋；8—导压孔；9—涡流发生器

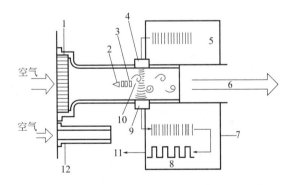

图 4-20 超声波式卡门涡旋空气流量传感器检测原理
1—整流器；2—涡旋发生器；3—涡流稳定板；4—信号发生器；5—超声波发生器；6—送往进气管的空气；7—超声波接收回路；8—整形后矩形波；9—接收器；10—卡门涡旋；11—接电子控制器；12—空气旁通管路

超声波发生器发出超声波，并通过发射器向涡列的垂直方向发射超声波。另一侧的超声波接收器接收到随空气的疏密变化而变化的超声波，此波经接收回路信号处理后，便成了与涡旋频率相对应的矩形脉冲信号。

c.性能特点：涡旋式空气流量传感器输出以脉冲个数计量空气流量的数字式信号，所以输入电子控制器后无须进行模/数转换。此外，由于无可动部件，信号反应灵敏，测量精度也比较高。

③ 热式空气流量传感器。

a.测量原理。热式空气流量传感器的测量原理如图4-21所示。

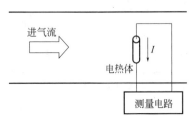

图4-21 热式空气流量传感器的测量原理

在进气通道中放置一个电热体，通电后使电热体保持在某一温度，当有空气经过电热体时，空气带走热量而使电热体温度下降，其电阻随之下降，电流则相应增加。进气通道的空气流量与电热体的电流在一定的范围内成正比关系，由测量电路将电热体的电流变化转换为电压变化，通过电压信号反映空气流量。热式空气流量传感器输出的也是模拟信号。

b.结构类型。热式空气流量传感器根据其电热体放置的位置不同，可分为主流式和旁通式两种；根据电热体的结构形式不同，又有热丝式和热膜式之分。

热丝主流式空气流量传感器的电热体由铂丝制成，如图4-22所示。热丝的工作温度一般为100~120℃，在其两端都有金属网，以防止进气气流的冲击和发动机回火损坏热丝。为防止热丝粘有沉积物而影响传感器的测量精度，热丝式传感器都设有自洁功能：在每次发动机熄火后约5s，控制电路使热丝通过较大的电流脉冲（约1s），将热丝迅速加热到1000℃左右，用以烧掉热丝上的沉积物。

热丝旁通式空气流量传感器的结构形式如图4-23所示，冷丝（空气温度补偿电阻）和热丝均绕在螺线管上，安装在旁空气通道上，热丝的工作温度一般在200℃左右。这种旁通的结构形式可以减小进气通道的进气阻力，有助于提高发动机的充气效率。

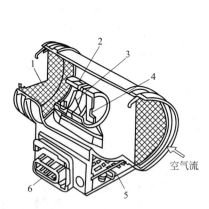

图4-22 热丝主流式空气流量传感器
1—金属网；2—取样管；3—热丝；4—温度补偿电阻丝；5—控制电路；6—接线端子

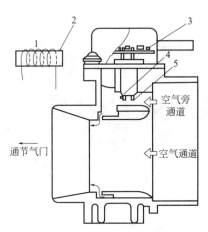

图4-23 热丝旁通式空气流量传感器的结构形式
1—冷丝或热丝；2—陶瓷螺线管；3—控制回路；4—冷丝（温度补偿）；5—热丝

热膜式空气流量传感器的电热体由一个铂片固定在树脂薄膜上构成（图4-24），这种结构形式可使铂片免受空气气流的直接冲击，从而提高了传感器的工作可靠性和使用寿命。

c.测量电路。热式空气流量传感器的电路原理如图4-25所示。置于进气通道中的电热体电阻R_H和空气温度补偿电阻R_K与测量电路中的常值电阻R_A、R_B组成惠斯登电桥。接通电源后，控制电路使电热体通电，电桥处于平衡状态。发动机工作时，随着进气管空气流量的增大，电热体的冷却作用增大而使其电阻减小，通过 R_H 的电流 I_H 增大，使电阻 R_A 上输出与空气流量增大相对应的电压信号 U_0。

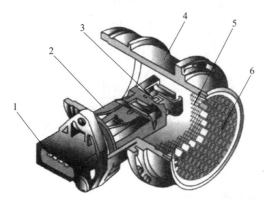
图 4-24 热膜式空气流量传感器
1—插头；2—混合电路盒；3—金属热膜元件；
4—壳体；5—滤网；6—导流格栅

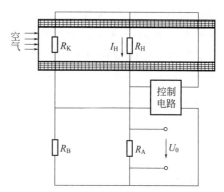
图 4-25 热式空气流量传感器的电路原理
R_K—温度补偿电阻；R_H—电热体电阻；R_A、R_B—常值高精度电阻；U_0—输出信号

d. 性能特点。热式空气流量传感器的测量范围大、反应灵敏、体积小，由于信号与空气质量流量相对应，因此一般无须对大气压力及进气温度的变化进行修正。热式空气流量传感器的缺点是电热体受污染后，对测量精度影响较大。

（3）进气压力传感器

进气压力传感器是将发动机进气管的压力转变为相应的电信号，发动机电子控制器根据此信号计算基本喷油时间、确定基本点火提前角等。

请注意：进气压力传感器的作用与空气流量传感器相同，因此，两者只用其一。

进气压力传感器有多种形式，根据其信号产生的原理可分为压电式、半导体压敏电阻式、电容式、差动变压器式及表面弹性波式等。由于半导体压敏电阻式进气管压力传感器的线性度好，且具有结构尺寸小、精度高、响应特性好等特点，因此，汽车电子控制系统大都使用这种进气压力传感器。

① 半导体压敏电阻式压力传感器测量原理。半导体压敏电阻式压力传感器是利用半导体的压阻效应将压力转换为相应的电压信号，其测量原理如图 4-26 所示。

半导体应变片是一种受拉或受压时其电阻值会相应改变的敏感元件。将应变片贴在硅膜片上，并连接成惠斯登电桥，当硅膜片受力变形时，各应变片受拉或受压而其电阻发生变化，电桥就会有相应的电压输出。压敏电阻式进气压力传感器输出的是以电压高低来反映进气管内压力的模拟信号。

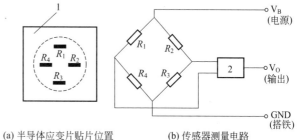
图 4-26 半导体压敏电阻式压力传感器测量原理
1—硅膜片；2—集成放大电路；$R_1 \sim R_4$—半导体应变片

② 半导体压敏电阻式进气压力传感器的结构。半导体压敏电阻式进气压力传感器的组成如图 4-27 所示。传感器的压力转换元件中有硅膜片，硅膜片受压变形会产生相应的电压

信号。硅膜片的一面是真空，另一面导入进气管压力，当进气管内的压力变化时，硅膜片的变形量就会随之改变，并产生与进气压力相对应的电压信号。进气压力越大，硅膜片的变形量也越大，传感器的输出电压也就越高。

相比于起相同作用的进气流量传感器，进气压力传感器对进气无阻力、无干扰，安装位置灵活，可利用真空管的引导，将进气压力传感器安装在远离发动机进气管的地方。因此，现代汽车发动机电子控制系统使用进气压力传感器的日渐增多。

（4）发动机温度传感器

发动机温度传感器（图4-28）用于将发动机冷却液的温度转换为相应的电信号，以使控制器能根据发动机温度的变化对喷油量进行修正控制。温度传感器按其结构与工作原理分，有热敏电阻式、双金属式、热电偶式、热敏磁性式等多种形式。汽车电子控制系统大都采用热敏电阻式温度传感器。

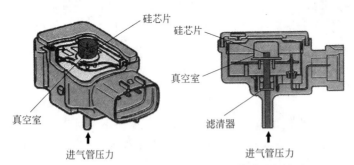

图 4-27　半导体压敏电阻式进气压力传感器的组成

图 4-28　发动机温度传感器外形

① 热敏电阻式温度传感器的测量原理。热敏电阻式温度传感器通过其敏感元件的电阻值随温度而变这一特性，将被测对象温度的变化转换为电阻的变化，再通过测量电路转换为相应的电压或电流信号。热敏电阻式温度传感器也是输出电压模拟信号。

热敏电阻式温度传感器的测量电路主要有串联式和串并联式两种形式，如图4-29所示。

当热敏电阻传感器的电阻值随温度变化而改变时，热敏电阻上的电压降就会随之改变，从 A 点输出一个与温度相对应的电压信号。

② 发动机温度传感器的结构。热敏电阻式发动机温度传感器的内部结构如图 4-30 所示。

发动机温度传感器内的热敏电阻通过内部引线和接线端子与发动机 ECU 内的发动机温度测量电路连接。工作时，发动机温度传感器的传热套筒浸入发动机冷却水道中，发动机冷却的热量通过

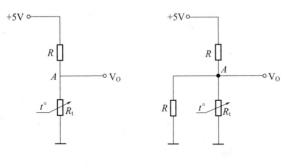

(a) 串联式测量电路　　(b) 串并联式测量电路

图 4-29　热敏电阻式温度传感器的测量电路

R—常值电阻；R_t—传感器热敏电阻

传热套筒和内部的空气传递给热敏电阻，使热敏电阻与发动机冷却液的温度一致，并呈现相应的电阻值，使发动机 ECU 获得相应的发动机温度电信号。

（5）节气门位置传感器

节气门位置传感器将节气门的开度转变为电压信号，电子控制器从节气门位置传感器信号中获得节气门开度、节气门开启速度、急速状态等信息，用于喷油量的修正控制。节气门

位置传感器有线性式和开关式两种类型，由于线性节气门位置传感器可检测任何节气门的位置，故而现代汽车上广泛采用的是线性节气门位置传感器。

① 线性节气门位置传感器的结构。线性节气门位置传感器的结构与内部电路如图 4-31 所示。

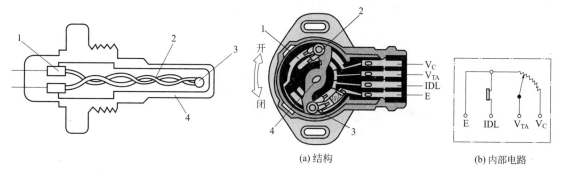

图 4-30　热敏电阻式发动机温度
传感器的内部结构
1—接线端子；2—引线；3—热敏电阻；
4—传热套筒

图 4-31　线性节气门位置传感器的结构与内部电路
1—滑片电阻；2—测节气门位置滑片；3—测节气门全关滑片；
4—传感器轴；V_C—电源；V_{TA}—节气门位置输出信号；
IDL—怠速触点；E—接地

线性节气门位置传感器相当于一个加设了怠速触点的滑片式电位器，传感器轴与节气门连接，传感器轴转动时，可通过滑片臂带动其两端的滑片转动。因此，测节气门位置滑片和测节气门全关（怠速）滑片的位置与节气门的位置相对应。

② 线性节气门位置传感器的工作原理。节气门开度变化时，节气门位置滑片在电阻体上做相应的滑动，电位器输出相应的节气门位置信号 V_{TA}。在节气门关闭时，节气门关闭滑片使怠速触点 IDL 处于接通状态，从 IDL 端子输出发动机怠速信号。

（6）氧传感器

氧传感器用于检测发动机排气中氧含量，电子控制器根据氧传感器的电信号进行喷油器喷油量的混合气空燃比反馈修正控制，将混合气浓度控制在理论空燃比附近，以使排气管中三元催化反应器对排气中 HC、CO、NO_x 的净化达到最佳效果。汽车上应用的氧传感器有氧化锆型和氧化钛型两种，氧传感器的外形如图 4-32 所示。

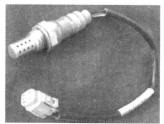
(a) 氧化锆型氧传感器

(b) 氧化钛型氧传感器

图 4-32　氧传感器的外形

① 氧化锆型氧传感器。氧化锆型氧传感器的核心元件是二氧化锆（ZrO_2）。

a.测量原理。置于高温下的二氧化锆，如果其两侧气体的氧含量有较大差异，氧离子就会从氧含量高的一侧向氧含量低的一侧扩散，使两侧电极间产生电位差（电动势 E）。氧化锆型氧传感器就是利用了氧化锆的这一特性，将氧敏感元件（ZrO_2）制成试管状，使其内侧通大气（氧含量高），外侧通过发动机的排气（氧含量低）。混合气偏浓时，排气中的氧含量极少，氧化锆内外侧氧的浓度差大，因而产生一个较高的电压；混合气偏稀时，排气中含有较多的氧，氧化锆内外侧的氧浓度差较小，产生的电压较低。

b. 内部结构。氧化锆型氧传感器的内部结构如图4-33所示。氧化锆的内外表面都涂有铂，铂的外表面有一层陶瓷，起保护铂电极的作用。

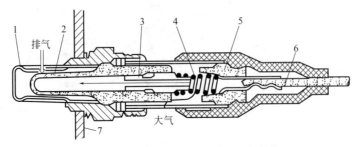

图4-33 氧化锆型氧传感器的内部结构
1—导入排气孔罩；2—锆管；3—电极；4—弹簧；5—绝缘支架；6—接线端子；7—排气管壁

c. 工作特性。氧化锆表面涂铂的作用是催化排气中的O_2与CO反应，使混合气偏浓时排气中的氧含量几乎为零，而对混合气偏稀时排气中的氧含量则影响不大，这样就显著提高了氧传感器的灵敏度（图4-34），使控制器很容易识别混合气是浓了（信号电压≥0.8V）还是稀了（信号电压≤0.2V）。

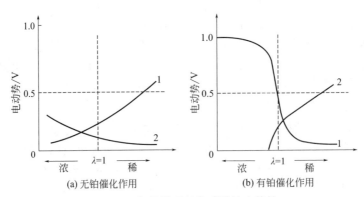

图4-34 氧化锆型氧传感器输出特性
1—氧传感器输出的电动势；2—氧传感器表面的O_2浓度；λ—过量空气系数

d. 加热器的作用。ZrO_2需在400℃以上的温度下才能正常工作，为此，在一些氧化锆型氧传感器中设有加热器，其作用是在排气管温度尚未达到氧传感器正常工作温度时通电加热氧传感器，以使其迅速达到正常工作温度。

② 氧化钛型氧传感器。氧化钛型氧传感器的核心元件是二氧化钛（TiO_2）。

a. 测量原理。二氧化钛在室温下具有高电阻性，但当其周围气体氧含量少时，TiO_2中的氧分子将逃逸而使其晶格出现缺陷，电阻随之下降。氧化钛型氧传感器就是利用二氧化钛的电阻随周围气体中氧含量变化而相应改变的这一特性制成的。将二氧化钛敏感元件置于排气管中，当混合气偏稀时，排气中氧含量较高，传感器的电阻较大；而当混合气偏浓时，排气中氧的含量很低，传感器的电阻相应减小。这一电阻的变化通过传感器内部电路转变成相应的电压信号输出。

b. 内部结构。氧化钛型氧传感器的结构如图4-35所示。二氧化钛为电阻型传感器，温度变化时，其电阻也会改变。为此，传感器中除了有一个具有多孔性的二氧化钛敏感元件（用来检测排气氧含量）外，还有一个温度系数相同的实心二氧化钛元件，用以消除温度变化对信号电压的影响，其电路连接如图 4-35(b) 所示。

c. 工作特性。氧化钛型氧传感器的输出特性如图 4-36 所示。

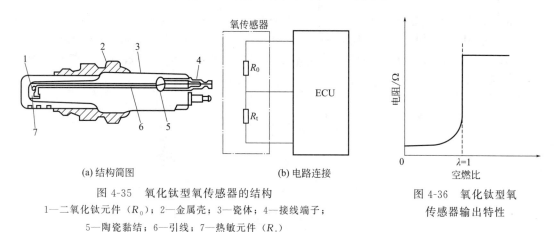

(a) 结构简图　　　　　(b) 电路连接

图 4-35　氧化钛型氧传感器的结构
1—二氧化钛元件（R_0）；2—金属壳；3—瓷体；4—接线端子；
5—陶瓷黏结；6—引线；7—热敏元件（R_t）

图 4-36　氧化钛型氧传感器输出特性

2. 执行器及其他部件

（1）喷油器

① 喷油器的作用与类型。喷油器是汽油喷射控制系统的执行器，其作用是根据电子控制器的喷油脉冲信号将适量的汽油喷射到进气歧管中。喷油器的结构类型较多，按适用性分，有单点喷射的喷油器、多点喷射的喷油器和冷启动喷油器三种；按喷油器阀的结构分，则有针阀式、球阀式、片阀式等几种；按喷油器喷孔数量分，又有单喷口喷油器、双喷口喷油器和多喷口喷油器等；按喷油器电磁线圈的电阻大小分，有低电阻（2~3Ω）型喷油器和高电阻（13~17Ω）型喷油器两种。

② 喷油器的结构原理。各种类型的喷油器的基本组成与工作原理相同，其核心部件均为电磁线圈和连接阀体的铁芯。如图 4-37 所示的是适用于多点喷射的针阀式喷油器的结构，其工作原理如下。

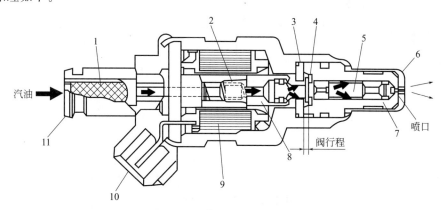

图 4-37　针阀式喷油器的结构
1—滤网；2—弹簧；3—调整垫片；4—凸缘部；5—针阀；6—壳体；7—阀体；
8—阀行程；9—铁芯；10—电磁线圈；11—接线端子

具有稳定压力的汽油经滤网进入喷油器，当电磁线圈通电时，其电磁力使铁芯克服弹簧力而上移，带动与之连为一体的阀体一起上移，汽油便从喷口喷出。当电磁线圈断电时，其电磁力消失，铁芯在弹簧力作用下迅速回位，阀体落座，喷油器立刻停止喷油。

（2）燃油泵

燃油泵的作用是将燃油增压后源源不断地泵入供油管路。燃油泵主要由直流电动机和油泵组成，根据其泵的结构与原理不同，燃油泵可分为滚柱式、叶片式（涡轮式）、齿轮式等。

① 滚柱式燃油泵。滚柱式燃油泵的基本组成包括直流电动机、油泵、单向阀和安全阀等，其结构如图 4-38 所示。

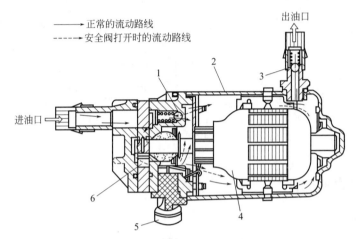

图 4-38 滚柱式燃油泵

1—安全阀；2—泵壳；3—单向阀；4—电动机；5—燃油泵电动机插接器；6—滚柱式油泵

滚柱式燃油泵的工作原理如图 4-39 所示。

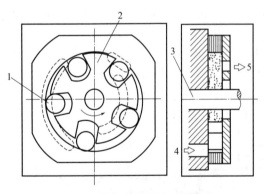

图 4-39 滚柱式燃油泵工作原理

1—滚柱；2—泵套；3—泵转子；4—汽油吸入；5—燃油泵出

泵转子与泵套内腔不同心，泵转子在电动机的带动下转动时，转子槽内的滚柱在离心力的作用下向外侧移动至与泵套壁接触后形成油腔。泵转子转动过程中，左侧油腔会逐渐增大，将汽油箱的汽油吸入；右侧油腔则逐渐减小，将汽油压出至供油管路。

燃油泵中安全阀的作用是防止供油管路中的油压过高，而单向阀的作用是在燃油泵停止工作时，使汽油管路中保持一定的油压，以便发动机下次启动时能及时供油而易于启动。

② 叶片式燃油泵。叶片式燃油泵采用叶片式油泵，其结构与工作原理如图 4-40 所示。

当电动机带动燃油泵叶轮高速运转时，叶轮的小槽与泵体的进油口之间产生真空，在真空吸力的作用下，燃油箱的汽油被吸入泵体内，并被叶轮带向燃油泵出油口处。当叶轮小槽转到出油口处时，燃油在离心力和压力的共同作用下，从出口流出，并通过单向阀进入供油管路。

（3）燃油压力调节器

燃油压力调节器的作用是使喷油器的喷油压力稳定，以确保 ECU 通过控制喷油器的喷

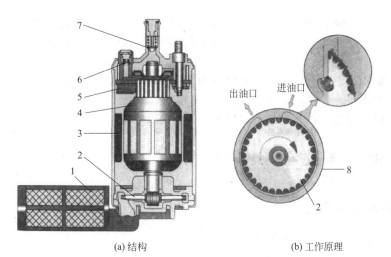

(a) 结构   (b) 工作原理

图 4-40 叶片式燃油泵的结构与工作原理
1—滤网；2—叶轮；3—磁极；4—电枢；5—电刷；6—安全阀；7—单向阀；8—泵体

油时间就可准确控制空燃比。燃油压力调节器有绝对压力调节和相对压力调节两种形式。

① 绝对压力调节器。绝对压力调节器的结构原理如图 4-41 所示。当燃油压力超过调定值时，燃油压力就会推动膜片上移而使出油阀开启，部分燃油经出油阀、回油管流回燃油箱，使油压降低。当燃油压力低于调定压力时，弹簧力使膜片下移而关闭出油阀，汽油压力又会回升。

绝对压力调节器的膜片根据燃油压力变化振动，控制阀的开关，将燃油压力稳定在一个恒定值。通过调节螺钉改变弹簧的张力即可调整压力调节器的燃油压力调节值。

绝对压力调节器的不足是当进气管的压力发生变化时，喷油器的喷油压力与进气管的压力差就会随之改变，从而导致喷油量发生变化。因此，采用绝对压力调节器的燃油喷射控制系统，其电子控制器需要根据进气管压力的变化对喷油器的喷油时间做适当的修正。

由于采用绝对压力调节器的燃油喷射控制系统需要监测进气管内的压力变化，并根据压力变化情况对喷油器喷油时间进行较为复杂的修正，因此现代汽车发动机上已很少采用。

② 相对压力调节器。相对压力调节器的结构原理如图 4-42 所示，与绝对压力调节器的

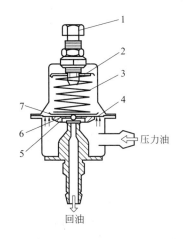

图 4-41 绝对压力调节器的结构原理
1—调节螺钉；2,7—弹簧座；3—弹簧；
4—膜片；5—阀托盘；6—阀体

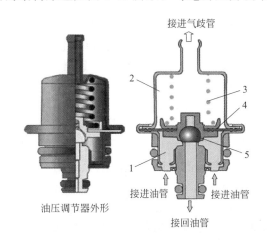

图 4-42 相对压力调节器的结构原理
1—燃油室；2—真空室；3—弹簧；
4—膜片；5—阀

主要区别在于膜片的弹簧侧通过一根真空管与进气歧管相通,使得进气歧管压力作用于弹簧侧的膜片室。当进气歧管的压力变化时,由于作用于弹簧侧膜片室的真空吸力也改变了,使调节器调定的汽油绝对压力随之改变。这种相对压力调节方式使得喷油器的喷油压力与进气歧管的压力差保持恒定,因此,进气歧管压力变化时不会对喷油器的喷油量造成影响,故而在进气管压力变化时,控制器无须对喷油时间进行调整。

请注意:现代汽车上广泛采用的是燃油相对压力调节器。

三、汽油喷射电子控制系统电路

1. 控制器的电源电路

(1)控制器的电源电路的作用与类型

电子控制系统电源电路的主要作用是在点火开关接通(ON)时,使ECU通电工作,在点火开关关断(OFF)时,使ECU断电。电子控制器电源电路如图4-43所示。

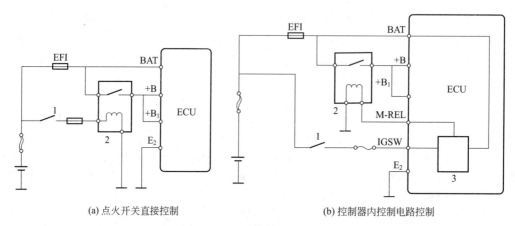

图 4-43 电子控制器电源电路
1—点火开关;2—主继电器;3—主继电器控制电路

(2)点火开关直接控制的电源电路

点火开关直接控制的电源控制电路如图4-43(a)所示。点火开关通过主继电器控制电子控制器的电源。当点火开关接通(ON)时主继电器线圈通电,产生的磁力吸合触点,使ECU的电源端子"+B"与车载电源接通。

ECU上的BAT端子直接连接蓄电池,这样,在点火开关关断(OFF)时,就可使储存故障信息和学习修正参数的随机存储器(RAM)仍可保持通电。

请注意:将蓄电池的连接切断时,RAM中所储存的信息将全部消失!

(3)具有延时关断功能的电源电路

由点火开关与ECU控制,具有延时关断功能的电源控制电路如图4-43(b)所示。接通点火开关(ON)时,ECU的IGSW端子通电,通过ECU内部主继电器控制电路使ECU的M-REL端子转为高电位,从而使主继电器线圈通电而吸合其触点,接通ECU主电源。

在点火开关关断(OFF)时,ECU内部的主继电器控制电路(延时电路)可使其M-REL端子继续保持高电位约2s,使主继电器线圈在2s内仍然保持通电,主继电器触点继续保持闭合2s。

可见，通过 M-REL 端子的延时作用，ECU 的主电源可在点火开关断开后仍能保持 2s 左右的通电时间。ECU 可利用这 2s 的时间完成怠速控制阀初始状态的设定（步进电机式怠速控制阀）、热丝的清洁（热丝式空气流量传感器）等工作。

2. 燃油泵控制电路

（1）燃油泵控制电路的作用电路形式

汽油喷射系统设有燃油泵控制电路，其基本控制功能是：在启动发动机、发动机正常运转时，使燃油泵稳定可靠地工作；发动机一旦熄火，即使点火开关仍在 ON 状态，也会使燃油泵立即停止工作，以防止汽车发生意外交通事故时，由于点火开关没有关断而使燃油不断地从破裂的供油管路溢出，造成更大的安全事故。燃油泵控制电路有燃油泵开关控制式、ECU 控制式等多种形式。

阅读提示：燃油泵控制电路中的燃油泵继电器为常开触点，有两个线圈，其中一个线圈通电就可使触点闭合。

（2）燃油泵开关控制的燃油泵控制电路

较早的汽油喷射式发动机利用量板式空气流量传感器中的燃油泵开关控制燃油泵工作，其控制电路如图 4-44 所示。

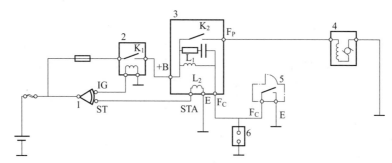

图 4-44 由燃油泵开关控制的燃油泵控制电路

1—点火开关；2—主继电器；3—燃油泵继电器；4—燃油泵；5—空气流量传感器中的燃油泵开关；6—燃油泵检查插座

在量板式空气流量传感器中的燃油泵开关串联在燃油泵继电器的 L_1 线圈电路中，在无空气进入进气管时，燃油泵开关处于断开状态。

在启动发动机时，由点火开关中的启动触点接通燃油泵继电器线圈 L_2 电路而使其触点 K_2 闭合，燃油泵通电工作；发动机启动后，点火开关退至点火挡，启动触点断开，但此时空气流量传感器内的燃油泵开关已处于闭合状态，将 L_1 电路接通，其电磁力使 K_2 保持闭合，燃油泵继续通电而正常工作。

当发动机熄火时，空气流量传感器内的燃油泵开关随即断开，燃油泵继电器 L_1 线圈断电，触点 K_2 断开，即便是点火开关处于接通（ON）状态，燃油泵也会立即停止工作。

这种采用空气流量传感器中的机械式燃油泵开关来控制燃油泵工作的燃油泵控制电路在现代汽车上已很少见。

（3）ECU 控制的燃油泵控制电路

由 ECU 控制的燃油泵控制电路如图 4-45 所示。在发动机工作时，ECU 接收到发动机转速传感器的电信号，并通过内部的控制电路使三极管 V 导通，L_1 通电而使 K_2 保持闭合，燃油泵正常通电工作；当发动机熄火时，ECU 接收不到发动机转速传感器信号，ECU 内部电路立即使 L_1 断电，K_2 断开，燃油泵立即停止工作。

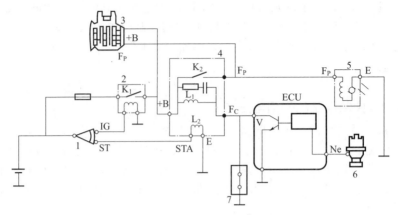

图 4-45 由 ECU 控制的燃油泵控制电路
1—点火开关；2—主继电器；3—故障检查插座；4—燃油泵继电器；5—燃油泵；
6—发动机转速传感器；7—燃油泵检查插座

（4）具有燃油泵转速控制功能的燃油泵控制电路

一些汽车发动机电子控制系统设置了燃油泵转速控制功能，使燃油泵的转速随发动机转速的上升而增加，以便在满足发动机供油量需求前提下，减小燃油泵的磨损，并可使回油管的汽油回流量减少，以减小活性炭罐的工作负担。

燃油泵转速的控制方法有继电器控制和 ECU 控制两种，其电路原理如图 4-46 所示。

① 燃油泵继电器控制的燃油泵转速控制电路。如图 4-46(a) 所示的燃油泵控制电路通过燃油泵继电器实现燃油泵转速的控制，其电路要点如下。

a. 主继电器控制 ECU 主电源电路，同时也连接开路继电器电源接柱"+B"。

b. 开路继电器为常开触点，控制燃油泵的通断电；其两个线圈中的 L_1 是在点火开关拨至启动挡、在启动继电器触点闭合时通电，而 L_2 由 ECU 内部的燃油泵控制电路（PC 端子）控制其通断电。

c. 开路继电器的 L_1、L_2 其中有一个线圈通电时，就可使其触点闭合，使燃油泵通电。

d. 燃油泵继电器常闭触点 B 连接燃油泵，常开触点 A 通过电阻器连接燃油泵。

在主继电器接通电源后，燃油泵继电器控制电路开始工作，具体工作原理如下。

启动时，点火开关拨至启动挡，启动继电器线圈通电，其触点闭合，开路继电器触点因线圈 L_1 通电而闭合，通过燃油泵继电器常闭接通燃油泵，其电流通路为：蓄电池＋→主继电器的触点→开路继电器的触点→燃油泵继电器的常闭触点→燃油泵→搭铁→蓄电池－，燃油泵通电工作。

启动后，启动开关断开，L_1 断电，但发动机已正常运转，ECU 接收到发动机转速传感器的电信号，ECU 内部的燃油控制电路通过 ECU 的 F_C 端子使线圈 L_2 通电，开路继电器触点保持闭合，燃油泵正常通电工作。

当发动机熄火时，发动机转速传感器无转速脉冲信号产生，ECU 接收不到发动机转速信号，内部控制电路通过 ECU 的 F_C 端子使 L_1 迅速断电，开路继电器的 L_1 和 L_2 均不通电，其触点断开，燃油泵立刻停止工作。

当发动机处于怠速工况时，ECU 通过 FPR 端子控制燃油泵继电器线圈通电，使燃油泵继电器的常闭触点断开，常开触点闭合，这时，燃油泵的电流通路为：蓄电池＋→主继电器的触点→开路继电器的触点→燃油泵继电器的常开触点→电阻器→燃油泵→搭铁→蓄电池－，燃油泵电路因串联了电阻器，其电流减小而低速运转。

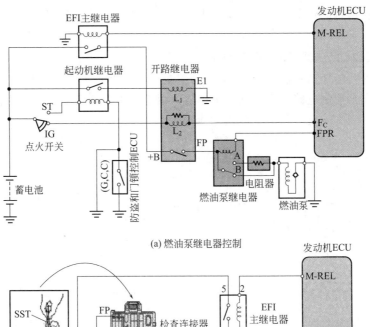

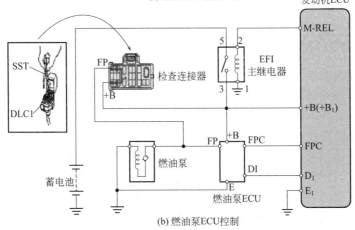

图 4-46 具有燃油泵转速控制功能的燃油泵控制电路

② 燃油泵 ECU 控制的燃油泵转速控制电路。如图 4-46(b) 所示的燃油泵控制电路通过增设的燃油泵 ECU 实现燃油泵转速的控制,其电路要点如下。

a. 电路增设了燃油泵 ECU,主继电器控制 ECU 主电源电路,同时也连接燃油泵 ECU 的电源端子+B。

b. 燃油泵 ECU 通过其 FP 端子直接控制燃油泵。

在主继电器接通电源后,燃油泵控制电路开始工作,其工作原理如下。

发动机 ECU 通过其 FPC 端子输出控制信号,控制燃油泵 ECU 工作,由燃油泵 ECU 的 FP 端子控制燃油泵在启动时、发动机运转时通电工作;在发动机熄火时,无论点火开关是打开或关闭,燃油泵立刻停止工作。

在发动机处于启动、高转速或大负荷工况时,发动机 ECU 通过 FPC 端子向燃油泵 ECU 的 FPC 端子输出一个高电位信号,使燃油泵 ECU 的 FP 端子输出一个较高的电压(约为蓄电池电压),使燃油泵高速运转。

当发动机处于怠速工况时,发动机 ECU 通过 FPC 端子向燃油泵 ECU 的 FPC 端子输出一个低电位信号,使燃油泵 ECU 的 FP 端子输出一个较低的电压(约为 9V),使燃油泵低速运转。

3. 喷油器控制电路

喷油器控制电路的作用是按 ECU 的喷油控制脉冲,使喷油器准确、及时地通断电,以使其从喷口喷出适量的汽油。喷油器实际上是一个直动式开关电磁阀,其驱动方式有电压驱动和电流驱动两种形式。

(1) 电压驱动方式喷油器控制电路

电压驱动方式喷油器控制电路如图 4-47 所示。喷油器有低电阻型和高电阻型两种,低电阻型喷油器在其控制电路中需串联一个电阻,用于减小喷油器电磁线圈的工作电流,以避免其过热烧坏。

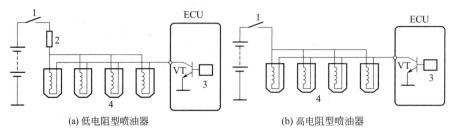

图 4-47 电压驱动方式喷油器控制电路
1—点火开关;2—附加电阻;3—喷油器驱动电路;4—喷油器

当微处理器输出喷油指令时,驱动电路中的三极管 VT 导通,喷油器线圈通电。在喷油器喷油的时间内,加在喷油器线圈上的电压保持不变。由于喷油器线圈自感电动势的阻碍作用,这种驱动方式使喷油器阀打开的速率较低,喷油器完全开启的滞后时间较长。

(2) 电流驱动方式喷油器控制电路

电流驱动方式喷油器控制电路如图 4-48 所示,ECU 外部的喷油器控制电路与电压驱动方式的相似,但 ECU 内部的喷油器驱动电路较为复杂。

电流驱动方式 ECU 内部驱动电路的工作电压与电流波形如图 4-49 所示。当微处理器输出喷油指令时,驱动电路中的三极管 VT_2 迅速饱和导通,使喷油器电磁线圈电流迅速上升至 8A 左右,喷油器可迅速全开。此后,驱动电路输出一个电压较低的脉冲电压,使喷油器电磁线圈电流减小至仅能维持喷油器阀保持在打开状态,以防止电磁线圈过热。

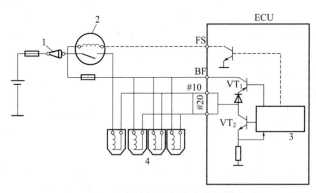

图 4-48 电流驱动方式喷油器控制电路
1—点火开关;2—安全主继电器;3—喷油器控制电路;4—喷油器

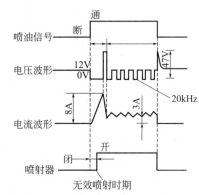

图 4-49 电流驱动方式 ECU 内部驱动电路的工作电压与电流波形

虽然电流驱动方式的驱动控制电路较为复杂,但采用低电阻型喷油器,喷油器开启时的电流上升快且较大,故而电磁阀开启的速率高,因此应用比较广泛。

请注意:低电阻型喷油器由于其线圈匝数少,电感小,自感电动势较小,故而其阀打开的速率相比高电阻型的喷油器要高。在接通蓄电池以检查低电阻型喷油器的喷油性能时,必须用专用的连接线,或串联一个 2~3Ω 的电阻,以避免喷油器烧坏。

第三节 电子点火控制系统

一、电子点火控制系统的基本组成与控制原理

1. 最佳点火提前角确定

由于点火提前角的影响因素很多,且相互影响关系复杂,点火提前控制模型很难建立。因此,点火提前角控制通常不采用模型计算法,而是采用实验的方法获得的各特定工况下的最佳点火时间,并作为最佳点火提前角控制标准参数存入 ROM 中,非特殊工况点的最佳点火时间则是在工作中由 CPU 通过查寻和插值计算的方式得到。在 ROM 中,还储存有根据试验工况试验确定的各种修正参数和控制程序,用于在发动机温度变化、启动工况、爆震等情况下的点火提前角修正控制。电子点火控制系统的基本组成与原理如图 4-50 所示。

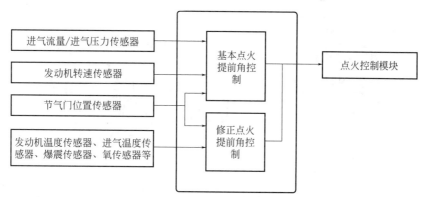

图 4-50 电子点火控制系统的基本组成与控制原理

2. 点火时间控制过程

ECU 根据相关传感器和点火开关输入的信号识别发动机的工况与状态,通过分析与处理,确定当前工况与状态下的最佳点火提前角,并与当前实际的点火提前角进行比较,根据比较结果对点火提前角进行调整,使发动机在各种工况状态下均处在最佳点火状态。

二、电子点火控制系统主要部件结构原理

1. 传感器

电子点火控制系统中所用到的传感器主要有发动机转速与曲轴位置传感器、空气流量传感器/进气压力传感器、发动机转速传感器、发动机温度传感器、节气门位置传感器、爆震传感器等,除了爆震传感器外,其他传感器与燃油喷射电子控制系统共用。

（1）爆震传感器的作用与类型

爆震传感器用于将发动机爆震时缸体的振动转变为相应的电信号,以使发动机 ECU 能

判别发动机是否爆震,若发动机产生了爆震,则通过减小点火提前角使发动机的爆震迅速消失。有了爆震传感器,就可实现点火提前角的闭环控制,可使点火提前角的控制更加接近于最佳值,可使发动机的功率得到更加充分发挥。

发动机爆震传感器主要有压电式和磁电式两种类型。

(2)压电式爆震传感器

① 测量原理。由石英晶体、钛酸钠等晶片制成的压电元件在受力变形时,因内部产生极化现象而在其两个表面分别产生正负两种电荷,当力消失时,元件变形恢复,电荷也立即消失,此种现象称为压电效应,晶体表面产生的电荷 q 与所受力 F 成正比。从压电元件的正、负电荷表面可引出电压信号,电压的大小与所受力也成正比。

利用压电元件测振动:在传感器内设置一个具有一定质量的振子,通过振子随被测对象振动,给压电元件施力。被测物体振动越大,传感器振子的振动也越大,压电元件产生的电压信号幅值也就越大,传感器的输出电压变化波形反映了被测对象振动幅度和振动频率。

② 工作原理。如图4-51所示的压电式爆震传感器通过螺纹连接安装在发动机的缸体上,根据其识别爆震信号的方式不同,可分为共振型和非共振型等。

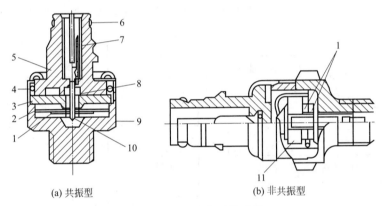

图4-51 压电式爆震传感器

1—压电元件;2—振荡片;3—基座;4,6—O形环;5—连接器;7—接线端子;
8—密封剂;9—外壳;10—引线;11—配重

a. 共振型爆震传感器。共振型爆震传感器内振荡片2的自振频率在发动机爆震的特征频带内,因而在发动机爆震时振荡片会产生共振,造成与其紧贴的压电元件1受力变形加剧,压电元件产生比非爆震时大许多倍的电压信号。共振型爆震传感器的信噪比高,检测电路对爆震信号的识别和处理比较容易。

b. 非共振型传感器。传感器内的振子随发动机缸体的振动而对压电元件施加压力,使压电元件产生振荡的电压信号。由于非共振型传感器的振子在发动机爆震时不会产生共振,其电压信号并无特别明显的增大。因此,对于非共振型传感器,爆震的识别还需要用专门的滤波器。

c. 座圈式爆震传感器。还有一种压电式爆震传感器的结构形式与图4-51所示的不一样,这种爆震传感器如同一个座圈,通过一个螺栓紧固在缸体上(图4-52)。还有一种座圈式爆震传感器安装在火花塞处,通过火花塞固定,如图4-53所示。

压电式爆震传感器具有测试频率高、灵敏度高、动态响应好等特点,因此,得到了广泛使用。

请注意:爆震传感器的安装松紧度对其工作影响很大。安装过松或过紧都会影响其正常

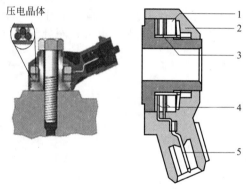
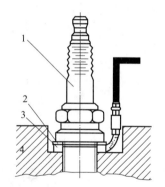

图 4-52　座圈式爆震传感器
1—振子；2—外壳；3—压电晶体；
4—导电片；5—接线端子

图 4-53　安装在火花塞处的座圈式爆震传感器
1—火花塞；2—密封圈；3—爆震传感器；
4—缸体

的信号电压的产生。爆震传感器安装过松，容易产生错误的爆震信号；安装过紧，则会使信号减弱。

2. 执行器及主要部件

（1）点火线圈

点火线圈实际上就是一个自耦变压器，其作用是将车载电源的低压电转换为高压，以使火花塞电极产生电火花。

点火线圈按其内部磁路与结构的不同分，有开磁路点火线圈和闭磁路点火线圈两种类型。由于闭磁路点火线圈漏磁少，初、次级能量转换效率高，故而被现代汽车广泛采用。如果按点火线圈所适用的高压配电方式分，可分为以下几类。

① 适用于二极管分配的点火线圈。适用于二极管分配的点火线圈具有两个初级绕组，一个次级绕组。两个初级绕组分别由 ECU 输出的点火控制信号控制其通断电，使次级绕组产生方向相反的次级电动势，通过高压二极管的单向导电性将次级高压分配至各缸火花塞。

适用于二极管分配的点火线圈其高压二极管有直接安装在点火线圈内部和连接在点火线圈外部两种结构形式。二极管安装在其内部的点火线圈如图 4-54 所示。

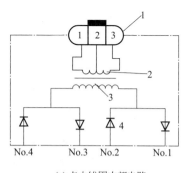
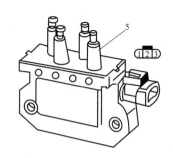

(a) 点火线圈内部电路　　(b) 点火线圈外形

图 4-54　二极管分配的点火线圈（内装式）
1—低压插接器端子；2—初级绕组；3—次级绕组；4—高压二极管；5—高压接线柱

如图 4-55 所示的也是适用于二极管分配的点火线圈，但点火线圈内部没有二极管，二极管串联在火花塞的高压电路中。

② 适用于点火线圈分配的点火线圈。适用于点火线圈分配的点火线圈每个都有一个初级绕组和一个次级绕组,两个或三个点火线圈通常封装在一个壳体内。点火线圈分配的点火线圈如图 4-56 所示。

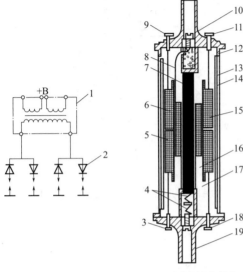

(a) 点火线圈连接线路　　(b) 点火线圈内部结构

图 4-55　二极管分配的点火线圈（外接式）
1—点火线圈；2—高压二极管；3,11—接电子点火模块；4—弹簧；5—初级绕组Ⅰ；6—初级绕组Ⅱ；7—铁芯；8,16—高压导电片；9,18—电源接线柱；10,19—高压线插座；12—外壳；13—导磁板；14—衬纸；15—次级绕组；17—变压器油

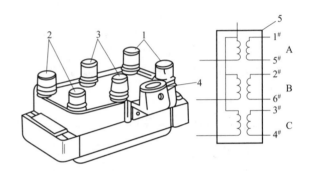

图 4-56　点火线圈分配的点火线圈
1—点火线圈 A 高压线插座；2—点火线圈 B 高压线插座；3—点火线圈 C 高压线插座；4—点火线圈低导线插座；5—点火线圈内部电路

③ 单独点火方式的点火线圈。单独点火方式的点火线圈通常是将点火线圈直接安装在火花塞上端,如图 4-57 所示。这种点火线圈可省去高压导线,使点火能量的损失和点火系统的故障率进一步降低。

请注意：有的点火线圈虽然属于点火线圈分配式,但其内部也有二极管,其作用是防止在点火线圈通路时所产生的自感电动势造成误点火。

（2）电子点火模块

电子点火模块（ICM）也称电子点火器,是电子点火控制系统的中间执行器。不同的电子点火控制系统,电子点火模块的功能及电路结构差别较大,某种电子点火模块的组成及功能如图 4-58 所示。

有的电子点火控制系统其 ICM 十分简单,内部只有一个通、断点火线圈初级回路用的开关晶体管,而将开关晶体管的控制电路都设置在 ECU 内部。有的电子点火控制系统则是将通、断点火线圈初级回路用的开关晶体管也设置在 ECU 内部,成为 ECU 直接控制点火线圈工作的驱动电路。因此,这种电子点火控制系统没有 ICM。

（3）火花塞

① 火花塞的作用。火花塞的作用是将点火线圈产生的高压引入气缸燃烧室中,通过其

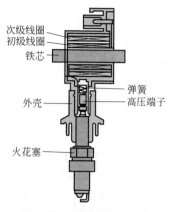

图 4-57 单独点火方式的点火线圈

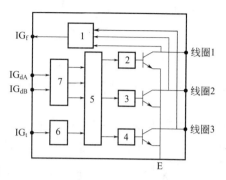

图 4-58 某种电子点火模块的组成及功能
1—IG_f 信号发生器；2~4—开关三极管驱动电路；
5—气缸识别电路；6—闭合角控制电路；
7—输入电路

电极电弧放电的方式产生电火花，点燃气缸中的可燃混合气。

② 火花塞的结构与类型。

a. 火花塞的结构。火花塞主要由中心电极、侧电极、钢壳、瓷绝缘玻璃等组成，使用较为广泛的绝缘体突出型火花塞的结构如图 4-59 所示。

在火花塞钢质壳体的内部是绝缘体，绝缘体的中心孔装有金属杆和中心电极，金属杆和中心电极之间用导体玻璃密封。铜制内垫圈起密封和导热作用，壳体的下端是弯曲的旁电极。当点火线圈产生的高压加在火花塞电极上时，电极之间形成很强的电场，并最终使电极间的气体电离，产生电弧放电，并将热量传递给周围的混合气，使气缸内的混合气燃烧起来。

电子点火系统的火花塞电极间隙一般为 0.8~1.2mm。火花塞电极间隙过大，跳火所需的击穿电压就高，火花塞的跳火可靠性就较差，易发生断火现象，并使点火系统高压线路因承受的电压加大而容易出现故障。火花塞电极间隙过小时，火花塞电极放电时的火焰核小（图 4-60），传给混合气的有效热能相对较少，而电极吸热（热传导损失）相对较多导致有效的点火能量相对减少，使火花塞点燃混合气的可靠性降低。

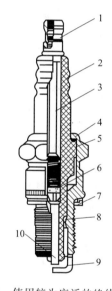

图 4-59 使用较为广泛的绝缘体突出型火花塞的结构
1—插线螺母；2—绝缘瓷体；3—金属杆；4、8—内垫圈；5—壳体；6—导体玻璃；
7—密封垫圈；9—旁电极；
10—中心电极

b. 火花塞的类型。火花塞的结构形式有多种，各种结构形式的火花塞都有其不同的特点，用以满足不同的点火性能要求，或适应不同类型的发动机。图 4-61 列出了火花塞常用的结构形式。

标准型：绝缘体裙部略缩入壳体下端面，这种形式的火花塞最为常见。

绝缘体突出型：绝缘体裙部突出壳体端面，其特点是抗污能力较强，又不容易引起炽热点火，因此，这种火花塞的热适应能力强。

(a) 间隙大而火花强　　　(b) 间隙小而火花弱

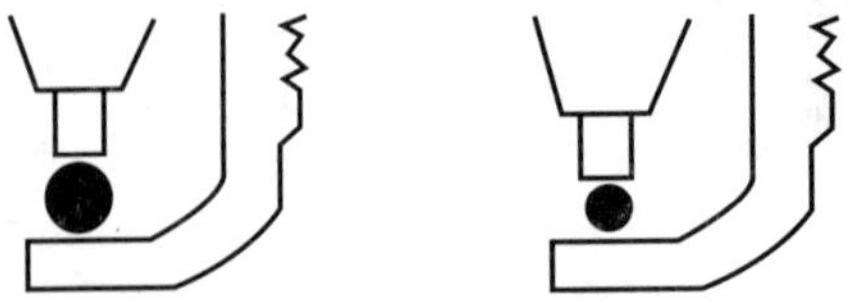

图 4-60　火花塞电极间隙与火花强度

   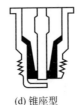  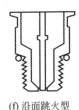

(a) 标准型　　(b) 绝缘体突出型　　(c) 细电极型　　(d) 锥座型　　(e) 多极型　　(f) 沿面跳火型

图 4-61　火花塞常用的结构形式

细电极型：电极较细，可降低跳火电压，同样的跳火电压则可增加电极的间隙，这种火花塞的突出特点是火花较强，有较强的点火能力。

锥座型：壳体及旋入螺纹部分成锥形，因而不同加垫圈就可保持良好的密封性，可减小火花塞的安装体积。

多极型：侧电极有两个或两个以上，其特点是点火较为可靠，间隙不用经常调整。

沿面跳火型：与中心电极组成一对电极的是壳体下端内侧的圆突面，这种火花塞通常与电容储能式点火系统（通过储能电容储存点火能量，在电容向点火线圈初级绕组放电时次级绕组产生点火所需的高压）配合使用，其优点是可完全避免炽热点火、抗污能力强；其缺点是稀混合气下的点燃率低、中心电极容易烧蚀。

为抑制点火系统对无线电的干扰，现代汽车上出现了电阻型和屏蔽型火花塞。电阻型火花塞是在火花塞内串联了 $5\sim10k\Omega$ 的电阻，屏蔽型火花塞则是利用金属壳体将整个火花塞屏蔽密封起来。屏蔽型火花塞还适用于需防水、防爆的场合。

③ 火花塞的热特性。火花塞的热特性是指其绝缘体裙部（内垫圈以下部分绝缘体）表面的温度与火花塞点火性能之间的关系。

a. 火花塞绝缘体裙部的长度与热特性。火花塞绝缘体裙部的长度与热特性如图 4-62 所示。火花塞绝缘体的温度取决于其受热情况和散热条件。绝缘体裙部较长，受热面积大，吸热容易，传热距离相对较长而散热困难，因而其裙部温度容易升高，此类火花塞称为"热型"火花塞（图 4-62 左边的火花塞）。火花塞绝缘体裙部较短，其受热面积小，吸热少，其传热距离相对较短而散热容易，因而火花塞的裙部温度不易升高。这种类型的火花塞称为"冷型"火花塞（图 4-62 右边的火花塞）。介于热型和冷型之间的为"中型"火花塞。

发动机工作时，如果火花塞绝缘体裙部的温度过低，粘上去的汽油粒或机油不能自行烧掉，就容易形成积炭而漏电，导致点火不良或不点火；绝缘体温度如果过高，则容易点燃周围的可燃混合气，即产生炽热点火。

如果火花塞绝缘体上的温度保持在 $500\sim700℃$，落在绝缘体上的油粒能自行烧掉，又不会引起炽热点火，这个温度称为火花塞的自洁温度。

热型火花塞适用于压缩比小、转速低、功率小的发动机，因为这些发动机的燃烧室温度较低；冷型火花塞则适用于高压缩比、高转速、大功率的发动机，这些发动机其燃烧室的温度较高。

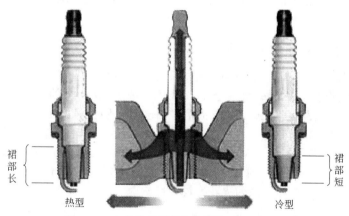

图 4-62　火花塞绝缘体裙部的长度与热特性

请注意：不同类型的发动机应该配用其热特性相适应的火花塞，其目的就是为了在发动机工作时，火花塞绝缘体表面保持在 500～700℃ 的自洁温度，否则发动机就不能正常工作。

b. 火花塞热特性与热值。我国生产的火花塞其热特性是以绝缘体裙部长度来标定的，并分别用热值（3～9 的自然数）来表示，如表 4-2 所示。

表 4-2　火花塞裙部长度与热值

裙部长度/mm	16.5	13.5	11.5	9.5	7.5	5.5	3.5
热值	3	4	5	6	7	8	9
热特性	热 ←——————————————————→ 冷						

注意：热型火花塞的热值小，而冷型火花塞的热值则大！

三、电子点火控制电路

1. 二极管分配点火线圈同时点火控制电路

无分电器的点火系统其高压配电采用二极管分配同时点火方式的电路原理如图 4-63 所示。

二极管分配同时点火方式的点火线圈有两个初级绕组，由点火控制模块 ICM（或 ECU）驱动电路中的 V_1、V_2 分别控制其通断。气缸识别电路根据 ECU 的气缸识别信号和点火信号输出点火脉冲，按照点火顺序交替触发 V_1、V_2 的导通和截止。当气缸识别电路输出 1、4 缸点火触发信号时，V_1 由导通转为截止，初级绕组 A 断电，次级绕组产生实线箭头方向电动势 e。e 使 VD_1、VD_4 正

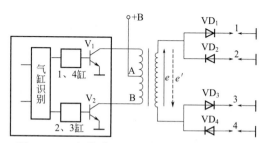

图 4-63　二极管分配同时点火方式的电路原理

向导通，1、4 缸火花塞电极间电压迅速升高直至跳火。当气缸识别电路输出 2、3 缸点火触发信号时，V_2 由导通转为截止，初级绕组 B 断电，使次级绕组产生虚线箭头方向的电动势 e'。e' 使 VD_2、VD_3 导通，2、3 缸火花塞跳火。

请注意：虽然每次点火都是两缸火花塞同时跳火，但只有一缸是有效点火，同时跳火的另一缸处于排气行程，是无效点火。

2. 点火线圈分配同时点火控制电路

点火线圈分配同时点火方式的电路原理如图 4-64 所示。

点火线圈分配同时点火方式用一个点火线圈直接供给成对的两缸火花塞。ICM（或 ECU）中的气缸识别电路根据 ECU 的点火信号和气缸识别信号输出点火控制脉冲，按点火顺序轮流触发 V_1、V_2 导通和截止，控制 A、B 两个点火线圈轮流产生高压。当气缸识别电路输出 1、4 缸点火触发信号时，V_1 由导通转为截止，点火线圈 A 产生高压，使 1 缸和 4 缸两火花塞同时跳火；当气缸识别电路输出 2、3 缸点火触发信号时，V_2 由导通转为截止，点火线圈 B 产生高压，2 缸和 3 缸两火花塞同时跳火。

3. 点火线圈分配单独点火控制电路

点火线圈分配单独点火方式的电路原理如图 4-65 所示。

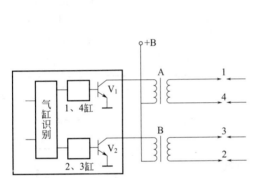 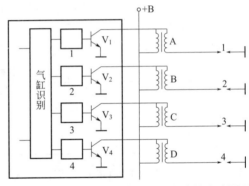

图 4-64　点火线圈分配同时点火方式的电路原理　　图 4-65　点火线圈分配单独点火方式的电路原理

单独点火方式无分电器点火系统每个气缸的火花塞均配有一个点火线圈，通常将点火线圈直接安装在火花塞的上方，因此可省去高压导线。气缸识别电路根据 ECU 的点火信号和气缸识别信号输出点火控制脉冲，按点火顺序轮流触发 V_1、V_2、V_3、V_4 导通和截止，控制各个点火线圈轮流产生高压，并将高压直接输送给与之连接的火花塞。

请注意：分电器和高压导线是汽油发动机的重要部件，但在一些汽油车上却已经看不到分电器了，千万不要误以为是柴油发动机。

4. 顺序点火信号的产生原理

顺序点火信号是指用来顺序触发点火线圈驱动电路工作，实现电子高压配电的点火触发信号脉冲。在不同的发动机上，产生顺序点火信号脉冲的具体方式可能不同，但基本原理相似。以图 4-66 所示的电子点火控制系统为例，说明电子高压配电的顺序点火信号的产生原理。

（1）点火定时信号 IG_t 的产生

曲轴位置信号 G_1、G_2 分别用于确定第 6 缸和第 1 缸上止点，转速信号 Ne 同时用于确定初始点火定时。工作时，ECU 以 G_1 或 G_2 信号后的第一个 Ne 信号定为第六缸或第一缸点火信号，之后每 4 个 Ne 信号波形产生一个点火定时信号 IG_t（图 4-67）。ECU 根据发动机的工况与状态等电信号对点火时间（IG_t 的相位）进行适当的调整，并向电子点火模块（ICM）输送点火定时信号 IG_t。

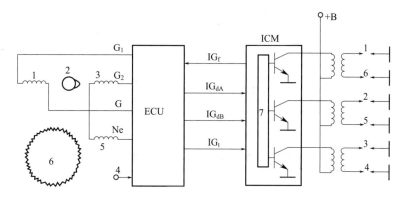

(a) 电子点火控制系统电路

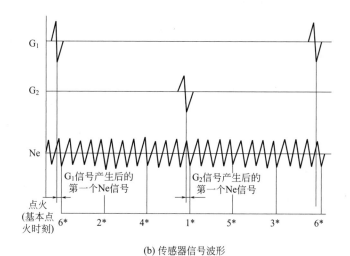

(b) 传感器信号波形

图 4-66　电子点火控制系统示例

1—G_1 线圈；2—G 转子；3—G_2 线圈；4—其他信号输入；5—Ne 线圈；6—Ne 转子；
7—气缸识别与晶体管驱动电路；ICM—电子点火模块

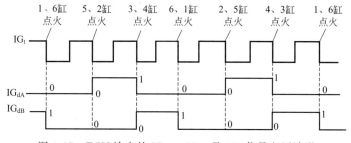

图 4-67　ECU 输出的 IG_{dA}　IG_{dB} 及 IG_t 信号电压波形

（2）气缸识别原理

ECU 根据曲轴位置传感器的 G_1、G_2 信号产生气缸识别信号 IG_{dA}　IG_{dB}，并向 ICM 输出。ICM 内的气缸识别电路具有表 4-3 所示的逻辑功能，在每一个点火定时波形 IG_t 下降沿时，气缸识别电路根据 IG_{dA} 和 IG_{dB} 的高、低电平情况，触发相应的开关三极管截止，使该三极管所连接的点火线圈初级绕组断电，次级绕组产生高压而使相应的两缸火花塞点火。

第四章　汽车发动机电子控制系统

表 4-3 气缸识别电路逻辑功能

气缸识别信号	点火的气缸		
	1、6	2、5	3、4
IG_{dA}	0	0	1
IG_{dB}	1	0	0

第四节 发动机怠速控制系统

一、发动机怠速控制系统的组成与控制原理

1. 发动机怠速控制系统的基本功能与控制原理

发动机怠速控制系统在发动机处于怠速工况时工作，其基本功能是实现发动机任何状态下的怠速稳定控制和高怠速控制。典型的怠速控制系统的基本组成与控制原理如图 4-68 所示。

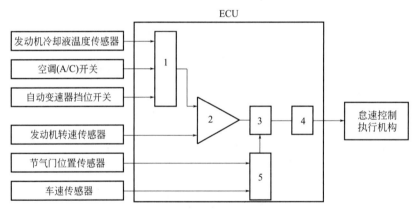

图 4-68 典型的怠速控制系统的基本组成与控制原理
1—目标转速存储单元；2—比较电路；3—控制量计算；4—驱动电路；5—怠速状态判断电路

与怠速控制系统相关的各个传感器和开关向电子控制器提供反映发动机温度、发动机转速、节气门开度、空调开关位置、自动变速器挡位等电信号。电子控制器中的程序存储器中储存有发动机各种状态下的最佳稳定怠速参数和相应的控制程序，当发动机处于怠速工况时，怠速控制系统便进入工作状态。控制器根据各传感器与开关的信号从目标转速存储单元 1 进行目标转速选定，根据怠速状态判断电路 5 进行怠速确认后，再通过比较电路 2 和计算模块的比较与计算，然后输出控制信号，通过控制怠速控制执行机构动作，将发动机怠速控制在目标范围之内。

2. 怠速稳定控制

当 ECU 根据节气门位置传感器的怠速信号而进入怠速控制程序时，ECU 就会根据发动机冷却液温度传感器的电信号判断发动机的温度，并选定当前的目标转速，通过与发动机当

前的转速进行比较后输出相应的控制信号。怠速稳定控制根据其控制的功效的不同,可分为最佳稳定怠速控制和快速暖机怠速控制两种。怠速稳定控制过程如图 4-69 所示。

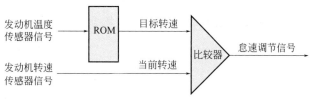

图 4-69　怠速稳定控制过程

（1）最佳稳定怠速控制

当 ECU 根据节气门位置传感器信号判断发动机已处于怠速工况时,就进入怠速控制程序。ECU 根据发动机冷却液温度传感器的电信号在 ROM 中寻得当前的目标转速,并与当前的发动机转速进行比较。如果发动机当前转速偏离了目标转速,ECU 便输出控制脉冲使怠速控制执行器动作,及时调整发动机转速,使发动机怠速稳定于目标转速。

（2）快速暖机怠速控制

当发动机在怠速工况运转,且还处于冷机状态（未达到正常工作温度）时,ECU 根据发动机冷却液温度传感器的电信号在 ROM 寻得的目标转速较高,因而怠速稳定控制的结果是使发动机在较高的转速下稳定运行,可使发动机迅速达到正常的工作温度。

3. 高怠速运行控制

高怠速运行控制可分发动机负荷高怠速控制和转速变化预见性高怠速控制两种情况。高怠速运行控制过程如图 4-70 所示。

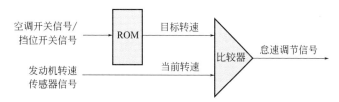

图 4-70　发动机高怠速控制过程

（1）发动机负荷高怠速控制

当发动机处于怠速工况,但需要发动机带动一定的负荷时,电子控制器就进入发动机负荷高怠速控制状态。在节气门处于关闭状态时,ECU 根据空调开关、蓄电池电压等信号判断是否需要进入发动机负荷高怠速控制。比如,在使用汽车空调、蓄电池亏电等情况下,ECU 根据节气门位置传感器、空调开关或蓄电池端电压等信号,输出怠速控制信号,使怠速控制执行器动作,将发动机的怠速调高至某一值,以保证空调系统在发动机怠速工况下能正常工作,或使发电机保持正常发电状态而及时向蓄电池补充电能。

（2）转速变化预见性高怠速控制

发动机处于怠速工况时,为避免发动机因所驱动的附加装置阻力矩突然增大而导致转速下降甚至熄火,ECU 会根据相关传感器的信号自动进入转速变化预见性高怠速控制。在节气门处于关闭状态时,ECU 根据自动变速器挡位开关、灯光继电器等信号判断是否需要进入转速变化预见性高怠速控制程序。比如,自动变速器挡位从 N 或 P 挡位挂上运行挡位或灯光继电器触点闭合时，ECU 就会输出控制信号，控制怠速控制执行器动作，预先调高发动机怠速，使发动机在负荷突然增加时仍能保持稳定的怠速。

二、发动机怠速控制系统主要部件的结构原理

1. 传感器

发动机怠速控制系统中的发动机转速传感器、发动机温度传感器、节气门位置传感器、车速传感器、挡位开关等均与汽油喷射控制系统、自动变速器电子控制系统等共用。

2. 执行器

怠速控制方式有节气门直动式和旁通空气式两种（图 4-71），目前汽车上广泛采用旁通空气式，控制器通过控制旁通空气电磁阀来实现怠速的控制。常见的怠速控制电磁阀有步进电机式、转动电磁阀式和开关电磁阀等几种。

（1）步进电机式怠速控制阀

步进电机式怠速控制阀主要由步进电动机、丝杆机构和空气阀等组成，如图 4-72 所示。

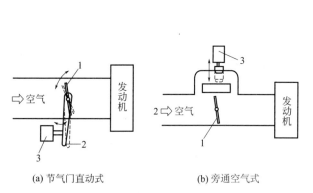

图 4-71 怠速进气量调节方式
1—节气门；2—节气门操纵臂；
3—怠速控制执行器

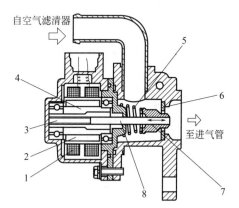

图 4-72 步进电机式怠速控制阀
1—定子绕组；2—定子铁芯；3—丝杆；
4—转子；5—弹簧；6—空气阀阀座；
7—空气阀；8—空气阀阀杆

步进电机的转子内圈固定着有内螺纹的套筒，与丝杆组成丝杆机构，丝杆右端与空气阀阀杆连为一体。步进电机转子的转动，会使丝杆做直线移动，与丝杆连为一体的阀杆则会带动空气阀左、右移动，使空气阀开启、关闭，或开启至某一开度。

（2）转动电磁阀式怠速控制阀

这类怠速控制阀有两种形式：一种是转子为永久磁铁，电磁线圈在定子上；另一种是定子为永久磁铁，两个电磁线圈绕在转子中。如图 4-73 所示的是转动电磁式怠速控制阀，转子中绕有两组绕组的转动电磁阀式怠速控制阀，转动电磁阀的转子轴下端连接旋转式空气阀。

当占空比控制脉冲电流通过电刷和导电片输入转子的两个绕组时，转动就会有与占空比相对应的转动，带动空气阀转动，使空气阀打开、关闭或转至某一开度。

（3）开关电磁阀式怠速控制阀

开关电磁阀式怠速控制阀与开度电磁阀式怠速控制阀的结构形式相似，如图 4-74 所示。开关电磁阀式电磁阀其空气阀只有开和关两种状态，即电磁线圈通电时，阀被打开；电磁线圈断电时，阀就关闭。

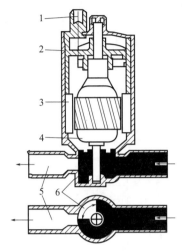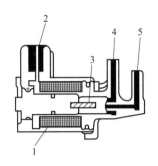

图 4-73　转动电磁式怠速控制阀
1—电路插接器；2—壳体；3—定子（永久磁铁）；
4—转子；5—附加空气通道；6—旋转阀

图 4-74　开关电磁阀式怠速控制阀
1—线圈；2—接线端子；3—阀芯；
4—来自空气滤清器；5—去进气管

三、发动机怠速控制系统电路

1. 步进电动机式怠速控制阀电路

步进电动机式怠速控制阀电路如图 4-75 所示。

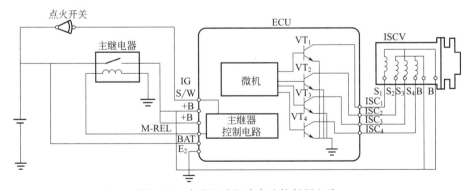

图 4-75　步进电动机式怠速控制阀电路

（1）电路特点

步进电动机式怠速控制阀有 4 个控制端子，ECU 用 4 个驱动电路，通过 ISC_1、ISC_2、ISC_3、ISC_4 这 4 个控制端子控制步进电机转动。

请注意：ECU 内设有主继电器控制电路，使 ECU 有延时断电功能。当点火开关关断时，使 ECU 继续通电 2s，以使 ECU 能完成怠速控制电磁阀起动初始位置的设定，控制步进电动机转动至空气阀开启最大位置，为下次起动做好准备。

（2）工作原理

电子控制器 ECU 根据节气门位置传感器、发动机转速传感器、发动机冷却液温度传感器、空调开关、自动变速器挡位开关等所提供的电信号进行怠速控制。当需要调整怠速时，ECU 输出控制信号，通过其内部的步进电动机驱动电路产生步进电动机转动控制脉冲，使步进电动机转动相应的步数，驱动转动电磁阀转动相应的角度，将空气阀调整至适当的开度。

2. 旋转电磁阀式怠速控制阀电路

旋转电磁阀式怠速控制阀电路如图 4-76 所示。

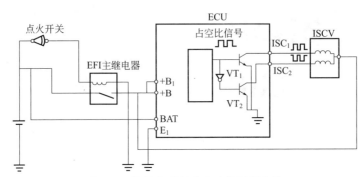

图 4-76　旋转电磁阀式怠速控制阀电路

（1）电路特点

旋转电磁阀有两个控制端子，分别受控于 ECU 的两个怠速控制端 ISC_1、ISC_2；ECU 从 ISC_1、ISC_2 端子输出频率相同但相位相反的脉冲电压，控制旋转电磁阀的转动；无论电磁线圈在定子上还是在转子上，两种旋转电磁阀的控制电路都相同。电源端子连接主继电器，在主继电器触点闭合时电磁阀电源被接通。

（2）工作原理

当 ECU 根据相关传感器及开关电信号确定需要调整怠速时，便输出相应的占空比控制信号，并经驱动电路（反相器及 VT_1、VT_2）输出同频反相的电磁阀控制脉冲 ISC_1、ISC_2，控制两个电磁线圈的通电时间，使电磁阀转子做相应的转动，以控制空气阀的开与关。

3. 开关电磁阀式怠速控制系统电路

开关电磁阀式怠速控制系统电路如图 4-77 所示。

（1）电路特点

开关电磁阀式怠速控制阀只有一个控制端子，由 ECU 的 V-ISC 端子控制，其控制电路较为简单。

（2）控制方式

开关电磁阀式怠速控制电路有占空比控制方式和开关控制方式两种。

① 占空比控制方式。ECU 输出频率固定，但占空比变化的怠速控制信号，通过控制电磁阀的开闭的比率来调节怠速辅助空气通道的空气流量，实现发动机怠速的控制。

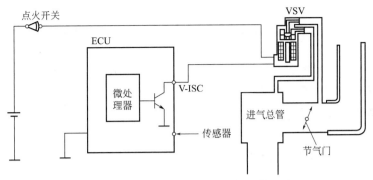

图 4-77 开关电磁阀式怠速控制系统电路

占空比控制方式是现代汽车上广泛采用的开关电磁阀控制方式，比如，自动变速器电子控制系统中的油压调节电磁阀、变矩器锁止离合器控制电磁阀都是此种控制方式。

② 开关控制方式。ECU 输出的控制信号只有高电平和低电平两种状态，控制电磁阀的通断电。因此，开关控制方式的电磁阀式怠速控制阀只有打开（高怠速）和关闭（正常怠速）两种工作状态。

第五节 汽车排放控制系统

一、汽车排放控制系统概述

1. 汽车排放控制的作用

汽车对大气的污染主要源自发动机排出的废气，三种有害排放物 CO、NO_x 和约占 60% 的 HC 都是由发动机排气管排出的。另外约 40% 的 HC 排放，由曲轴箱气体和燃油箱燃油蒸气各约占 20%。

对汽车排放进行控制，就是通过改善燃烧、降低燃烧温度、曲轴箱气体和燃油蒸气封闭循环、排气管废气净化等手段，使汽车对大气的污染减小到最低的限度。

2. 汽车排放控制的分类

汽油发动机的汽油喷射控制系统、电子点火控制系统及发动机怠速控制系统等电子控制装置的作用不仅是提高发动机的动力性、经济性及工作稳定性，对排气污染的控制也都起到了至关重要的作用。因此，笼统地讲，汽油喷射控制、点火提前角控制及发动机怠速控制也可归为汽车排放控制范畴。为使汽车排放控制能达到更高的要求，汽车上还采用了其他专门的汽车排放控制装置，这些汽车排放控制装置种类较多，根据控制的方式不同，可将它们分为机内净化、机外净化和污染源封闭循环净化三类。

（1）机内净化

从进气系统入手，通过改善混合气的质量，使燃烧产生的有害成分降低。这一类的排放控制装置有：进气温度自动控制装置、废气再循环控制装置、混合比加浓式减速废气净化装置、进气歧管真空度控制阀等。

（2）机外净化

对发动机排出的废气进行再净化处理，将废气中所含的 CO、HC 和 NO_x 等有害气体转化为无害的水（H_2O）、二氧化碳（CO_2）和氮（N_2）等气体。这一类的排放控制装置有：热反应器、氧化催化剂转换器、三元催化转换器、二次空气供给装置等。目前广泛使用的发动机废气净化装置是三元催化转换装置。

（3）污染源封闭循环净化

对曲轴箱气体及燃油箱燃油蒸气等 HC 排放源实施封闭化处理，以阻断向空气排放 HC。这类控制装置有：曲轴箱强制通风装置、活性炭罐通气量控制装置等。

二、废气再循环控制系统的基本组成与控制原理

1. 废气再循环控制的作用

在其他条件相同时，发动机的燃烧温度越高，燃烧后产生的 NO_x 就越多。废气再循环（Exhaust Gas Recirculation，EGR）的作用是将发动机排出的部分废气引入进气管，与新鲜空气混合后进入气缸，利用废气中所含有大量 CO_2 不参与燃烧却能吸收热量的特点，降低燃烧温度，以减少 NO_x 的排放。

废气再循环量过多，会导致混合气的着火性变差，造成发动机的油耗上升，动力性下降，HC 排放量上升。因此，必须对废气的引入量进行控制。废气再循环电子控制的作用是在保证发动机正常工作的前提下，最大限度地抑制 NO_x 的排放量。

请注意： 发动机在燃烧温度较低（启动、怠速和低负荷等工况）时，即使不引入废气，NO_x 也不会超量，如果引入废气，则会严重影响混合气的质量。因此，发动机在这种工况与状态下，必须控制废气再循环量为 0，以确保发动机的可靠运行。

2. 废气再循环电子控制系统的基本组成与控制原理

废气再循环电子控制系统的组成与控制原理如图 4-78 所示。

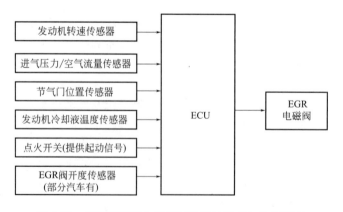

图 4-78 废气再循环电子控制系统的组成与控制原理

废气再循环 ECU 根据各传感器的信号判断发动机的工况与状态，以确定是否需要废气再循环或循环流量的大小，并输出占空比可变的控制信号，通过控制 EGR 电磁阀电磁线圈的通断电比率来调节 EGR 阀的开度，以实现最佳的 EGR 率控制。

3. 废气再循环系统控制过程

废气再循环 ECU 根据各传感器的信号判断发动机工况与状态，以确定是否需要废气再循环或废气循环流量的大小，并通过输出占空比可变的控制脉冲来控制 EGR 电磁阀的动作，以控制 EGR 阀的开度，实现最佳的 EGR 率控制。

在 EGR 电子控制系统的存储器中储存在各种试验工况下的最佳废气环流量值（通常以电磁阀占空比参数的方式储存）。ECU 根据发动机转速与发动机负荷（空气流量或进气压力）传感器的信号，通过查寻（试验工况电磁阀占空比参数）与插值计算的方式得到当前工况下最佳的 EGR 电磁阀占空比值，并输出相应的占空比脉冲信号，将废气再循环流量控制在最佳值。

有的 EGR 电子控制系统通过 EGR 阀开度传感器反馈 EGR 阀开度信息，相应地在 ECU 的存储器中储存的是发动机各工况下的 EGR 阀开度参数。工作时，ECU 根据发动机转速与发动机负荷（空气流量或进气压力）传感器的信号查找并计算得到最佳的 EGR 阀开度，并与当前 EGR 阀开度比较。如果不相等，ECU 将调整占空比控制脉冲，将 EGR 阀的开度调整至最佳状态。

为确保发动机正常工作，在如下情况下，电子控制器使废气再循环的流量为 0。

① 当发动机转速低于 900r/min 或高于 3200r/min 时（高低限值因车型而不同），ECU 输出控制信号，使发动机停止废气再循环。

② 在发动机处于低温度状态时，ECU 也输出控制信号，不进行废气再循环。

③ 当发动机处于怠速工况时，ECU 输出控制信号，不进行废气再循环。

④ 在启动发动机时，ECU 输出控制信号，不进行废气再循环。

三、炭罐通气量控制系统的基本组成与控制原理

1. 炭罐通气量控制的作用

现代汽车上都设有活性炭罐，其作用是将汽油箱中的汽油蒸气收集于炭罐中，并在发动机工作时，通过进气管的真空吸力使空气流经炭罐，将炭罐中活性炭吸附的汽油蒸气送入进气管参与燃烧，以免汽油箱中的汽油蒸气直接排放到大气中而造成空气污染。

要使炭罐能随时收集汽油箱中的汽油蒸气，就必须将炭罐中活性炭所吸附的汽油蒸气及时地"驱走"，同时，携带炭罐汽油蒸气的这部分气体进入进气管后，不应对发动机的正常工作造成负面影响。炭罐通气量控制的作用就是及时地将炭罐中的汽油蒸气送入进气管，以确保炭罐能持续地起作用，同时不影响发动机的正常工作。

2. 炭罐通气量电子控制系统基本组成与控制原理

炭罐通气量电子控制系统的组成与控制原理如图 4-79 所示。

ECU 根据各传感器的信号判断发动机工况与状态，以确定是否需要通气或通气量的大小，并输出占空比可变的控制脉冲，通过控制通气电磁阀的占空比来调节炭罐通气阀的开度，以及时驱走炭罐中的汽油蒸气，并确保发动机正常工作。

3. 炭罐通气量的控制过程

（1）发动机转速变化时的炭罐通气量控制

当发动机在高转速时，ECU 输出控制脉冲使炭罐通气阀开度加大，以增加炭罐通气量，使炭罐中的汽油蒸气能及时净化掉。当发动机不工作（无转速信号）时，ECU 使炭罐通气

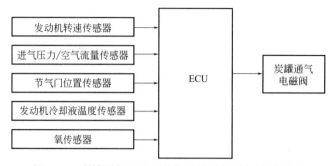

图 4-79　炭罐通气量电子控制系统的组成与控制原理

阀关闭，炭罐无空气流通。

（2）发动机负荷变化时的炭罐通气量控制

当发动机负荷大时，ECU 输出控制脉冲使炭罐通气阀开度加大，用较大的通气量将炭罐中的汽油蒸气及时净化掉。当发动机处于怠速工况时，ECU 输出的控制脉冲使炭罐通气量减少，以免过多的通气量造成混合气过稀而使发动机怠速不稳甚至熄火。

（3）发动机温度低时的炭罐通气量控制

当发动机温度低于 60℃时，炭罐通气阀完全关闭，使炭罐无空气流通，以避免影响低温下的发动机正常运转。

（4）空燃比回馈炭罐通气量控制

ECU 根据氧传感器信号判断混合气空燃比状态。当氧传感器输出混合气过浓或过稀的电信号时，ECU 输出控制脉冲，及时调整炭罐通气阀的开度，以避免混合气过浓或过稀。

四、汽车排放控制系统主要部件的结构原理

1. 电子控制废气再循环系统的组成部件

典型的电子控制 EGR 系统如图 4-80 所示。

（1）EGR 阀

EGR 阀（参见图 4-80）内部膜片的下侧通大气，装有弹簧的另一侧为真空室，其真空度由 EGR 电磁阀控制。增大真空室的真空度，使膜片克服弹簧力上拱，阀的开度增大，废气环流量增加。失去真空度时，膜片在弹簧力的作用下向下拱而使阀关闭，阻断废气环流。

安装有 EGR 阀开度传感器的 EGR 阀如图 4-81 所示。EGR 阀开度传感器一般为电位计式传感器，其测量杆与 EGR 阀的膜片相连接，EGR 阀开度变化时，通过膜片带动测量杆移动，使电位计输出相应的电信号。

（2）EGR 电磁阀

① EGR 电磁阀的结构特点。EGR 电磁阀的结构如图 4-82 所示。EGR 电磁阀是一个二位三通电磁阀，有三个通气口，EGR 电磁阀不通电时，弹簧将阀体向上压紧，通大气阀口被关闭，这时 EGR 电磁阀使进气管与 EGR 阀真空室相通；当 EGR 电磁阀线圈通电时，产生的电磁力使阀体下移，阀体下端将通进气管的真空通道关闭，而上端的通大气阀口打开，于是就使 EGR 阀的真空室与大气相通。

② EGR 电磁阀的工作原理。EGR 电磁阀具体的工作情况如下。

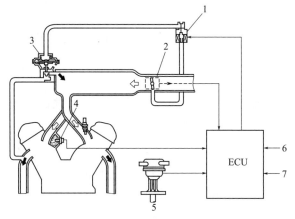
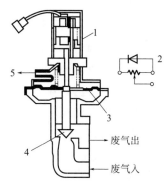

图4-80 典型的电子控制EGR系统
1—EGR电磁阀；2—节气门位置传感器；3—EGR阀；
4—冷却液温度传感器；5—发动机转速与曲轴位置
传感器；6—启动信号；7—发动机负荷信号

图4-81 安装有EGR阀开度传感器的EGR阀
1—EGR阀开度传感器；2—EGR阀开度传感器
电路；3—膜片；4—阀体；
5—接EGR电磁阀

当需要增大废气再循环流量时，ECU输出的占空比减小，EGR电磁阀相对的通电时间减小，EGR阀真空室通进气管的相对时间增大，其真空度增大而使EGR阀开度增大，废气再循环流量相应增加。

当ECU输出占空比为0的信号（持续低电平）时，EGR电磁阀断电，这时，EGR阀真空室与进气管持续相通，其真空度达到最大（直接取决于进气管的真空度），EGR阀的开度最大，废气的再循环流量也达到最大。

当不需要废气再循环时，ECU输出占空比为100%的信号（持续高电平），使EGR电磁阀常通电，EGR阀真空室与大气常通，EGR阀关闭，阻断了废气再循环。

2. 炭罐通气量控制系统的组成

炭罐通气量控制系统如图4-83所示。

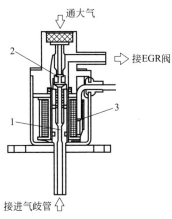
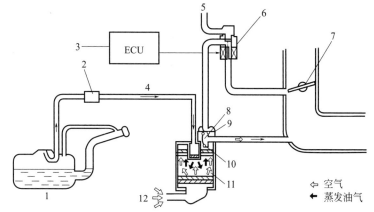

图4-82 EGR电磁阀的结构
1—空气通道；2—阀体；
3—电磁阀线圈

图4-83 炭罐通气量控制系统
1—燃油箱；2—传感器信号；3—单向阀；4—通气管路；5—接进气缓冲器；
6—炭罐通气电磁阀；7—节气门；8—主通气口；9—炭罐通气阀；
10—定量通气小孔；11—炭罐；12—新鲜空气

(1)炭罐

炭罐中装有活性炭，活性炭可吸附汽油箱中的汽油蒸气，但这种吸附力不强，当有空气流过时，蒸气分子又会脱离，随空气一起进入进气歧管。

(2)炭罐通气阀

炭罐通气阀（参见图 4-83）内部膜片的上部为真空室，其真空度由炭罐通气电磁阀控制。当真空度增大时，阀膜片向上拱，主通气口通气量增加。

(3)炭罐通气电磁阀

炭罐通气电磁阀也是一个二位三通电磁阀，其结构与工作原理与 EGR 电磁阀相似（参见图 4-82）。炭罐通气电磁阀的作用是根据 ECU 输出的占空比控制脉冲工作，调整炭罐通气阀真空室的真空度，以控制通气阀的开度。

在一些汽车上其炭罐通气电磁阀采用了二位二通式开关电磁阀，由电磁阀直接控制炭罐的通气量。二位二通式炭罐通气量控制电磁阀只有两个二通气口，其结构和工作原理与开关电磁阀式怠速控制阀相似，ECU 也是通过占空比控制信号来控制，控制的是电磁阀的开关比率，以实现炭罐通气量的控制。

第六节　发动机电子控制系统电路分析与 ECU 故障检测

本节以丰田皇冠轿车上使用的 2JZ-GE 型发动机电子控制系统为典型实例，分析发动机电子控制系统电路的特点及电路原理，并在此基础上探讨发动机 ECU 的故障检修方法。

一、发动机电子控制系统电路分析

汽油喷射控制、点火控制、怠速控制、炭罐通气量控制等电子控制功能在现代汽车发动机电子控制系统中已基本普及，发动机的其他控制功能的配置与否则因对汽车性能要求的不同而有所不同。丰田汽车 2JZ-GE 型发动机电子控制系统的组成如图 4-84 所示。

1. 发动机电子控制系统的构成特点分析

2JZ-GE 型发动机电子控制系统除了汽油喷射控制、点火时间控制、怠速控制等在现代汽车发动机电子控制系统中已普及的控制系统之外，其构成还有如下特点。

① 发动机 ECU 与自动变速器合二为一。发动机电子控制系统 ECU 和自动变速器控制系统 ECU 合二为一，因而也称其为"动力控制系统"；发动机 ECU 还与汽车巡航控制 ECU 进行信息交流，可形成发动机运转与汽车巡航的协调控制。

② 设有进气谐波增压控制。增设了进气谐波增压控制装置，通过谐波增压控制，用以提高发动机的充气效率。

③ 增设了燃油泵 ECU。燃油泵 ECU 用于控制燃油泵的工作状态，使燃油泵的转速在发动机转速变化时也随之改变。

④ 机械式的燃油蒸发排放控制。燃油箱内汽油蒸发排放控制采用机械方式，直接利用节气门处的真空度来控制膜片式通气阀的开度，以使活性炭罐的通气量满足发动机工况变化的需要。

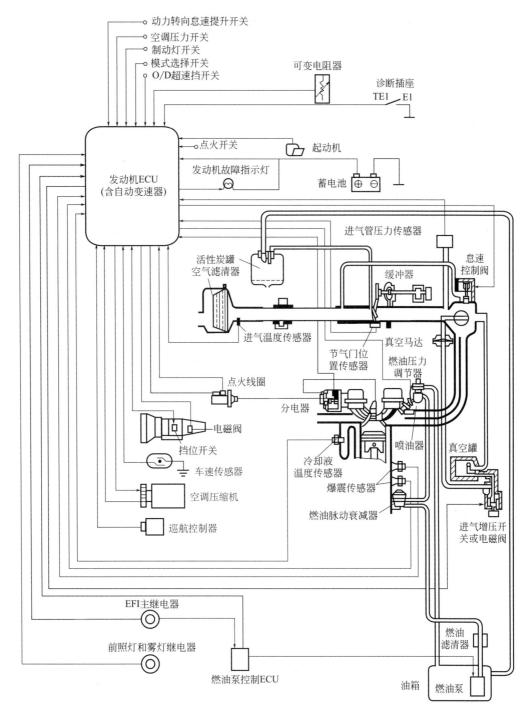

图 4-84 丰田汽车 2JZ-GE 型发动机电子控制系统的组成

请注意：这种机械式的燃油蒸发排放控制系统在现代汽车电喷发动机上已很少应用。

⑤ 设有节气门关闭缓冲器。节气门关闭缓冲器的作用是减缓驾驶员突然松开加速踏板时节气门关闭的速度，以避免节气门突然关闭而使发动机转速突然下降，导致汽车冲击和发动机熄火，同时也避免因进气突然减少而使发动机缸内燃烧条件恶化，导致减速时排气污染增大。

第四章 汽车发动机电子控制系统 133

2. 丰田 2JZ-GE 型发动机电子控制系统的电路分析

丰田 2JZ-GE 型发动机电子控制系统电路原理如图 4-85 所示。

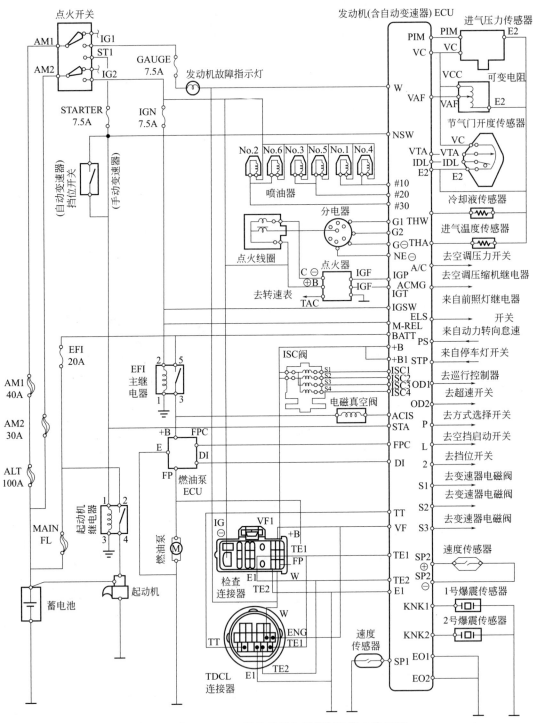

图 4-85 丰田 2JZ-GE 型发动机电子控制系统电路原理

① 发动机电子控制器电源电路。丰田 2JZ-GE 型发动机电子控制系统电源电路原理如

图 4-86 所示。发动机 ECU 有一个常接电源（BAT），用于向 ECU 内的有关元件（如储存故障码的 RAM 存储器）提供不间断电源（在点火开关 OFF 时也通电）。ECU 的主电源（+B1、+B）由 EFI 主继电器触点来通断，该主电源控制电路具有延时关断功能。与电源电路相关的发动机 ECU 各端子功能如表 4-4 所示。

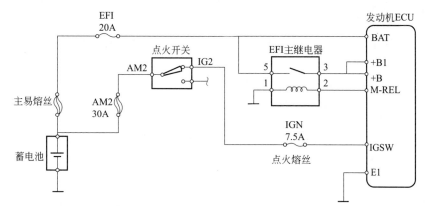

图 4-86　丰田 2JZ-GE 型发动机电子控制系统电源电路原理

表 4-4　与电源电路相关的发动机 ECU 各端子功能

端子名称	端子功能	有效的形式
BAT	使储存故障信息的 RAM 在点火开关 OFF 时不断电	持续保持蓄电池电压
+B1/+B	发动机 ECU 的主电源端子	点火开关 ON 时保持蓄电池电压
M-REL	用于发动机 ECU 主电源的延时控制,其内部连接延时控制电路,在点火开关 OFF 时刻,延时电路使 M-REL 端子继续保持高电平 2s	点火开关 ON 时输出 12V 电压；在点火开关 OFF 时 2s 后转为 0V
IGSW	向发动机 ECU 提供点火开关通/断信号	在点火开关 ON/OFF 时为 12V/0V
E1	发动机 ECU 的接地端子	持续保持 0V

② 燃油泵工作状态控制电路。丰田 2JZ-GE 型发动机燃油泵工作状态控制电路原理如图 4-87 所示。该控制电路通过燃油泵控制 ECU 控制燃油泵的转速，使燃油泵的泵油量与发动机的转速及负荷相适应，其控制原理如下。

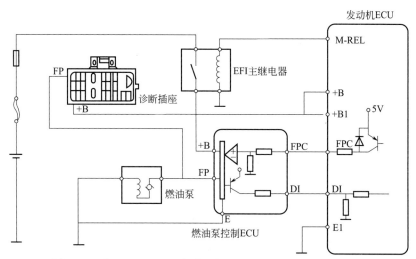

图 4-87　丰田 2JZ-GE 型发动机燃油泵工作状态控制电路原理

当发动机在启动、高转速或大负荷工况时，发动机 ECU 便会向燃油泵控制 ECU 的 FPC 端子输出一个高电位信号。燃油泵控制 ECU 得到此控制信号后，从 FP 端子输出一个较高的电压（约为蓄电池电压），使燃油泵高速运转。

当发动机处于怠速工况时，发动机 ECU 向燃油泵控制 ECU 的 FPC 端子输出一个低电位信号。这时，燃油泵控制 ECU 的 FP 端子输出一个较低的电压（约 9V），燃油泵就会在较低的转速下工作。

丰田 2JZ-GE 型发动机燃油泵工作状态控制电路相关的发动机 ECU 端子功能说明如下。

M-REL、+B/+B1、E1 各端子的功能参见表 4-4。

FPC 端子用于控制燃油泵的工作状态，工作方式如下。

在发动机不转时，无论点火开关处于 ON 或 OFF，FPC 端子都不输出电压信号，燃油泵 ECU 的 FP 为低电平，燃油泵不转。

当有发动机转速信号输入发动机 ECU 时，FPC 端子就有电压输出，在启动或发动机怠速工况时，发动机 ECU 控制 FPC 端子输出较低的电压，使燃油泵控制 ECU 的 FP 端输出 9V 电压，使燃油泵低速运转。

当有高转速信号或大负荷信号输入发动机 ECU 时，FPC 输出较高的电压，使燃油泵控制 ECU 的 FP 端输出 12V 电压，使燃油泵高速运转。

DI 端子为燃油泵 ECU 的反馈信号接收端子，用于检测燃油泵的工作状态，工作方式是：在发动机工作时，燃油泵 ECU 通过其 DI 端子向发动机 ECU 输出反馈信号，用于对燃油泵工作状态的故障诊断。

③ 谐波进气增压控制电路。丰田 2JZ-GE 型发动机谐波进气增压控制电路原理如图 4-88 所示。

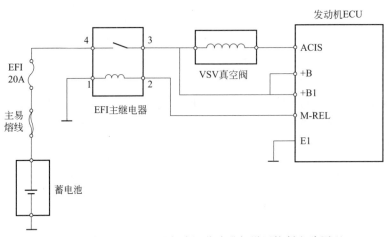

图 4-88　丰田 2JZ-GE 型发动机谐波进气增压控制电路原理

EFI 主继电器触点闭合时，谐波进气增压控制装置的真空电磁阀（VSV）接通电源，由 ECU 的 ACIS 端子控制开关式真空电磁阀线圈的通断电。

丰田 2JZ-GE 型发动机谐波进气增压控制电路相关的发动机 ECU 端子功能说明如下。

M-REL、+B/+B1、E1 各端子的功能参见表 4-4。

ACIS 端子用于控制进气增压控制电磁阀（VSV 真空阀），ACIS 端子内部由开关三极管的导通与截止控制其与 E1 的通断，其工作状态如下。

在发动机处于低速范围时，ACIS 端子为高电位（内部三极管截止），VSV 真空阀线圈不通电，VSV 真空阀处于关闭状态。

当发动机的转速达到或超过了高限值时，ACIS 端子为低电位（内部三极管饱和导通，与 E1 连接），VSV 真空阀线圈通电，VSV 真空阀打开。

④ 点火控制电路。该点火系统有分电器，点火电路的主要组成部件及电路原理如图 4-89 所示。

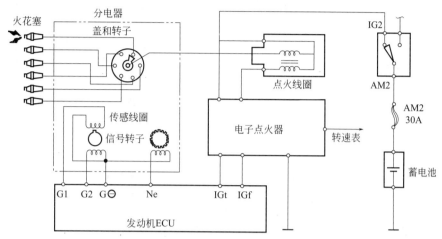

图 4-89　点火电路的主要组成部件及电路原理

当点火开关在点火挡时，电子点火器接通电源。工作时，分电器内的发动机转速与曲轴位置传感器所产生的 Ne、G1、G2 信号输入发动机 ECU，ECU 根据 Ne、G1、G2 信号及其他相关传感器输入的信号产生点火定时控制信号 IGt，并输送给电子点火器。电子点火器在 IGt 控制信号的触发下工作，适时地通断点火线圈初级电流，使点火线圈次级产生高压，并通过配电器将高压分配至各缸火花塞。

电子点火器根据点火线圈初级绕组的工作电压振荡波产生脉冲信号 IGf，并反馈给发动机 ECU，ECU 根据 IGf 信号判断点火系统工作正常与否。

丰田 2JZ-GE 型发动机点火控制电路相关的发动机 ECU 端子功能说明如表 4-5 所示。

表 4-5　丰田 2JZ-GE 型发动机点火控制电路相关的发动机 ECU 各端子功能说明

端子名称	端子功能	有效的形式
G1/G2	发动机曲轴位置传感器信号接收端子，信号供发动机 ECU 判别 1/6 缸上止点位置	发动机曲轴转两圈，G1 和 G2 各接收一个交变脉冲信号，两脉冲的相位差为 720°
G⊖	发动机转速与曲轴位置传感器信号的接地端子	在发动机内部与 E1 端子相通
IGt	发动机转速传感器信号接收端子，信号供发动机 ECU 计算发动机的转速和产生点火触发信号 IGt	发动机曲轴转两圈，Ne 接收 24 个交变电压脉冲信号
IGf	电子点火器反馈信号接收端子，信号供发动机 ECU 监控电子点火系统工作状态	在发动机工作时，接收到一个周期随着发动机转速变化的矩形波脉冲

⑤ 喷油器控制电路。丰田 2JZ-GE 型发动机汽油喷射系统采用高电阻型喷油器、电压驱动分组同时喷射方式，喷油器控制电路原理如图 4-90 所示。

6 个缸的喷油器分为 3 组，分别由 ECU 的♯10、♯20、♯30 端子控制，通过发动机 ECU 形成分组同时喷油工作方式。

接通点火开关（点火挡）后，喷油器连通蓄电池，ECU 通过♯10、♯20、♯30 端子控制各喷油器电磁线圈的通断电，实现喷油量的控制。

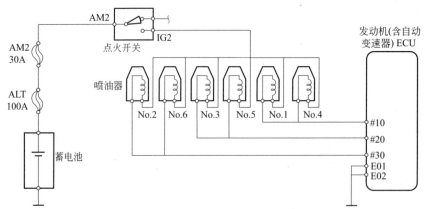

图 4-90 喷油器控制电路原理

丰田 2JZ-GE 型发动机喷油器控制电路相关的发动机 ECU 各端子功能说明如下。

♯10、♯20、♯30 端子的功能与工作方式相同，在发动机 ECU 内部均通过三极管的导通与截止控制其与搭铁端子 E01 和 E02 的通断。以 ♯10 为例：

a. 当无喷油控制脉冲时，其内部的三极管截止，♯10 端为 12V 电压；

b. 当喷油控制脉冲到来时，三极管导通，♯10 端为低电平（与 E01 和 E02 相通），其所控制的喷油器 No.1 和 No.4 线圈通电，喷油器阀打开喷油。

⑥ 发动机怠速控制电路。丰田 2JZ-GE 型发动机采用步进电动机式怠速控制阀，其怠速控制电路原理如图 4-91 所示。

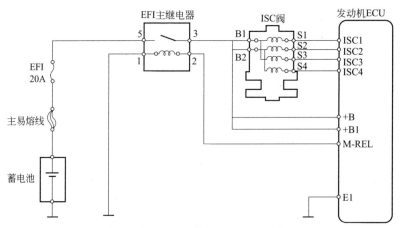

图 4-91 发动机怠速控制电路原理

EFI 主继电器触点闭合时，怠速控制阀的电源端子 B1 和 B2 与电源连接。发动机 ECU 的 ISC1、ISC2、ISC3 及 ISC4 分别控制怠速控制阀 4 个线圈的通断电。当需要怠速控制阀动作时，ECU 向 4 个怠速控制端子输出控制脉冲，使怠速控制阀的 4 个线圈按顺序通断电，就可使怠速控制阀打开或关闭。ECU 通过输出控制脉冲数来控制怠速控制阀开启程度。

丰田 2JZ-GE 型发动机怠速控制电路相关的发动机 ECU 各端子的功能说明如下。

M-REL、＋B/＋B1、E1 各端子的功能参见表 4-4。

ISC1、ISC2、ISC3 及 ISC4 的功能与工作方式相同，在发动机 ECU 内部均通过三极管的导通与截止控制其与搭铁端子 E1 的通断。以 ISC1 端子为例：

a. 当需要 ISC1 端子所控制的步进电动机定子绕组通电时，其内部的三极管从截止变为导通，ISC1 端子的电压从 12V 转为低电平（与 E1 相通），其所控制的步进电动机定子绕组通电；

b. 当点火开关从 ON 位置关断时，发动机 ECU 的 M-REL 端子在其内部延时电路的控制下继续保持 12V 电压 2s，使 EFI 主继电器延时关断，+B/+B1 继续通电 2s，发动机 ECU 通过这 2s 的延时完成怠速控制阀开启到最大设置，以利于下次发动机的启动。

⑦ 怠速混合气浓度调节电路。怠速混合气浓度调节电路实际上是一个可变电阻器，其电路原理如图 4-92 所示。

旋动怠速混合气浓度调节螺钉，可改变 ECU 的 VAF 端子电压，ECU 根据此电压变化改变发动机怠速时的混合气浓度，用以控制发动机怠速时的 CO 排放量。

怠速混合气浓度调节电路相关的发动机 ECU 各端子功能说明如下。

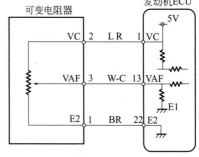

图 4-92 怠速混合气浓度调节电路原理

VC 端子是怠速混合气浓度调节电路（可变电阻器）的电源端子，当点火开关 ON 时，VC 端子输出 5V 电压。

VAF 是怠速混合气浓度调节的信号输入端子；E2 在发动机 ECU 内部连接搭铁，外部连接可变电阻，给其提供搭铁通路。

二、发动机电子控制系统 ECU 故障检测

1. 发动机 ECU 各端子的排列及连接说明

丰田 2JZ-GE 型发动机 ECU 插接器端子排列如图 4-93 所示，各端子的连接说明如表 4-6 所示。

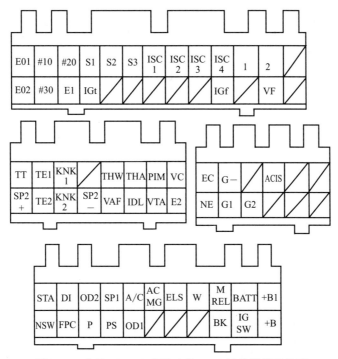

图 4-93 丰田 2JZ-GE 型发动机 ECU 插接器端子排列

表 4-6　各端子的连接说明

端子代号	连接部件	功能说明	端子代号	连接部件	功能说明
E01	电源接地	—	PIM	进气压力传感器	信号输入
E02	电源接地	—	VTA	节气门位置传感器	信号输入
♯10	喷油器	控制端子	VC	节气门位置传感器	传感器电源
♯30	喷油器	控制端子	E2	传感器接地	—
♯20	喷油器	控制端子	EC	ECU 盒接地	—
E1	ECU 搭铁	—	NE	分电器 Ne 信号	信号输入
*S1	自动变速器电磁阀	控制端子	G—	分电器 G 信号接地	信号输入
IGt	电子点火器	控制端子	G1	分电器 G1 信号	信号输入
*S2	自动变速器电磁阀	控制端子	G2	分电器 G2 信号	信号输入
*S3	自动变速器电磁阀	控制端子	ACIS	谐波增压进气控制阀	控制端子
ISC1	急速控制阀	控制端子	STA	启动开关	信号输入
ISC2	急速控制阀	控制端子	NSW	空挡启动开关	信号输入
ISC3	急速控制阀	控制端子	DI	燃油泵 ECU	信号输入
ISC4	急速控制阀	控制端子	FPC	燃油泵 ECU	控制端子
IGf	电子点火器	信号反馈	*OD2	超速挡开关	信号输入
*1	挡位开关	信号输入	*P	选挡开关	控制端子
*2	挡位开关	信号输入	SP1	1 号速度传感器	信号输入
VF	检查连接器接头	检测端子	PS	动力转向液压开关	信号输入
*TT	TDCL 连接器接头	检测端子	A/C	空调放大器	控制端子
SP2+	2 号速度传感器正极	信号输入	*OD1	巡航控制 ECU	信号输入
TE1	检查连接器接头	检测端子	ACMG	空调压缩机继电器	控制端子
TE2	故障指示灯接头	检测端子	ELS	尾灯和雾灯继电器	信号输入
KNK1	1 号爆震传感器	信号输入	W	发动机故障指示灯	控制端子
KNK2	2 号爆震传感器	信号输入	M-REL	EFI 主继电器	控制端子
SP2—	2 号速度传感器负极	信号输入	BK	制动灯开关	信号输入
THW	冷却液温度传感器	信号输入	BATT	蓄电池	电源端子
VAF	可变电阻	信号输入	IGSW	点火开关	信号输入
THA	进气温度传感器	信号输入	+B1	EFI 主继电器	电源端子
IDL	节气门位置传感器	信号输入	+B	EFI 主继电器	电源端子

注：*表示自动变速器用。

2. 发动机 ECU 各端子电压的检测

通过发动机 ECU 插接器有关端子电压的检测，可确定相关电路及部件故障与否。在插接器连接状态下，在插接器线束侧插入电压表表针（图 4-94）。

丰田 2JZ-GE 型发动机 ECU 各端子电压检测方法及检测异常可能的故障部位如表 4-7 所示。

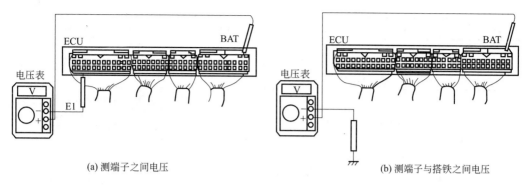

(a) 测端子之间电压　　　　　　　　　(b) 测端子与搭铁之间电压

图 4-94　ECU 插接器有关端子电压检测方法

表 4-7　丰田 2JZ-GE 型发动机 ECU 各端子电压检测方法及检测异常可能的故障部位

检测端子	检测状态	正常电压	电压异常可能的故障部位
BATT-E1	—	蓄电池电压	①相关的易熔线和熔断器 ②BATT 端子至蓄电池的线路 ③ECU 接地或 ECU
IGSW-E1	点火开关在"ON"位	蓄电池电压	①相关的易熔线和熔断器 ②IGSW 端子至蓄电池的线路 ③点火开关 ④ECU 接地或 ECU
M-REL-E1	点火开关在"ON"位	蓄电池电压	①M-REL 端子至 EFI 主继电器线路 ②EFI 主继电器 ③ECU 接地或 ECU
＋B-E1 ＋B1-E1	点火开关在"ON"位	蓄电池电压	①相关的易熔线和熔断器 ②EFI 主继电器或其连接线路 ③ECU 接地或 ECU
VC-E2	点火开关在"ON"位	4.0～5.5V	①＋B 端子电压 ②节气门位置传感器或其连接线路 ③ECU 接地或 ECU
IDL-E2	点开关在"ON"位,节气门打开	蓄电池电压	①＋B 端子电压 ②节气门位置传感器或其连接线路 ③ECU 接地或 ECU
VTA-E2	点火开关在"ON"位,节气门关闭	0.3～0.8V	①VC 端子电压 ②节气门位置传感器或其连接线路 ③ECU 接地或 ECU
	点火开关在"ON"位,节气门全开	3.2～4.9V	
PIM-E2	点火开关在"ON"位	3.3～3.9V	①VC 端子电压 ②进气压力传感器或其连接线路 ③ECU 接地或 ECU
♯10-E01 ♯20-E01 ♯30-E01	点火开关在"ON"位	蓄电池电压	①相关的易熔线和熔断器 ②喷油器或其连接线路 ③点火开关 ④ECU 接地或 ECU
THA-E2	点火开关 ON,进气温度 20℃	0.5～3.4V	①＋B 端子电压 ②进气温度传感器或其连接线路 ③ECU 接地或 ECU

续表

检测端子	检测状态	正常电压	电压异常可能的故障部位
THW-E2	点火开关ON,冷却液温度80℃	0.2~1.0V	①+B端子电压 ②冷却液温度传感器或其连接线路 ③ECU接地或ECU
STA-E2	点火开关在启动位,起动机不工作	蓄电池电压	①相关的易熔线和熔断器 ②STA端子至蓄电池线路 ③空挡启动开关或点火开关 ④起动机或启动继电器
STA-E2	点火开关在启动位,起动机正常工作	蓄电池电压	①STA端子至点火开关线路 ②ECU接地或ECU
IGT-E2	发动机启动或急速运转	脉冲电压	①相关的易熔线和熔断器 ②点火开关 ③点火线圈或电子点火器 ④ECU与蓄电池之间的线路 ⑤ECU接地或ECU
ISC1-E1 ISC2-E1 ISC3-E1 ISC4-E1	点火开关在"ON"位	蓄电池电压	①+B端子电压 ②急速控制阀 ③ECU与急速控制阀之间的线路 ④ECU接地或ECU
W-E1	发动机急速运转,故障指示灯不亮	蓄电池电压	①相关熔丝或指示灯 ②W端子至点火开关线路 ③ECU接地或ECU

第五章 自动变速器电子控制系统

第一节 自动变速器电子控制系统概述

一、自动变速器的结构类型

自动变速器能根据汽车的行驶速度、节气门的开度等自动换挡，在现代汽车上应用十分广泛。自动变速器有不同的结构类型，按其结构形式和工作原理分，主要有液力传动式自动变速器（AT）、机械传动式自动变速器（CVT）和机械传动式自动变速器（AMT）三种类型。

1. 液力传动式自动变速器（AT）

液力传动式自动变速器由液力变矩器承担动力传递和无级变速，辅以可自动换挡的齿轮变速器，以扩大变速范围。这种液力传动式自动变速器目前汽车上使用最广泛，如图5-1所示。

液力传动式自动变速器按其换挡的控制方式分，又有液压控制式和电子控制式两种，早期的液力传动式自动变速器采用纯液压控制式，这种控制方式已被淘汰，现在汽车普遍采用电子控制式AT。

液力传动式自动变速器按齿轮变速器部分的结构类型不同分，则有普通齿轮（平行轴）式和行星齿轮式两种。由于行星齿轮变速器结构紧凑，又能获得较大的传动比，因此目前的AT中的辅助变速器大都采用行星齿轮结构型式。

图5-1　液力传动式自动变速器（AT）
1—液力变矩器；2—齿轮变速器；3—液压控制系统

AT电子控制系统ECU根据相关传感器的信号，对汽车的行驶工况及自动变速器的状态进行分析与判断，并输出控制信号，通过换挡电磁阀、油压调节电磁阀和变矩器锁止电磁阀，实现自动换挡、主油路压力及变矩器锁止等控制。

2. 机械传动式自动变速器（CVT）

CVT 由机械传动装置承担动力传递和无级变速，较为常见的结构形式是：在机械传动装置中设置离心式自动离合器和 V 形带轮工作半径调整机构。这种自动变速器其控制器根据车速、节气门开度等情况输出变速控制信号，通过驱动电路使调整机构动作，以改变主从动带轮的工作半径，实现无级变速，如图 5-2 所示。

CVT 电子控制系统 ECU 根据相关传感器的信号分析汽车的行驶工况，并输出调速控制信号，通过调速执行机构可实现变速器的无级变速控制。

相比于 AT，CVT 的优点是实现了真正的无级变速，且传动效率高。CVT 的缺点是其控制系统结构较为复杂，价格相对较高，且在起步或加速时其钢带或皮带容易出现打滑，导致动力传递受到影响，从而影响加速感受。随着结构的完善和成本的降低，CVT 已开始在一些中低档轿车上使用，例如：东南 V3 菱悦、帝豪 EC7、比亚迪 G3、力帆 620 等轿车均采用了 CVT。

3. 机械传动式自动变速器（AMT）

AMT 是在普通固定轴式齿轮变速箱的基础上，将选挡、换挡及离合器等相应的操纵改为以微处理器为控制核心，以电动、液压或气动执行机构来完成起步和换挡的自动操纵变速器，如图 5-3 所示。

图 5-2 机械传动式自动
变速器（CVT）

图 5-3 机械传动式自动变速器（AMT）
1—齿轮变速机构；2—换挡执行机构

AMT 电子控制系统 ECU 根据其相关传感器的信号判断汽车的行驶工况，并输出控制信号，通过换挡执行机构实现自动换挡控制。

AMT 既有 AT 自动变速的优点，又有机械式变速器传动效率高、价格低、结构简单的优点，有很好的发展势头。

二、液力传动自动变速器的组成及特点

1. 液力传动自动变速器的基本组成

液力传动自动变速器可分为液力传动装置、辅助变速装置和自动控制系统三大功能部分（图 5-4）。

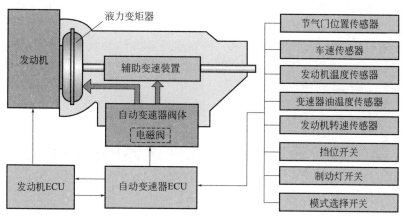

图 5-4 液力传动自动变速器的基本组成

（1）液力传动装置（液力变矩器）

液力变矩器通过液力传递动力，将发动机飞轮输出的功率输送给齿轮变速器。液力变矩器可在一定的范围内实现增矩减速和无级变速，在必要时还可通过其锁止离合器的锁止来提高传动效率。

（2）辅助变速装置

辅助变速装置包括齿轮变速机构和换挡执行机构两部分，其作用是进一步增矩减速，通过变换挡位来实现不同的传动比，以提高汽车行驶的适应能力。目前汽车上多采用 4 个或 5 个前进挡，一个倒挡。

（3）自动控制系统

自动控制系统包括电子控制系统和液压控制系统（自动变速器阀体）两部分。汽车行驶时，电子控制系统根据行驶速度等产生相应的控制信号，通过液压控制系统实现自动变速器的自动换挡控制、变速器油压控制及变矩器的锁止控制。

2. 液力传动自动变速器的特点

相比于手动变速器，电子控制液力传动自动变速器的特点如下。

① 驾驶操作简化，提高了行车安全性。在汽车起步和运行时，自动变速器无须离合器操作和手动换挡操作，减少了驾车操作的劳动强度，可使驾驶员集中精力注意路面交通情况，因此，行车的安全性得以提高。

② 提高了发动机和传动系统的使用寿命。由于自动变速器在自动换挡过程中无动力中断，换挡平稳，减小了发动机和传动系统零件的动载荷；此外，液力变矩器这个"弹性组件"可以吸收动力传递过程中的冲击和动载荷。因此，采用 AT 的汽车发动机和传动系统零件的寿命比采用机械式变速器的要长。

③ 提高了汽车的动力性。自动变速器在起步时，由于液力变矩器可连续自动变矩，可使驱动轮上的牵引力逐渐增加，换挡时动力不中断，发动机可维持在某一稳定的转速，因此，可使汽车的起步、加速性能提高，汽车的平均车速也可提高。

④ 提高了汽车的通过性能。通过液力变矩器一定范围内的无级变速，自动适应汽车行驶阻力的变化，并可通过自动换挡来满足牵引力的需要，因此，提高了汽车的通过性能。

⑤ 减少了废气污染。手动换挡过程通常伴有发动机转速的急剧变化，在发动机转速变化较大的情况下，容易导致燃烧不完全，使得发动机废气中有害物质增加。自动变速器由于

有液力传动和自动换挡,在换挡过程中发动机可保持相对稳定的转速,发动机的燃烧条件不会恶化,因此,可减少发动机排放的废气对空气的污染。

⑥ 传动效率较低,结构较为复杂。AT 的缺点是液力传动效率较低,通过最佳换挡时机控制、超速挡和变矩器锁止控制等,使采用电控液力传动自动变速器汽车的油耗有了明显的下降,但总体上油耗要高于机械式变速器。此外,液力传动自动变速器的结构较为复杂、成本较高,对维修技术水平要求也较高。

第二节　液力传动自动变速器的控制原理

一、自动变速器电子控制系统的组成

1. 自动变速器电子控制系统的基本组成与控制功能

液力传动式自动变速器(AT)其电子控制系统的基本组成与控制功能如图 5-5 所示。自动变速器 ECU 根据各传感器及开关的输入信号判断汽车的行驶工况和变速器的状态,并产生相应的电控信号,控制执行器(阀体内各电磁阀)的动作,再通过换挡阀及阀体中的各油路转换为相应的控制油压,从而实现对换挡执行机构、油压调节装置及液力变矩器锁止装置等的自动控制。

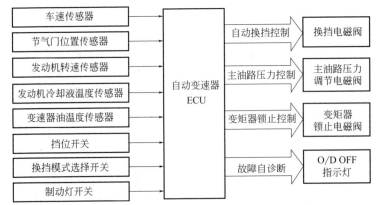

图 5-5　AT 电子控制系统的基本组成与控制功能

2. 自动变速器传感器与开关

(1) 车速传感器

车速传感器提供汽车行驶速度信号,它是自动变速器换挡控制的主要参数之一。车速传感器通常安装于自动变速器输出轴处,自动变速器 ECU 根据车速传感器所检测到的变速器输出轴转速计算得到汽车行驶速度参数。车速传感器最常见的有磁感应式(图 5-6)、光电式、霍尔效应式等,其结构原理与发动机转速和曲轴位置传感器相同。

(2) 节气门位置传感器

节气门位置传感器将节气门的位置参数转变为电信号,节气门位置是自动变速器 ECU 控制自动换挡的另一个主要参数。

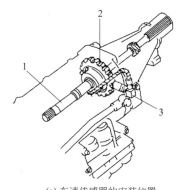 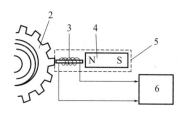

(a) 车速传感器的安装位置　　(b) 磁感应式车速传感器工作原理

图 5-6　磁感应式车速传感器

1—输出轴；2—停车锁止齿轮；3—感应线圈；4—永久磁铁；5—车速传感器；6—ECU

自动变速器采用线性节气门位置传感器，节气门位置传感器信号同时输入自动变速器 ECU 和发动机 ECU。有一些汽车电子控制系统车速传感器信号只输入发动机 ECU，再由发动机 ECU 向自动变速器 ECU 提供节气门位置参数。

（3）变速器输入轴转速传感器

一些汽车自动变速器电子控制系统匹配齿轮变速器输入轴转速传感器，用于检测齿轮变速器输入轴的转速，作为自动变速器 ECU 控制换挡的参考信号之一，它可使 ECU 的换挡控制更为精确。

ECU 根据变速器输入轴转速信号和发动机转速信号可准确计算变矩器的传动比，实现对液压油路的压力调节过程和变矩器锁止控制过程的优化控制，以进一步提高汽车的行驶性能和改善换挡感觉。变速器输入轴转速传感器通常采用与车速传感器相同类型的传感器。

（4）变速器油温度传感器

变速器油温度传感器用于检测自动变速器液压油的温度，是 ECU 进行换挡控制、油压调节和变矩器锁止控制的参考信号。有的自动变速器 ECU 根据变速器油温度传感器的信号进行变速器油冷却循环流量控制，以避免变速器油的温度超出正常范围。与发动机温度传感器一样，变速器油温度传感器的核心元件也是温度系数为负的热敏电阻。

（5）自动变速器控制开关

电控自动变速器中的开关有超速挡开关、模式选择开关、保持开关、挡位开关、降挡开关等。

① 超速挡开关（O/D）。在有的 AT 上，设有 O/D，此开关用于通断自动变速器超速挡控制电路。当接通此开关时，自动变速器超速挡控制电路通路，如果是 4 前进挡的自动变速器，在 D 挡位下变速器最高可升入Ⅳ挡（超速挡）；而在此开关断开时，超速挡控制电路断路，在 D 挡位下，变速器最高只能升至Ⅲ挡，限制自动变速器进入超速挡。

② 模式选择开关。模式选择开关用于选择自动变速器自动换挡的控制模式，以满足不同的使用要求。模式选择开关由驾驶员手动控制，通过此开关选择不同的换挡模式。自动变速器通常设有经济模式（Economy）、标准模式（Normal）、动力模式（Power）等。

一些自动变速器无模式选择开关，由 ECU 主要根据汽车的行驶速度和节气门的开度自动选择动力模式或经济模式。

③ 保持开关。有的电子控制自动变速器设有保持开关，其作用是锁定自动变速器的自动换挡控制，因此也被称为挡位锁定开关。当接通此开关时，自动变速器就失去自动换挡功

能，由驾驶员通过操纵手柄手动操作进行换挡。一般是 D、S（或 2）、L（或 1）挡位分别对应变速器的Ⅲ挡、Ⅱ挡、Ⅰ挡。

④ 挡位开关。挡位开关用于检测变速器操纵手柄的位置（挡位）。挡位开关安装在自动变速器手动阀的摇臂轴上，内部有与被测挡位相对应的触点，当变速器操纵手柄在空挡位 N 和停车挡位 P 以外的某一挡位时，相应的触点被接通，即向 ECU 提供变速器操纵手柄挡位的信号，使 ECU 按照该挡位下的控制程序自动控制变速器的工作。

挡位开关中有一个空挡启动开关，此开关串联在启动开关电路中，在 N 或 P 挡位时闭合，在 R 或 D 等行车挡位时断开。因此，只有在 N 或 P 挡位时启动开关才能接通启动电路，发动机得以启动；在行车挡位时，发动机不能启动，以确保自动变速器的使用安全。

⑤ 降挡开关。一些汽车的自动变速器设有降挡开关。降挡开关也被称为自动跳合开关或强制降挡开关，用于检测加速踏板是否超过节气门全开的位置。当检测到加速踏板的位置超过了节气门全开的位置时，降挡开关通路，向 ECU 提供发动机大负荷信息和超车信息，ECU 便按照这种情况下的设定程序控制换挡，并使变速器自动下降一挡，以提高汽车的加速性能。

请注意：所有的电控液力传动式自动变速器（AT）都有挡位开关，但其他开关则不是所有的 AT 都设有的。

二、自动变速器换挡控制原理

自动换挡控制是使汽车在行驶过程中，自动选择辅助变速装置在最佳的时刻换挡，以使汽车的动力性或经济性达到最佳。

1. 最佳换挡点的确定

自动变速器 ECU 主要根据发动机节气门开度和汽车行驶速度确定换挡时刻，并输出换挡控制信号。在不同的节气门开度情况下，其最佳的换挡车速是不同的，各种节气门开度时的最佳的换挡车速通常由试验确定，并将这些最佳换挡参数存入 ROM 中，作为自动换挡控制的标准参数。这些最佳换挡点的标准数据也称其为自动换挡图，如图 5-7 所示。

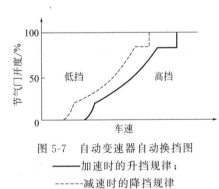

图 5-7　自动变速器自动换挡图
——加速时的升挡规律；
------减速时的降挡规律

汽车的行驶条件千变万化，在不同的条件下对汽车的使用要求也有所不同，因此，在 ECU 的 ROM 中，通常储存有以经济性为控制目标的换挡图（最省油换挡模式）和以动力性为控制目标的换挡图（动力性最强换挡模式）等，以供 ECU 在工作中选用。

请注意：在某一节气门开度情况下，加挡的换挡车速要高于减挡的换挡车速。

2. 自动换挡控制原理

自动换挡控制原理如图 5-8 所示。ECU 通过节气门位置传感器和车速传感器的信号获得节气门开度和车速参数，并根据挡位开关和模式开关的信号，从 ROM 中选取相应换挡图，再通过计算与比较，判断当前是否达到设定的最佳换挡点。如果已达到了最佳换挡点，ECU 就向相关的换挡电磁阀输出换挡控制信号，使换挡执行机构完成自动换挡动作。

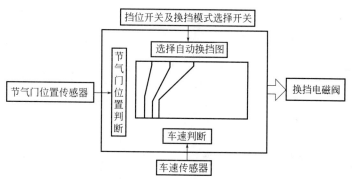

图 5-8　自动换挡控制原理

3. 换挡模式选择控制

自动变速器的模式选择开关供驾驶员选择换挡模式，但有些电子控制自动变速器不设模式开关，而是由 ECU 根据相关传感器的信号来判断汽车的行驶状况和驾驶员的操作方式，自动选择换挡模式。ECU 主要以变速器操纵手柄的位置和加速踏板踩下的速率来辨别驾驶员的操作方式，以确定换挡模式。自动选择换挡模式原理如下。

当变速器操纵手柄在 D 位时，ECU 根据加速踏板踩下的速率（节气门开启速率）来确定换挡模式。在不同车速和节气门开度的情况下，使换挡模式转换的加速踏板踩下速率是不同的。为此，将车速和节气门开度划分为若干小区（图5-9），每一个车速与节气门开度小区域都确定了一个节气门开启速率值，这些数值作为 ECU 判断是否转变换挡模式的标准参数，并将其存入 ECU 的 ROM 中。

工作中，ECU 根据各传感器的信号得到车速、节气门开度及加速踏板踩下速率等参数，并与该车速和节气门开度小区域的节气门开启速率标准值进行比较，如果实测当前的节气门开启速率高于标准值，ECU 就自动选择动力模式；如果加速踏板

图 5-9　自动换挡模式选择原理

踩下速率小于该小区域内的节气门开启速率标准值，ECU 就自动选择经济模式。各个小区域的节气门开启速率标准值从左到右、从上到下逐渐增大。

提示：D 挡位自动换挡模式选择的基本原则是，车速越低或节气门开度越大，就越容易选择动力模式；反之，则越容易选择经济模式。

有些汽车上的 AT 设有前进低挡位（S 和/或 L 挡位），当变速器操纵手柄在 S 或 L 挡位时，ECU 将自动选择动力模式。

当变速器操纵手柄在 D 挡位，ECU 处于动力模式换挡控制的情况下，只要节气门的开度小于 1/8，ECU 控制的换挡模式就会立即从动力模式转换到经济模式。

4. 自动换挡控制装置工作原理

自动换挡控制装置由换挡阀和换挡电磁阀组成，其工作过程如图 5-10 所示。

换挡阀是一个二位液压换向阀，由换挡电磁阀提供的控制油压控制其滑阀移动。滑阀移动的结果是完成高低挡的变换动作：将主油路与需要工作的换挡执行组件的油缸接通，使其

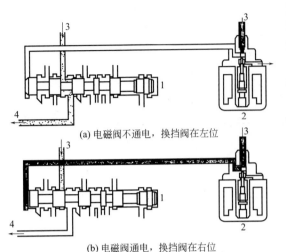

图 5-10 换挡电磁阀控制换挡阀的工作过程
1—换挡阀；2—换挡电磁阀；3—接主油路；
4—接换挡执行组件

建立液压，实现连接或制动；与此同时，将需要退出工作的换挡执行组件的油缸与泄油孔接通，使其泄压而停止工作。

换挡电磁阀不通电时处于泄压状态，换挡阀的滑阀左端无液压，滑阀在右端弹簧力的作用下被推至左位；当换挡电磁阀通电时，主油路液压接入换挡滑阀的左端，使滑阀克服弹簧力移至右位。换挡阀滑阀的移位改变了控制油路，从而实现了自动换挡。

对于有 4 个前进挡的 AT，需要有 3 个换挡阀，即Ⅰ-Ⅱ换挡阀、Ⅱ-Ⅲ换挡阀、Ⅲ-Ⅳ换挡阀，因而这种控制方式的 AT 有 3 个换挡电磁阀。

请注意：还有采用两个换挡电磁阀控制一个换挡阀工作的 AT，这种控制方式的 4 挡自动变速器就需要配置 6 个换挡电磁阀。有的 4 挡 AT 则只用 2 个换挡电磁阀，ECU 通过对这两个换挡电磁阀不同的组合控制，实现对 3 个换挡阀的自动换挡控制。

三、自动变速器油压控制原理

控制主油路液压的目的是使自动变速器主油路的压力按照实际需要及时改变。当需要调整主油路压力时，ECU 输出相应的占空比脉冲信号，通过控制油压调节电磁阀的开关比率，使油压调节电磁阀输出相应的控制油压，控制主油路液压调节阀动作，将主油路的油压调整到目标值。自动变速器 ECU 主要根据反映节气门开度、挡位、变速器油温及换挡情况的相关传感器与开关的电信号，对自动变速器主油路压力进行控制。

1. 主油路油压控制内容

（1）节气门开度变化时对主油路油压的控制

节气门开度增大时，发动机功率增大，变速器传递的转矩相应增大，换挡执行组件的油压也需相应升高，因而需要适当调高主油路的油压。工作时，ECU 根据节气门开度传感器的信号，通过计算分析后，向油压调节电磁阀输出相应的占空比脉冲信号，将主油路油压调节至适当的值。

（2）挡位变化时对主油路油压的控制

挡位变化对主油路油压的控制包括如下三种情况。

① 倒挡位油压增大控制。当操纵手柄置于 R 位时，主油路的油压需相应增大，以满足倒挡液压执行组件对液压油压力较高的要求。因此，当 ECU 接收到挡位开关的倒挡信号后，就对在 D 挡位下相应的油压标准参数进行修正（或是查找倒挡下的主油路油压标准参数），ECU 输出占空比小于 D 挡位时的脉冲信号，使倒挡时的主油路油压比 D 挡位时高。

② 低挡位油压增大控制。在前进低挡位（L 或 S 位）时，辅助变速器换挡执行组件（离合器、制动器）传递的转矩较大，主油路油压也应高于 D 挡位。因此，当操纵手柄置于

L 或 S 位时,ECU 就对油压标准参数进行修正,使得主油路的油压适当升高。

③ 换挡过程油压减小控制。在自动变速器换挡过程中,为减小换挡冲击,应减小换挡液压执行组件的液压。因此,在换挡过程中,ECU 按照节气门的开度情况修正主油路油压值,并通过输出的脉冲信号控制油压调节电磁阀,使主油路的油压减小。

（3）变速器油温变化时对主油路油压的控制

① 低温油压修正控制。在液压油温度低于正常工作温度（60℃）时,由于其黏度较大,为避免换挡冲击,ECU 将主油路油压控制目标参数适当降低,并通过油压调整电磁阀适当减小主油路的油压。

② 温度过低油压修正控制。在液压油温度过低（<-30℃）时,其黏度过大,容易造成液压换挡执行组件动作迟缓,影响换挡质量。因此,在这种情况下,首先应确保换挡可靠。ECU 通过油压调节电磁阀将主油路油压适当调高,以使换挡能正常进行。

2. 主油路压力控制装置工作原理

主油路压力控制装置包括主油路压力稳定装置与主油路压力控制电磁阀两部分。

（1）主油路压力稳定原理

通常采用阶梯状滑阀式油压调节阀来稳定主油路压力,其原理如图 5-11 所示。

滑阀的 B 面大于 A 面,使液压油对滑阀有一个向下的推力 F_1。F_1 与滑阀下端的弹簧力 F_2 相平衡时,滑阀静止不动。当主油路的液压较低时,处于静止状态的滑阀会将泄油口关闭;当主油路的液压较高而使 $F_1>F_2$ 时,滑阀便会下移,使泄油口打开,多余的液压油经泄油口排出,油压下降;当油压下降至 $F_1<F_2$ 时,滑阀又会上移,直至泄油口关闭。滑阀如此上下移动,使主油路的液压保持稳定。

（2）主油路液压调节原理

滑阀的上腔和下腔各有一个液压回馈孔,用于对主油路液压的调整。当滑阀下腔接入回馈（控制）液压时,主油路的液压上升;而当滑阀上腔接入回馈（控制）液压时,主油路的液压就会下降。

ECU 通过输出占空比可变的脉冲信号,使开关式主油路液压调节电磁阀产生相应的控制油压。开关式主油路液压调节电磁阀的结构原理如图 5-12 所示。

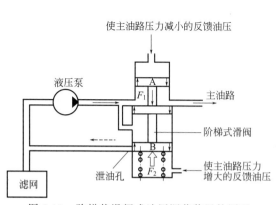

图 5-11 阶梯状滑阀式油压调节装置的原理

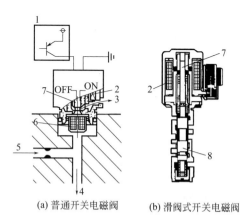

图 5-12 开关式主油路液压调节电磁阀的结构原理
1—自动变速器 ECU；2—电磁线圈；3—泄油孔；4—控制油压；5—主油路油压；6—滤网；7—衔铁及阀芯；8—滑阀

第五章 自动变速器电子控制系统

电磁阀线圈通电时，阀被打开，液压油从泄油孔排出，调节液压随之下降；电磁阀断电时，阀在弹簧力的作用下关闭，调节液压又会上升。自动变速器ECU通过输出占空比不同的脉冲信号来控制电磁阀动作，使之输出相应的控制油压，以实现对主油路液压的控制。

四、自动变速器变矩器锁止控制原理

1. 液力变矩器锁止控制的作用及控制原理

液力变矩器通过液力传递动力，其传动效率较低，现代汽车AT的液力变矩器通常设置一个锁止离合器，用于在需要时锁止液力变矩器，使之成为机械传动，用以提高传动效率。

请注意： 液力变矩器锁止控制的作用是在保证汽车的行驶要求的前提下，最大限度地提高变矩器的传动效率，以达到降低燃油消耗的目的。

ECU控制锁止离合器的工作过程如图5-13所示。

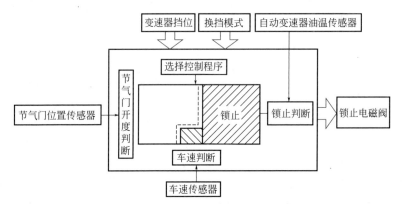

图5-13 ECU锁止离合器的工作过程

自动变速器ECU的ROM中，储存有不同工作状态下锁止离合器的控制程序及控制参数。工作中，ECU根据自动变速器的挡位、换挡模式等情况从ROM中选择相应的锁止离合器控制程序及控制参数，并与当前的车速和节气门开度等进行比较，当车速及其他因素都满足变矩器锁止条件时，ECU就向锁止离合器电磁阀输出控制信号，使锁止离合器接合，将变矩器锁止，成为机械传动。

为保证汽车的行驶性能，一般在变速器油温度低于60℃、车速低于60km/h且怠速开关接通（节气门关闭）时，ECU将禁止变矩器锁止。

2. 液力变矩器锁止控制装置的工作原理

液力变矩器锁止控制装置主要由变矩器锁止液压控制系统和开关式电磁阀组成，其工作原理如图5-14所示。

液力变矩器锁止控制有开关式和占空比式两种控制方式，目前占空比控制方式居多。

（1）开关控制方式

开关控制方式ECU输出的是开关式控制信号，通过控制电磁阀的通断电实现变矩器的锁止控制。

当无须变矩器锁止时，电磁阀不通电而关闭，锁止离合器控制阀的右端无控制液压油，滑阀在弹簧力的作用下处在右位。这时，锁止离合器活塞的两端都作用着来自变矩器阀的液压油，锁止离合器处于放松（分离）状态。

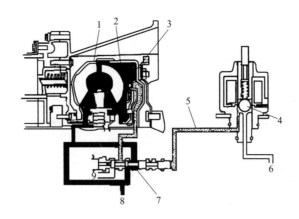

图 5-14 液力变矩器锁止离合器控制装置的工作原理
1—变矩器；2—变矩器液压油；3—锁止离合器；4—电磁阀；5—控制液压油；6—主油路液压油；
7—锁止离合器控制阀；8—来自变矩器阀；9—泄油孔

当变矩器需要锁止时，锁止离合器电磁阀通电开启，使锁止离合器控制阀右端的控制油压上升，使滑阀克服弹簧力左移，将锁止离合器活塞的右腔与泄油孔接通。于是，活塞在左边变矩器油压的作用下右移，使锁止离合器接合，实现了变矩器的锁止控制。

（2）占空比控制方式

对于占空比控制方式，ECU 输出的是占空比可变的脉冲控制信号，通过占空比的变化控制电磁阀的开启与关闭的比率，以控制锁止离合器控制阀右端控制油压的高低，使锁止离合器控制滑阀向左移动所打开的泄油孔开度可控。这样，就可根据需要来控制锁止离合器活塞右腔的油压大小，使锁止离合器的接合力可以控制。

占空比控制方式的优点如下。

① ECU 可通过输出不同占空比的控制信号来控制变矩器锁止离合器的接合力大小和接合速度，可以让锁止离合器的接合力逐渐增大，使接合过程更加柔和。

② 在汽车行驶工况接近变矩器锁止条件时，占空比控制方式可实现滑动锁止控制（半接合状态），以提高变矩器的传动效率。

第三节　典型自动变速器电子控制系统电路分析与 ECU 故障检测

一、自动变速器电子控制系统电路分析

以丰田汽车的 341E、342E 型自动变速器电子控制系统电路（图 5-15）为例，分析 AT 电子控制系统电路的构成与特点，了解 AT ECU 的故障检测方法。

1. 自动变速器电子控制系统特点分析

丰田 341E、342E 型自动变速器控制系统与发动机电子控制系统共享一个 ECU，并称为发动机与 ECT ECU。

1号、2号两个电磁阀用于控制换挡，ECU 通过控制 1号、2号两个换挡电磁阀实现 4 前进挡（Ⅰ~Ⅳ）的自动换挡控制。两换挡电磁阀通电状态与变速器挡位关系如表 5-1 所示。

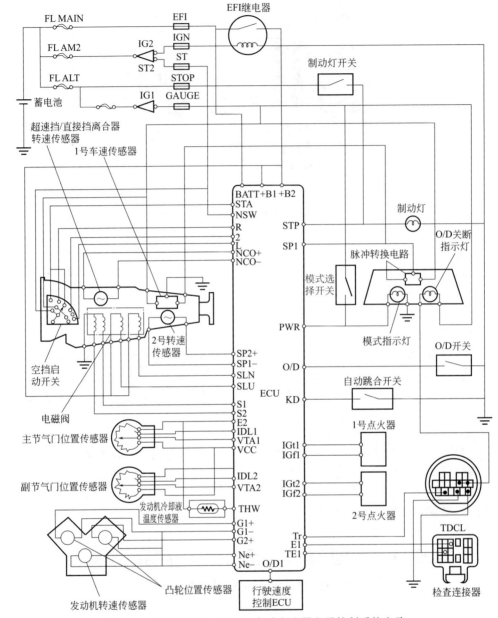

图 5-15 丰田 341E、342E 型自动变速器电子控制系统电路

表 5-1 两换挡电磁阀通电状态与变速器挡位关系

变速器操纵手柄位置	变速器挡位	电磁阀工作情况	
		1号电磁阀	2号电磁阀
P	停车挡	接通	关断
R	倒挡	接通	关断
N	空挡	接通	关断
D	Ⅰ挡	接通	关断
	Ⅱ挡	接通	接通

续表

变速器操纵手柄位置	变速器挡位	电磁阀工作情况	
		1号电磁阀	2号电磁阀
D	Ⅲ挡	关断	接通
	Ⅳ挡	关断	关断
2	Ⅰ挡	接通	关断
	Ⅱ挡	接通	接通
	Ⅲ挡	关断	接通
L	Ⅰ挡	接通	关断
	Ⅱ挡	接通	接通

3号电磁阀为变矩器锁止控制电磁阀，ECU通过输出占空比脉冲信号控制该电磁阀的工作，可使变矩器的锁止控制比较平滑，并可实现滑动锁止控制（半接合状态），从而提高了变矩器的传动效率。

4号电磁阀为主油路压力调节电磁阀，变速器通过油压调节器、蓄压器来稳定变速器油压，ECU输出占空比脉冲信号控制4号电磁阀的工作，4号电磁阀输出的控制油压用来改变蓄压器的背压，以此种方式来调节变速器主油路的油压。

当驾驶员改变挡位（从N、P挡位挂入行车挡位，或从行车挡位挂入N、P挡位）时，ECU通过短时间的点火提前角控制，适当地增大或减小发动机的转矩，以使发动机的转速保持稳定。

2. 自动变速器电子控制系统主要电路分析

（1）换挡控制电路

丰田汽车341E、342E型自动变速器换挡电磁阀控制电路如图5-16所示。

S1（E7插接器10号脚）和S2（E7插接器9号脚）为换挡电磁阀的控制端子，ECU通过

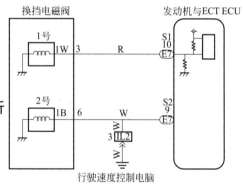

图5-16 丰田汽车341E、342E型自动变速器换挡电磁阀控制电路

S1和S2对阀板中1号、2号两个电磁阀的组合控制方式，实现自动变速器前进挡的自动换挡控制。换挡控制电路ECU相关端子功能如表5-2所示。

表5-2 换挡控制电路ECU相关端子功能

换挡状态	S1	S2
Ⅰ挡	高电位	低电位
Ⅱ挡	高电位	高电位
Ⅲ挡	低电位	高电位
Ⅳ挡	低电位	低电位

（2）变矩器锁止控制电路

丰田汽车341E、342E型自动变速器变矩器锁止离合器电磁阀控制电路如图5-17所示。

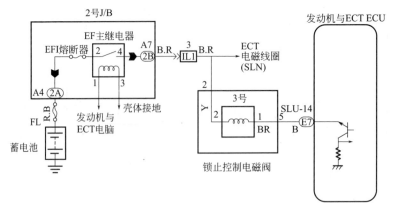

图 5-17　丰田汽车 341E、342E 型自动变速器变矩器锁止离合器电磁阀控制电路

ECU 通过对 3 号电磁阀进行占空比脉冲控制方式，实现对变矩器锁止离合器的快速接合、逐渐接合、半接合控制。3 号电磁阀通过 EFI 主继电器与电源相接，由 ECU 的 SLU（E7 插接器 14 号）端子提供接地通路的方式，控制 3 号电磁阀的通电。

（3）变速器油压控制电路

丰田汽车 341E、342E 型自动变速器蓄压器背压调节电磁阀的控制电路如图 5-18 所示。

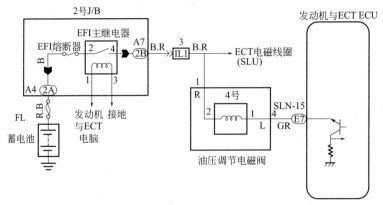

图 5-18　丰田汽车 341E、342E 型自动变速器蓄压器背压调节电磁阀的控制电路

ECU 通过对 4 号电磁阀进行占空比脉冲控制方式，控制变速器蓄压器的背压，从而实现变速器主油路油压的控制。4 号电磁阀也是通过 EFI 主继电器与电源相接，由 ECU 的 SLN（E7 插接器 15 号）端子提供接地通路的方式，控制 4 号电磁阀的通电。

（4）挡位开关电路

丰田 341E、342E 型自动变速器挡位开关电路如图 5-19 所示。

挡位开关中有 L、2、R 三个位置开关，当变速器操纵手柄置于 L、2 或 R 挡位时，挡位开关中相应的开关接通，使 ECU 的 L（E10 插接器 16 号）、2（E10 插接器 15 号）或 R（E10 插接器 18 号）端子连通车载电源，相关端子输入的电源电压使 ECU 获得相应的挡位信号。挡位开关中的空挡启动开关在变速器操纵手柄置于 N 或 P 挡位时接通，并通过 NSW（E9 插接器 14 号）端子使 ECU 获得 N 或 P 挡位信号。

由于空挡启动开关串联在启动继电器线圈电路中，因而只有在变速器操纵手柄置于 P 或 N 挡（空挡启动开关接通）时，启动继电器线圈电路才能被点火开关的启动挡接通，使

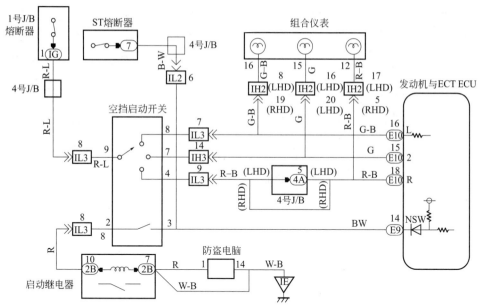

图 5-19 丰田 341E、342E 型自动变速器挡位开关电路

发动机只能在 P 或 N 挡位时才能够启动。

二、自动变速器电子控制系统 ECU 故障检测

1. ECU 端子排列说明

丰田 341E、342E 型自动变速器电子控制系统所用的发动机与 ECT ECU 有 4 个代号为 E7、E8、E9、E10 的插接器，其端子排列如图 5-20 所示，其 ECU 端子连接功能见表 5-3。

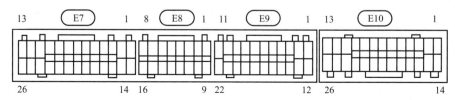

图 5-20 丰田 341E、342E 型自动变速器发动机与 ECT ECU 插接器端子排列

表 5-3 丰田 341E、342E 型自动变速器 ECU 端子连接及功能

端子号	端子代号	连接部件	功能说明
E7-3	NCO+	O/D 直接挡离合器转速传感器	信号输入（+）
9	S2	2 号换挡电磁阀	换挡控制端子
10	S1	1 号换挡电磁阀	换挡控制端子
13	E01	电源接地	—
14	SLU	3 号锁止控制电磁阀	变矩器锁止离合器控制端子
15	SLN	4 号油压控制电磁阀	变速器油压控制端子
16	NCO−	O/D 直接挡离合器转速传感器	信号输入（−）

第五章 自动变速器电子控制系统

续表

端子号	端子代号	连接部件	功能说明
26	E02	电源接地	—
E8-1	IDL1	主节气门位置传感器	信号输入
2	IGF1	1号电子点火器	点火回馈信号
5	IGT1	1号电子点火器	点火定时信号
6	G2+	2号曲轴位置传感器	信号输入
7	G1+	1号曲轴位置传感器	信号输入
8	NE+	发动机转速传感器	信号输入（＋）
9	IDL2	副节气门位置传感器	信号输入
10	IGF2	2号电子点火器	点火回馈信号
13	IGT2	2号电子点火器	点火定时信号
15	G	曲轴位置传感器	信号输入（－）
16	NE−	发动机转速传感器	信号输入（－）
E9-1	IGSW	点火开关	信号输入
2	STA	启动继电器	信号输入
4	VTA1	主节气门位置传感器	信号输入
5	THW	冷却液温度传感器	信号输入
9	TE1	检查连接器	检查与诊断
10	SP2+	2号车速传感器（＋）	信号输入（＋）
11	VCC	节气门位置传感器电源（＋）	电源输出
12	B	EFI主继电器	电源输入
13	B1	EFI主继电器	电源输入
14	NSW	空挡启动开关	信号输入
15	VTA2	副节气门位置传感器	信号输入
18	E2	传感器接地	
19	SP1	1号车速传感器	信号输入
21	SP2−	2号车速传感器（－）	信号输入（－）
22	E1	ECU接地	
E10-2	O/D1	巡航控制ECU	信号交流
3	O/D2	O/D开关	信号输入
15	2	挡位开关	信号输入
16	L	挡位开关	信号输入
17	PWR	模式选择开关	信号输入
19	STP	制动灯开关	信号输入
20	KD	强制降挡开关	信号输入
26	BATT	蓄电池	电源输入

2. 发动机与 ECT ECU 各端子的检测

通过发动机和自动变速器 ECU 插接器有关端子对地电压的检测，可判断相关电路及部件故障与否。

首先检测 ECU 电源端子、搭铁端子的电压，电源端子应为蓄电池电压，搭铁端子电压应小于 0.3V。如果不正常，需检查其连接线路。

在 ECU 电源和搭铁均为良好的情况下，再检测其他端子的电压，其检测方法及电压异常可能的故障部位见表 5-4。

表 5-4　丰田 A341E、A342E 型发动机自动变速器 ECU 各端子对地电压检测

检测端子（端子号）	检测状态		正常电压	电压异常可能的故障部位
S1 (E7-10)	点火开关"ON"，P 挡		蓄电池电压	①换挡（1 号）电磁阀 ②换挡电磁阀与 ECU 的线路 ③发动机与自动变速器 ECU
	汽车运行在 Ⅰ、Ⅱ 挡			
	汽车运行在 Ⅲ、Ⅳ 挡		0V	
S2 (E7-10)	点火开关"ON"，P 挡		0V	①换挡（2 号）电磁阀 ②换挡电磁阀与 ECU 的线路 ③发动机与自动变速器 ECU
	汽车运行在 Ⅰ、Ⅳ 挡			
	汽车运行在 Ⅱ、Ⅲ 挡		蓄电池电压	
SLU (E7-14)	点火开关在"ON"位		蓄电池电压	①锁止（3 号）电磁阀至 ECU 的线路 ②EFI 主继电器至锁止电磁阀的线路 ③锁止电磁阀 ④发动机与自动变速器 ECU
SLN (E7-15)	点火开关在"ON"位		蓄电池电压	①油压调节（4 号）电磁阀至 ECU 的线路 ②EFI 主继电器至油压调节电磁阀的线路 ③油压调节电磁阀 ④发动机与自动变速器 ECU
IDL1 (E8-1)	点火开关在"ON"位，节气门开		4～6V	①节气门位置传感器（怠速触点） ②节气门位置传感器与 ECU 之间的线路 ③发动机与自动变速器 ECU
VTA1 (E9-1)	点火开关ON	节气门关	0.1～1.0V	①节气门位置传感器 ②节气门位置传感器与 ECU 之间的线路 ③发动机与自动变速器 ECU
		节气门全开	3～5V	
SP2 (E9-10)	转动驱动车轮		脉冲电压	①2 号车速传感器 ②2 号车速传感器至 ECU 之间的线路 ③发动机与自动变速器 ECU
VCC (E9-11)	点火开关在"ON"位		4～6V	①节气门位置传感器 ②节气门位置传感器与 ECU 之间的线路 ③发动机与自动变速器 ECU
NSW (E9-14)	点火开关ON	P,N 或行驶挡	0V	①空挡启动开关 ②挡位开关与 ECU 之间的线路 ③发动机与自动变速器 ECU
		其他挡位	5V	
SPD (E9-19)	转动驱动车轮		脉冲电压	①1 号车速传感器或组合仪表 ②1 号车速传感器至 ECU 之间的线路 ③发动机与自动变速器 ECU
O/D1 (E10-2)	点火开关在"ON"位		蓄电池电压	①ECU 与巡航控制 ECU 之间的线路 ②发动机与自动变速器 ECU

续表

检测端子（端子号）	检测状态		正常电压	电压异常可能的故障部位
O/D2 (E10-3)	点火开关 ON	O/D 开关 ON	蓄电池电压	①O/D 开关或组合仪表 ②O/D 开关与 ECU 之间的线路 ③发动机与自动变速器 ECU
		O/D 开关 OFF	0V	
2 (E10-15)	点火开关 ON	2 挡	蓄电池电压	①挡位开关 ②挡位开关与 ECU 之间线路 ③发动机与自动变速器 ECU
		其他挡位	0V	
L (E10-16)		L 挡	蓄电池电压	
		其他挡位	0V	
R (E10-18)		R 挡位	蓄电池电压	
		其他挡位	0V	
PWR (E10-17)	点火开关 ON	模式开关置于 PWR 位	蓄电池电压	①模式选择开关 ②模式选择开关与 ECU、蓄电池之间的线路 ③发动机与自动变速器 ECU
		模式开关置于 NORM 位	0V	
STP (E10-19)		踩下制动踏板	蓄电池电压	①制动灯开关 ②制动灯开关与 ECU 之间的线路 ③发动机与自动变速器 ECU
		放松制动踏板	0V	
KD (E10-20)	点火开关 ON	不加速踏板	蓄电池电压	①强制降挡开关 ②强制降挡开关与 ECU、搭铁之间的线路 ③发动机与自动变速器 ECU
		加速踏板踩到底	0V	

第六章 防抱死电子控制系统

第一节 防抱死电子控制系统概述

汽车防抱死就是在制动时防止车轮抱死而产生"拖滑",用以提高车胎与地面之间的"抓地力",确保制动安全。

一、防抱死电子控制系统的作用分析

1. 滑移率与制动效果

滑移率 S 的定义如下。

$$S=\frac{V-r_0\omega}{V}\times 100\%$$

从滑移率的定义可知,S 值的大小是反映车轮滑移的比率。当车轮被完全抱死时,$\omega=0$,滑移率 $S=100$;车轮进行纯滚动时,$\omega r_0 = V$,滑移率 $S=0$。

滑移率与附着系数的关系如图 6-1 所示。普通制动器在紧急制动时,驾驶员急踩制动踏板的结果必然是车轮被抱死。在车身仍然相对于地面移动的情况下,车轮被抱死的结果必然是车轮被"拖滑",车胎与地面之间处于完全滑移(滑移率=100%)的状态。这时,车胎与地面之间的纵向附着系数 ϕ_Z 下降,而横向附着系数 ϕ_H 为0。

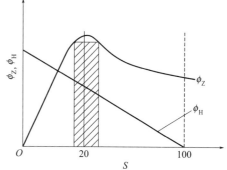

图 6-1 滑移率与附着系数的关系

附着系数直接关系着车胎与地面之间的摩擦力(制动力和防侧滑力)的大小。纵向附着系数 ϕ_Z 降低将造成制动力下降,导致汽车制动距离延长;而横向附着系数 ϕ_H 为0,使车轮横向摩擦力为0,使车轮失去防侧滑能力,导致制动中的车辆产生侧滑和甩尾,且失去转向操纵性能(图 6-2)。可见,紧急制动时车轮被抱死将严重影响汽车的制动安全。

请注意:在紧急制动情况下,纵向附着系数对制动距离有着直接的影响,而横向附着系数的大小对防止车辆侧滑、甩尾起着决定性的作用。

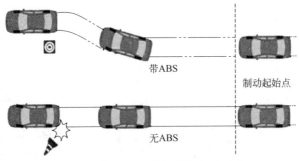

图 6-2 有无 ABS 车辆紧急制动对比

2. 汽车制动防抱死控制的作用

从图 6-1 中可知，车轮滑移率 S 在 20% 左右时，纵向附着系数最大，横向附着系数也不小。显而易见，在紧急制动时，适当地控制制动器制动力的大小，使车轮处于边滚边滑（$S≈20\%$）的状态，就可使地面制动力达到最大，以达到缩短制动距离的功效；与此同时，车轮可保持良好的防侧滑能力。

ABS 的作用是在紧急制动时，自动控制各车轮制动器轮缸的制动压力，使车轮处于边滚边滑（滑移率≈20%），使纵向附着系数最大，横向附着系数不小，以缩短制动距离，防止车辆侧滑和甩尾，并保持良好的操控性，提高汽车制动安全。

二、防抱死电子控制系统的类型

汽车上使用过的 ABS 有多种类型，现以不同的方法予以归类。

1. 按系统控制方案不同分

（1）轴控式 ABS

所谓轴控式 ABS 是指 ECU 根据两侧车轮其中的一个车轮转速传感器（或轴转速传感器）信号来控制同一轴上两侧车轮制动器的压力，使这两个车轮制动器（轮缸）的制动压力有一个共同的控制结果。轴控式 ABS 多用于载货汽车。轴控式 ABS 又有低选和高选两种方式。

说明：ABS 的低选控制是由附着系数低的一侧车轮来确定两个车轮轮缸的制动压力，高选控制则是由附着系数高的一侧车轮来确定两个轮缸的制动压力。

（2）轮控式 ABS

也称单轮控制式，即每个车轮轮缸的制动压力均是由 ECU 根据各自车轮转速传感器所提供的信号单独进行控制。

（3）混合式 ABS

在一辆汽车上的 ABS 同时采用轴控式和轮控式两种控制方式，通常是前桥的两侧车轮采用轮控式，后桥的两侧车轮采用轴控式。

2. 按控制通道和传感器数不同分

说明：ABS 系统中的控制通道是指能独立进行制动压力调节的制动管路。

按控制通道分，ABS 有单通道、双通道、三通道及四通道 4 种形式。

(1) 单通道式 ABS

单通道式 ABS 是指能独立进行制动压力调节的制动管路只有一个,如图 6-3 所示,通常是对两后轮采用轴控方式,车轮转速传感器有 1 个或 2 个。采用 1 个轮速传感器的 ABS 通常是将传感器安装在后桥主减速器处,而采用 2 个轮速传感器的 ABS 则是在后轮上各装 1 个轮速传感器,并采用低选控制。由于前轮未进行防抱死控制,因而汽车制动时的转向操纵性没有提高。但单通道 ABS 结构简单、成本低,因此,在一些载货汽车上还有应用。

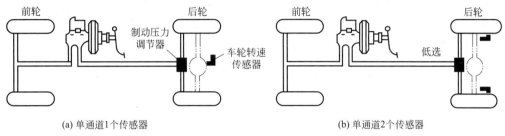

图 6-3 单通道式 ABS

(2) 双通道式 ABS

双通道式 ABS 有两个能独立进行制动压力调节的制动管路,有不同的形式,如图 6-4 所示。双通道式 ABS 结构比较简单,但难以同时兼顾制动时的方向稳定性、转向操纵性及制动效能,因此,目前在汽车上已很少使用。

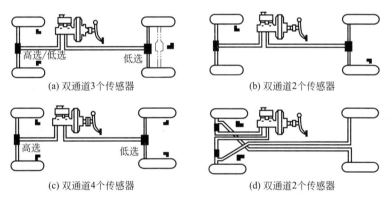

图 6-4 双通道式 ABS

(3) 三通道式 ABS

三通道式 ABS 则有 3 个能独立进行制动压力调节的制动管路,一般是前轮采用轮控式,后轮采用低选轴控式,如图 6-5 所示。如图 6-5(c) 所示的 ABS 后轮制动管路中各装有 1 个制动压力调节器,但 2 个调节器由 ECU 按低选原则统一控制,因此,实际上是一个控制通道。

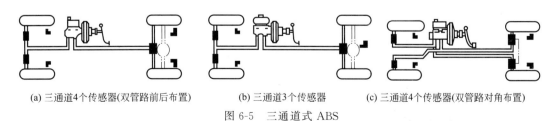

图 6-5 三通道式 ABS

（4）四通道式 ABS

四通道式 ABS 有 4 个能独立进行制动压力调节的制动管路，四个车轮均采用轮控式，如图 6-6 所示。四通道 ABS 的双制动管路有前后布置[图 6-6(a)]和对角布置[图 6-6(b)]两种形式。

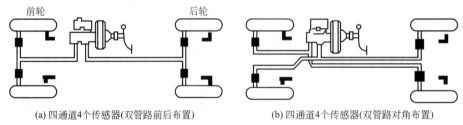

(a) 四通道4个传感器(双管路前后布置)　　(b) 四通道4个传感器(双管路对角布置)

图 6-6　四通道式 ABS

第二节　防抱死电子控制系统的控制原理

一、防抱死控制系统的基本组成与控制原理

1. 防抱死制动系统（ABS）的基本组成

ABS 的基本组成如图 6-7 所示，主要组成部件及作用如下。

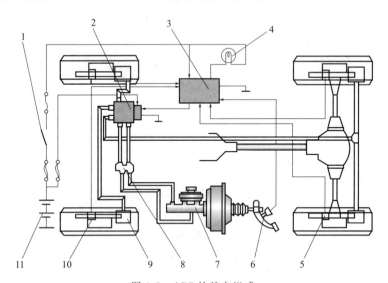

图 6-7　ABS 的基本组成

1—点火开关；2—制动压力调节器；3—电子控制器；4—ABS 警告灯；5，10—车轮转速传感器；
6—制动灯开关；7—制动主缸；8—比例分配阀；9—制动轮缸；11—蓄电池

（1）传感器与开关

车轮转速传感器将各车轮的转速转换为电信号，并输送给 ABS ECU，ABS ECU 根据各车轮的转动情况判断其制动轮缸的制动压力是否过大或过小;制动灯开关向 ABS ECU 提供汽车制动信号。

请注意: 有些汽车 ABS 还配置了汽车减速度传感器,ABS ECU 根据该传感器的信号来判断路面情况,以便针对不同的路面实施相对应的控制策略。

(2) ABS ECU

ABS ECU 根据传感器的信号判断各车轮是否抱死或是否转动过快,并输出控制信号,控制制动压力调节器工作,迅速将各轮缸的制动压力调整到适当的值,以防止车轮抱死和转动过快。

(3) 制动压力调节器

制动压力调节器的作用是根据 ABS ECU 输出的控制信号迅速做出动作,实现各轮缸制动压力的减压、保压和增压的控制,使各车轮处于边滚边滑(滑移率约为 20%)的状态。

2. 防抱死制动系统的工作原理

防抱死制动系统的工作原理如图 6-8 所示。

当汽车紧急制动时,ABS ECU 根据车轮转速传感器和制动灯开关的电信号立刻进入工作状态,根据汽车减速度传感器信号判断路面情况,并选择相应的控制策略,通过计算分析后输出控制信号,控制制动压力调节器工作,对各车轮制动器轮缸的制动压力进行控制,以使车轮不被抱死,处于边滚边滑(滑移率约为 20%)的状态。

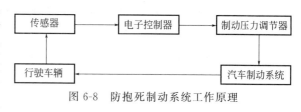

图 6-8 防抱死制动系统工作原理

二、制动防抱死电子控制系统主要部件的结构原理

1. 车轮转速传感器

车轮转速传感器将车轮的转速转变为电信号,并输送给电子控制器,控制器根据车轮转速传感器提供的电信号计算车轮滑移率、角加速度及汽车参考速度等。车轮转速传感器提供的车轮转速参数是 ABS 控制器进行防抱死控制的重要依据。车轮转速传感器有磁感应式、光电式和霍尔效应式等,使用最多的是磁感应式车轮转速传感器,其结构如图 6-9 所示。

2. 减速度传感器

减速度传感器(也被称为 G 传感器),是将汽车制动时的减速度大小转换为相应的电信号。ABS 电子控制器根据 G 传感器的电信号来分析判断路面附着力的高低情况,并进行相适应的制动器压力控制。汽车 ABS 中所用的减速度传感器主要有水银式、差动变压器式等。

(1) 水银式减速度传感器(图 6-10)

① 结构特点。水银式减速度传感器为开关式传感器,其主要部件是带常开触点的玻璃管和可在玻璃管内移动的水银。在不工作时,玻璃管内的水银在左下方,触点处于断开状态。

② 工作原理。汽车在低附着系数路面上紧急制动时,由于汽车的减速度较小,玻璃管内水银的惯性力较小,其移动够不到触点处,触点仍处于断开状态 [图 6-10(a)];当在高附着系数路面紧急制动时,汽车的减速度较大,玻璃管内的水银在较大惯性力的作用下移动至

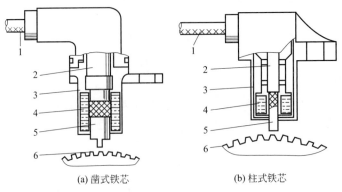

图 6-9 磁感应式车轮转速传感器的结构
1—导线；2—永久磁铁；3—传感器外壳；4—感应线圈；5—铁芯；6—齿圈

触点处，将触点接通[图 6-10(b)]。ABS 控制器根据减速度传感器输入的通、断信号来判断路面情况。

（2）差动变压器式减速度传感器（图 6-11）

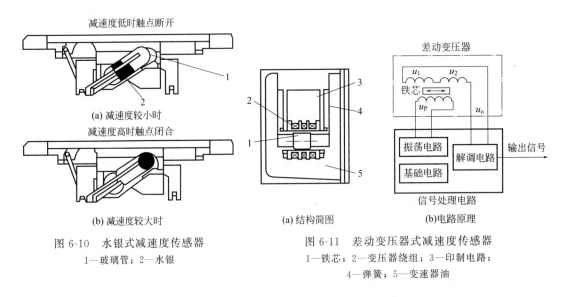

图 6-10 水银式减速度传感器
1—玻璃管；2—水银

图 6-11 差动变压器式减速度传感器
1—铁芯；2—变压器绕组；3—印制电路；
4—弹簧；5—变速器油

① 结构特点。差动变压器式减速度传感器主要由铁芯可移动的变压器和信号处理电路组成。平时变压器铁芯由两端的弹簧将其保持在中间位置，而在汽车减速时，惯性力使铁芯向一侧移动。汽车减速度越大，铁芯移动量也越大。两个次级绕组匝数相同、绕向相反，产生的感应电动势相位相反。变压器输出端电压 u_o 是两次级绕组电动势之差（u_1-u_2）。

② 工作原理。传感器接通电源后，振荡电路使变压器初级绕组输入电压 u_P，次级绕组产生大小相同、相位相反的电压 u_1 和 u_2，变压器输出 u_o 为 0。当汽车制动时，在惯性力的作用下，差动变压器铁芯移动，使变压器次级绕组产生的 u_1 和 u_2 一个增大、另一个减小，变压器就会有电压 u_o 输出。u_o 经信号处理电路处理后向控制器输出一个与铁芯位移量（汽车减速度）相对应的电压信号。

3. 制动压力调节器

制动压力调节器的作用是按照 ABS ECU 输出的控制信号动作，准确、迅速地调节制动器制动压力的大小，使车轮不被抱死。使用最为广泛的液压式制动压力调节器按其调压的方式不同分，有循环流动式和变容积式两种类型。

(1) 循环流动式制动压力调节器

循环流动式制动压力调节器串联在普通制动管路中，其组成如图 6-12 所示。在工作时其制动液循环流动，制动液循环流动的途径是：从制动主缸到制动轮缸（增压），从制动轮缸到储液器（降压），从储液器又回到制动主缸（回油泵工作）。

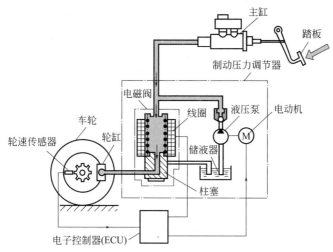

图 6-12 循环流动式制动压力调节器的组成

循环流动式制动压力调节器所用的电磁阀有三位三通式和二位二通式等不同的形式。

① 三位三通电磁阀的调压原理。采用三位三通电磁阀的循环流动式制动压力调节器工作原理如图 6-13 所示。三位三通电磁阀有三个工作位置，通过三种通电状态（不通电、半通电和全通电）控制；有三个液压通道，分别连接制动主缸、制动轮缸和储液器。三位三通电磁阀制动压力调节过程如下。

普通制动：在通常的减速制动或停车慢速制动时，由于车轮不会被抱死，ABS 不介入工作，制动压力调节器电磁阀不通电，电磁阀处于右位，制动主缸与制动轮缸直通，制动轮缸的压力直接由驾驶员作用在制动踏板上的踩踏力控制。

减压过程：当需要减小制动压力时，ECU 输出减压信号，向电磁阀提供较大的电流，电磁阀处于左位，将连接制动主缸的通道封闭，并将制动轮缸与储液器接通，使轮缸的制动压力降低。此时，电动回油泵工作，将从轮缸流入储液器的制动液泵回制动主缸。

保压过程：当需要保持制动压力时，ECU 输出保压信号，向电磁阀提供较小的电流，电磁阀处于中位，电磁阀的三个通道都被封闭，制动轮缸的压力将保持不变。

增压过程：当需要增大制动压力时，ECU 输出增压信号，使电磁阀断电，电磁阀回到右位，制动主缸与制动轮缸相通，制动主缸的高压制动液进入轮缸，使其压力增大。

ABS ECU 通过控制电磁阀全通电（降低制动压力）、半通电（保持制动压力）和断电（增大制动压力）的控制来调节制动轮缸压力的大小，使车轮处于边滚边滑的状态。

请注意：将三位三通电磁阀设置为断电时制动主缸与制动轮缸相通，其目的是当 ABS 系统失效时，ECU 不输出控制信号，电磁阀处于断电状态，使得制动主缸与轮缸直通，确保了普通制动器的正常制动作用。

② 二位二通电磁阀的调压原理。采用两个二位二通电磁阀的循环流动式制动压力调节器工作原理如图 6-14 所示。两个电磁阀均只有两个工作位置，两个液压通道接口。其中常

开电磁阀在不通电时将制动主缸与轮缸接通，常闭电磁阀则是在通电时将制动轮缸与储油器接通。采用两个二位二通电磁阀的循环流动式制动压力调节器的工作过程如下。

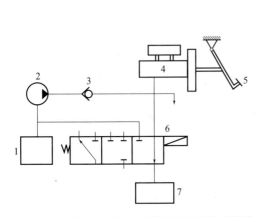 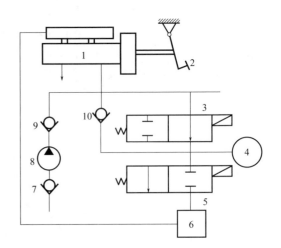

图 6-13 采用三位三通电磁阀的循环流动式制动压力调节器工作原理
1—储液器；2—回油泵；3—单向阀；4—制动主缸；5—制动踏板；6—三位三通电磁阀；7—制动轮缸

图 6-14 采用两个二位二通电磁阀的循环流动式制动压力调节器工作原理
1—制动主缸；2—制动踏板；3—常开电磁阀；4—制动轮缸；5—常闭电磁阀；6—储液器；7，9，10—单向阀；8—回油泵

普通制动：在通常的减速制动或停车慢速制动时，ABS 不工作，两个电磁阀均不通电。此时，制动主缸通过常开电磁阀与制动轮缸相通，常闭电磁阀则将通向储液器通道关闭，制动轮缸的压力由驾驶员作用在制动踏板上的踩踏力直接控制。

减压过程：当需要减小制动压力时，ECU 输出减压控制信号，使两个电磁阀均通电。常开电磁阀通电后关闭，使制动轮缸与制动主缸断开；常闭电磁阀通电后打开，使制动轮缸与储液器相通。于是，轮缸的制动液流向储液器，其制动压力降低。此时，电动回油泵工作，将从轮缸流入储液器的制动液泵回制动主缸。

保压过程：当需要保持制动压力时，ECU 输出保压信号，使常开电磁阀通电。常开电磁阀通电后关闭，常闭电磁阀不通电也处于关闭状态，此时，制动轮缸与制动主缸和储液器的通道均被封闭，使制动轮缸的压力保持不变。

增压过程：当需要增大制动压力时，ECU 输出增压信号，使两个电磁阀均处于断电状态。这时，制动轮缸只与制动主缸相通，制动主缸的高压制动液进入制动轮缸，使其压力上升。

汽车制动时，ABS ECU 通过控制两个电磁阀均不通电（压力上升）、只常开电磁阀通电（压力保持）和两个电磁阀均通电（压力下降），实现制动压力大小的自动调节，使车轮与地面的滑移率保持在 20% 左右，将车轮与地面的附着力保持在较高的范围。

请注意：将常开电磁阀连通制动主缸和制动轮缸，其作用也是当 ABS 系统失效时，两个电磁阀自然处于断电状态，制动主缸与轮缸直通，可保证普通制动器能正常起作用。

（2）变容积式制动压力调节器

变容积式制动压力调节器通过调节制动轮缸的有效容积来调节制动压力，其基本组成如图 6-15 所示。

① 结构形式。当单向阀处于关闭位置时，就隔断了制动主缸与制动轮缸之间的液压通

道，动力活塞左腔容积成为制动轮缸的有效容积，因而动力活塞的移动就会改变轮缸制动压力。动力活塞的移动由控制油腔的油压来控制。电磁阀按 ECU 的指令动作，通过改变动力活塞控制油腔的油压，使用动力活塞移动，实现制动压力的调节。

根据所采用的电磁阀不同，变容积式制动压力调节器也有三位三通式和二位二通式等不同的结构形式。

请注意： 变容积式制动压力调节器其控制油腔的高端液压源通常是由蓄压器及电动油泵所组成的液压装置产生的，但也有个别汽车是采用动力转向液压泵工作时建立的液压作为动力活塞控制油腔高端液压源。

② 调压原理。采用三位三通电磁阀的变容积式制动压力调节器工作原理如下。

普通制动：电磁阀不通电，电磁阀柱塞保持在左位，使动力活塞控制油腔与储液器相通（低压），动力活塞在其弹簧力的作用下保持在最左的位置，活塞左端的顶杆顶开单向阀，使制动主缸与制动轮缸直接连通（参见图 6-15），此时，制动压力直接由驾驶员在制动踏板上的踩踏力控制。

减压过程：ECU 输出减压控制信号时，向电磁阀提供较大电流，电磁阀柱塞处于右位（图 6-16）。动力活塞控制油腔与蓄压器相通而压力增大，使动力活塞向右移动，并使单向阀关闭，从而使制动主缸与制动轮缸断开。单向阀关闭后，动力活塞的继续右移使其左腔容积增大，制动轮缸的制动压力降低。

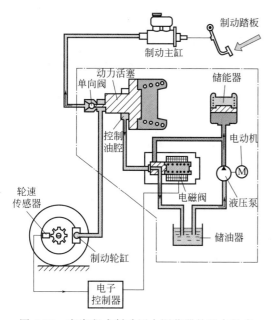

图 6-15 变容积式制动压力调节器的基本组成

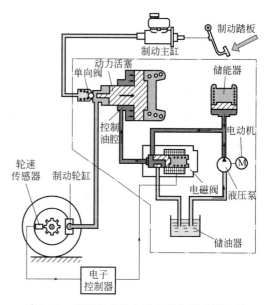

图 6-16 变容积式制动压力调节器减压过程

保压过程：当 ECU 输出保压信号时，向电磁阀提供较小的电流，电磁阀柱塞处于中位（图 6-17）。电磁阀的三个通道都被封闭，动力活塞控制油腔的液压保持不变，动力活塞因两端的受力保持平衡而静止不动，使制动轮缸的压力保持不变。

增压过程：当 ECU 输出增压信号时，电磁阀断电，电磁阀柱塞回到左位（图 6-18），动力活塞控制油腔又与储液器相通，控制油腔油压下降，动力活塞在其弹簧力的作用下向左移动，使动力活塞左腔容积减小，制动轮缸压力增大。当动力活塞移动到最左位时，活塞左端的顶杆顶开单向阀，制动主缸又与制动轮缸相通，使轮缸的液压进一步增大。

第六章 防抱死电子控制系统

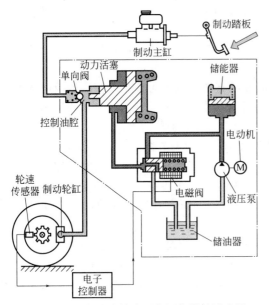
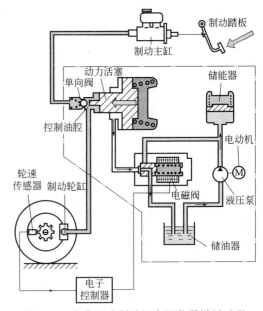

图 6-17　变容积式制动压力调节器保压过程　　图 6-18　变容积式制动压力调节器增压过程

ABS ECU 通过控制电磁阀全通电（降低制动压力）、半通电（保持制动压力）和断电（增大制动压力）来调节制动力的大小，使车轮处于边滚边滑的状态。

请注意：当 ABS 系统失效时，电磁阀处于断电状态。这时，控制油腔与储液器相通，其油压最低，动力活塞在弹簧力的作用下移至最左位，单向阀被顶开，制动主缸与轮缸直通，确保了普通制动器能正常起作用。

采用二位二通电磁阀的变容积式制动压力调节器通过两个二位二通电磁阀来调节控制油压，实现变容积式的制动压力调节。二位二通电磁阀调节动力活塞控制油腔油压的工作方式与循环流动式制动压力调节器用二位二通电磁阀调节制动轮缸压力的方式完全一样。

第三节　典型汽车防抱死电子控制系统电路分析与 ECU 故障检测

以雷克萨斯 LS400 轿车 ABS 为例，分析 ABS 电子控制系统电路的特点及 ECU 的检测方法。

一、防抱死电子控制系统电路分析

雷克萨斯 LS400 轿车 ABS 控制电路如图 6-19 所示。

1. ABS 电子控制器

雷克萨斯 LS400 轿车 ABS ECU 的插接器端子排列如图 6-20 所示，各端子功能说明见表 6-1。对于同时配备防抱死控制和防滑转控制的雷克萨斯 LS400 轿车，其 ABS 和 ASR 共用一个 ECU，其 ABS/ASR ECU 端子排列如图 6-21 所示，各端子功能说明见表 6-2。

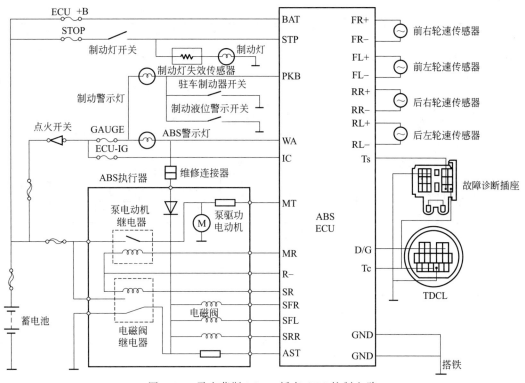

图 6-19 雷克萨斯 LS400 轿车 ABS 控制电路

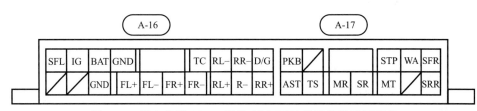

图 6-20 雷克萨斯 LS400 轿车 ABS ECU 的插接器端子排列

表 6-1 雷克萨斯 LS400 轿车 ABS ECU 端子连接及功能

端子代号	连接部件	功能说明	端子代号	连接部件	功能说明
D/G	TDCL 和检查连接器	检测与诊断	GND	搭铁	ECU 搭铁
RR−	后右车轮转速传感器	信号输入(−)	SFR	前右电磁阀线圈	控制端子
RL−	后左车轮转速传感器	信号输入(−)	WA	ABS 警告灯	控制端子
TC	TDCL 和检查连接器	检测与诊断	STP	停车灯开关	信号输入
GND	搭铁	ECU 搭铁	PKB	手制动开关	信号输入
BAT	蓄电池	ECU 直接电源	SRR	后电磁阀线圈	控制端子
IG	点火开关	开关控制电源	MT	制动压力调节器电动机	电动机监控
SFL	前左电磁阀线圈	控制端子	SR	电磁阀继电器	电磁阀电源控制端子
RR+	后右车轮转速传感器	信号输入(+)
R−	继电器线圈接地	继电器控制	MR	电动机继电器	电动机控制端子
RL+	后左车轮转速传感器	信号输入(+)

第六章 防抱死电子控制系统

续表

端子代号	连接部件	功能说明	端子代号	连接部件	功能说明
FR−	前右车轮转速传感器	信号输入（−）	TS	检查连接器	检测与诊断
FR+	前右车轮转速传感器	信号输入（+）	AST	电磁阀继电器	电磁阀继电器监控
FL−	前左车轮转速传感器	信号输入（−）			
FL+	前左车轮转速传感器	信号输入（+）			

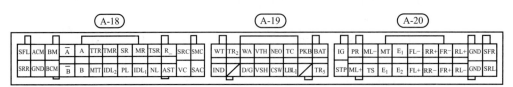

图 6-21 雷克萨斯 LS400 ABS/ASR ECU 端子排列

表 6-2 雷克萨斯 LS400 ABS/ASR ECU 端子功能说明

端子号	符号	端子功能说明	端子号	符号	端子功能说明
A18-1	SMC	制动主缸隔离电磁阀控制	A19-7	TR$_2$	发动机点火正时信号输入
2	SRC	储液器隔离电磁阀控制	8	WT	ASR 关断（OFF）指示灯控制
3	R−	继电器搭铁	9	TR$_5$	发动机电控系统故障监测
4	TSR	ASR 主继电器控制	10	—	—
5	MR	ABS 回液泵电动机继电器控制	11	LBL$_1$	制动液液位开关信号输入
6	SR	ABS 电磁阀继电器控制	12	CSW	ASR 关断（OFF）开关信号输入
7	TMR	ASR 供液泵电动机继电器控制	13	VSH	副节气门位置传感器信号输入
8	TTR	ASR 副节气门继电器控制	14	D/G	诊断端子
9	A	步进电动机控制	15	—	—
10	$\overline{A}$	步进电动机控制	16	IND	ASR 工作指示灯控制
11	BM	步进电动机电源	A20-1	SFR	前右调压电磁阀控制
12	ACM	步进电动机+	2	GND	搭铁端子
13	SFL	前左调压电磁阀控制	3	RL+	后左车轮转速传感器信号输入
14	SAC	蓄压器隔离电磁阀控制	4	FR−	前右车轮转速传感器信号输入
15	VC	蓄压器压力开关电源	5	RR+	后右车轮转速传感器信号输入
16	AST	ABS 电磁阀继电器监控	6	FL−	前左车轮转速传感器信号输入
17	NL	变速器空挡（N）开关信号输入	7	E$_1$	搭铁端子
18	IDL$_1$	主节气门怠速开关信号输入	8	MT	ABS 回液泵电动机继电器触点
19	PL	变速器停车挡（P）开关信号输入	9	ML−	ASR 供液泵电动机闭锁传感器信号输入
20	IDL$_2$	副节气门怠速开关信号输入	10	PR	蓄压器压力开关信号输入
21	MTT	ASR 供液泵电动机继电器监控	11	IG	点火开关信号输入
22	B	步进电动机控制	12	SRL	后左调压电磁阀控制
23	$\overline{B}$	步进电动机控制	13	GND	搭铁端子
24	BCM	步进电动机+	14	RL−	后左车轮转速传感器信号输入

续表

端子号	符号	端子功能说明	端子号	符号	端子功能说明
25	GND	搭铁端子	15	FR+	前右车轮转速传感器信号输入
26	SRR	后右调压电磁阀控制	16	RR−	后右车轮转速传感器信号输入
A19-1	BAT	常接电源端子	17	FL+	前左车轮转速传感器信号输入
2	PKB	驻车制动开关信号输入	18	E_2	搭铁端子
3	TC	诊断端子	19	E_1	搭铁端子
4	NEO	发动机转速脉冲信号输入	20	TS	轮传感器检测端子
5	VTH	主节气门位置传感器信号输入	21	ML+	ASR供液泵电动机闭锁传感器信号输入
6	WA	ABS警告灯控制	22	STP	制动灯开关信号输入

2. ABS 主要电路分析

（1）ABS 电磁阀继电器控制电路分析

ABS 制动压力调节器电磁阀继电器控制电路如图 6-22 所示。ABS 电磁阀继电器为复合式触点，常闭触点使 ABS 各电磁阀接地，常开触点闭合时接通各电磁阀线圈电源，并通过 AST 端子向 ECU 提供 ABS 电磁阀继电器工作反馈信息。

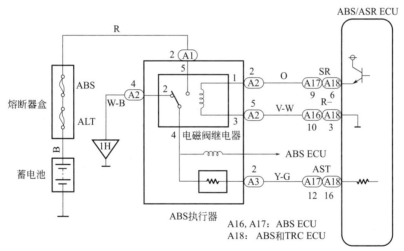

图 6-22　ABS 制动压力调节器电磁阀继电器控制电路

ECU 通过 SR 端子输出电压，控制 ABS 电磁阀工作。

（2）ABS 回油泵电动机控制电路

ABS 回油泵电动机控制电路如图 6-23 所示。

回油泵电动机通过一个常开触点继电器接通电源，ABS ECU 通过 MR 端子控制常开触点继电器工作。继电器触点闭合时，通过 MT 端子向 ECU 提供回油泵继电器工作反馈信号。

（3）ABS 制动压力调节器电磁阀控制电路

ABS 制动压力调节器电磁阀控制电路如图 6-24 所示。

当电磁阀继电器线圈通电，其常开触点闭合时，ECU 通过 SFR、SFL、SR 端子控制相应的电磁阀线圈全通电、半通电和断电。

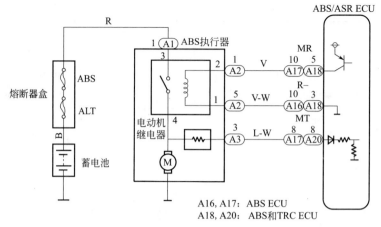

图 6-23 ABS 回油泵电动机控制电路

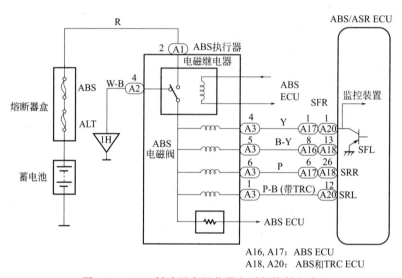

图 6-24 ABS 制动压力调节器电磁阀控制电路

二、防抱死电子控制系统 ECU 故障检测

雷克萨斯 LS400 轿车 ABS 电路通过对 ABS ECU 有关端子对地电压和通路情况的检测，可判断 ECU 及相关电路与部件正常与否。雷克萨斯 LS400 轿车（不带 TRC）ABS 控制电路的检测要点如表 6-3 所示。

表 6-3 雷克萨斯 LS400 轿车 ABS 控制电路的检测要点

检测端子（端子号）	检测状态	正常情况	检测异常可能的故障部位
BAT（A16-6）	测电压	蓄电池电压	ABS ECU 和蓄电池之间的电源线路与相关的熔断器
STP（A17-3）	踩下制动踏板	蓄电池电压	制动灯开关及电路
	不踩制动踏板	通路（有电阻）	制动灯或制动灯失效传感器

续表

检测端子 (端子号)	检测状态	正常情况	检测异常可能的故障部位
PKB (A17-5)	点火开关 ON,拉紧手制动器	约 0V	手制动器开关 制动液面开关 制动警示灯及连接线路
	点火开关 ON,放松手制动器	蓄电池电压	
WA (A17-2)	点火开关 ON,ABS 警告灯亮	约 0V	ABS 警告灯及连接线路 ABS ECU
	点火开关 ON,ABS 警告灯熄灭	蓄电池电压	
IG (A16-7)	点火开关 ON	蓄电池电压	ECU-IG 熔断器 点火开关及相关线路
	点火开关 OFF	约 0V	
MT (A17-8)	点火开关 OFF	通路	制动压力调节器
MR (A17-10)	变速器在行驶挡位,手制器、脚制动器均放松,点火开关 ON,ABS 警告灯不亮	蓄电池电压	制动压力调节器 制动压力调节器与 ECU 之间线路 ABS ECU
R (A16-10)	点火开关 OFF	通路	ABS ECU
SR (A17-9)	点火开关 ON,ABS 灯亮	约 0V	制动压力调节器 ABS ECU
	点火开关 ON,ABS 灯熄灭	蓄电池电压	
SFR (A17-1)	点火开关 ON,ABS 灯亮	约 0V	制动压力调节器 ABS ECU
	点火开关 ON,ABS 灯熄灭	蓄电池电压	
SFL (A16-8)	点火开关 ON,ABS 灯亮	约 0V	
	点火开关 ON,ABS 灯熄灭	蓄电池电压	
SRR (A17-6)	点火开关 ON,ABS 灯亮	约 0V	
	点火开关 ON,ABS 灯熄灭	蓄电池电压	
AST (A17-12)	点火开关 ON,ABS 灯亮	约 0V	
	点火开关 ON,ABS 灯熄灭	蓄电池电压	
TS (A17-11)	检查连接器 TS-E1 不连接	不通	检查连接器 检查连接器与 ECU 之间的线路
	检查连接器 TS-E1 连接	通路	
TC (A16-4)	检查连接器 TC-E1 不连接	不通	检查连接器 检查连接器与 ECU 之间的线路
	检查连接器 TC-E1 连接	通路	
GND (A16-5、16)	点火开关 OFF	通路	ECU 搭铁线路

说明: 检查各端子与搭铁之间的通断情况用高阻抗的欧姆表,并在点火开关关断时测量。

若 ECU 各端子异常,就需要对相关电路进行检查,如果电路正常,则可能是 ECU 有故障,需要通过替换法确认故障。

第七章 动力转向电子控制系统

第一节 动力转向电子控制系统概述

一、汽车动力转向及动力转向电子控制系统的作用

1. 汽车动力转向的作用

汽车动力转向是利用液压泵所产生的液压驱动力或由电动机产生的电驱动力提供转向助力，以减轻驾驶操控方向盘的劳动强度。动力转向装置最早在一些重型汽车上使用，现在不仅在中型以上的载货汽车有广泛运用，在轿车上也普遍装备了动力转向装置。

说明： 轿车由于其发动机前置及前轮驱动，前轴负荷增加，转向阻力较大，加之轿车用作转向机构的安装空间很小，机械转向系统的设计自由度极为有限。因此，动力转向装置也就成了现代轿车的必然选择。

2. 动力转向电子控制系统的作用

汽车在不同的行驶速度下，其转向阻力是不同的，在车速低时，其转向阻力大，需要对转向车轮施以较大的转向驱动力。随着车速的提高，转向阻力减小，所需的转向驱动力相应减小。动力转向电子控制系统的作用就是根据车速及转向情况对转向助力大小实施控制，使动力转向系统在不同的行驶速度下都有一个最佳的转向助力。

请注意： 动力转向的作用是使转向轻便，而动力转向电子控制系统的作用则是使转向助力装置的转向驱动力随汽车行驶速度的变化而适当地改变。

现代汽车动力转向电子控制系统具体的功能如下。

① 汽车低速时有较大的转向助力。汽车在低速行驶时控制转向助力机构有较大的放大倍率，以减轻转向操纵力，使转向轻便、灵活。

② 汽车高速时有相对较小的转向助力。在汽车高速行驶时自动减小动力转向放大倍率，以保持有良好的方向盘操纵手感，以提高汽车高速行驶时的操纵稳定性。

③ 根据实际需要设置不同的转向助力特性。可以设置不同的转向放大特性来满足不同使用对象的需要。

电子控制动力转向系统使转向助力装置具有良好的转向动力特性，已逐渐成为现代汽车提高其操纵轻便性、行驶安全性及舒适性的必选装备。

二、电子控制动力转向系统的分类

电子控制动力转向系统（Electronic Control Power Steering，ECPS 或 EPS）主要由机械转向机构、转向助力装置和电子控制系统三大部分组成。目前汽车上使用的电子控制动力转向系统有多种结构形式，按转向助力装置动力源不同分，有液力式动力转向系统和电动式动力转向系统两大类。

1. 液力式动力转向系统

液力式动力转向系统其转向助力源是由发动机驱动的液压泵，电子控制器根据相关传感器的信号，通过电磁阀来调节转向助力装置液体流量或液压，以实现最佳转向助力控制。液力式动力转向系统的组成如图 7-1 所示。

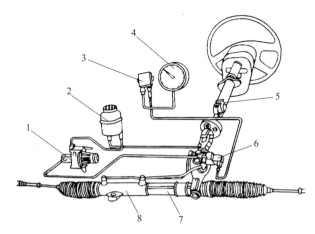

图 7-1 液力式动力转向系统的组成
1—动力转向液压泵；2—储油罐；3—ECU；4—车速表；5—转向轴与万向节；
6—电磁阀；7—齿轮齿条式转向器；8—转向助力油缸

液力式动力转向系统按转向助力装置的结构原理不同分，主要有流量控制式、反力控制式和阀灵敏度控制式三种。

2. 电动式动力转向系统

电动式动力转向系统其转向助力来自电动机，电子控制器根据相关传感器所检测到的转动方向和车速参数来控制电动机转矩的大小及转动方向，并通过电磁离合器和减速机构使汽车转向机构得到一个与行驶工况相适应的转向作用力。

电动式电子控制动力转向系统按电动式转向助力机构的位置不同分，有转向轴助力式、转向器小齿轮助力式和齿条助力式等几种形式。

① 转向轴助力式。转向助力机构安装在转向轴上，如图 7-2 所示。电动机的动力经离

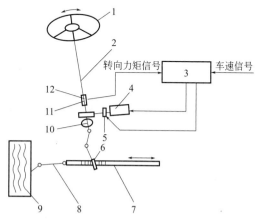

图 7-2 转向轴助力式动力转向系统
1—方向盘；2—转向轴；3—动力转向 ECU；4—电动机；
5—电磁离合器；6—转向齿条；7—横拉杆；8—转向轮；
9—输出轴；10—扭力杆；11—转矩传感器；12—转向齿轮

第七章 动力转向电子控制系统

合器、电动机齿轮传给转向轴的齿轮,再经万向节及中间轴传给转向器。

② 转向器小齿轮助力式。转向助力机构安装在转向器小齿轮处,如图7-3所示。与转向轴助力式相比,可以提供较大的转向力。这种助力方式的缺点是助力特性的控制难度较大。

③ 齿条助力式。转向助力机构安装在转向齿条处,如图7-4所示。电动机通过减速传动机构直接驱动转向齿条。与转向器小齿轮助力式相比,可以提供更大的转向助力,更适用于大型车。这种助力方式需要对原有的转向传动机构有较大改变。

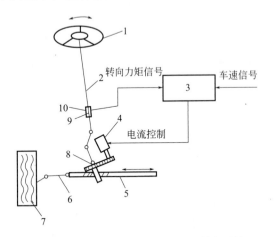

图7-3 转向器小齿轮助力式动力转向系统
1—方向盘;2—转向轴;3—动力转向ECU;4—电动机;
5—转向齿条;6—横拉杆;7—转向轮;8—小齿轮;
9—扭力杆;10—转矩传感器

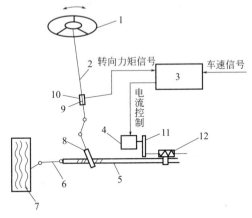

图7-4 齿条助力式动力转向系统
1—方向盘;2—转向轴;3—动力转向ECU;4—电动机;
5—转向齿条;6—横拉杆;7—转向轮;8—小齿轮;9—扭力杆;10—转矩传感器;11—斜齿轮;12—螺杆螺母

目前汽车上液力式动力转向系统还有着广泛的应用,但是,电动式动力转向装置具有节能、安全与维护方便等诸多优点,其在汽车上的使用将会越来越多。

第二节 动力转向电子控制系统的控制原理

一、液力式动力转向装置的组成与控制原理

1. 液力式动力转向装置的组成

液力式动力转向电子控制系统的控制原理图7-5所示。

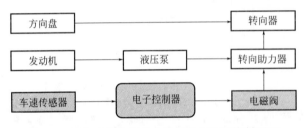

图7-5 液力式动力转向电子控制系统的控制原理

发动机、液压泵和转向助力器组成了液压动力转向系统,将发动机的部分功率转换为液力,进而产生转向助力。车速传感器、电子控制器和转向助力控制电磁阀组成了转向助力控制系统。液力式动力转向装置各部件说明如下。

（1）动力转向液压泵

动力转向液压泵的作用是在发动机的驱动下吸入动力转向储油罐中的油液并产生液压能，通过液压软管将液力输入动力转向装置，以实现转向助力。动力转向液压泵有齿轮泵、柱塞泵、叶片泵等不同的类型。

（2）动力转向装置

动力转向装置的作用是将方向盘的操控力放大，利用源自液压泵的液力驱动转向车轮转向。动力转向装置一般由液压缸、液压控制阀等组成，不同类型的动力转向装置其具体的组成部件与工作原理均不相同。

（3）电磁阀

电磁阀是液力式动力转向电子控制系统的执行器，其作用是：在电子控制器的控制下动作，适时地调节控制油压或液流量，以使动力转向装置产生适应于转向阻力的转向动力。

（4）车速传感器

车速传感器产生的汽车行驶速度信号是动力转向 ECU 确定转向助力大小的重要参数。车速传感器通常与防抱死电子控制系统、自动变速器电子控制系统等其他汽车电子控制系统共享。

（5）动力转向 ECU

动力转向 ECU 主要根据车速传感器的信号得出最佳转向助力参数，并输出控制信号，通过电磁阀驱动电路使电磁阀动作，以控制动力转向装置产生适当的转向助力。

2. 液力式动力转向电子控制系统的工作方式

由发动机驱动的液压泵产生液压，通过转向助力器对转向机构施以助力。ECU 根据车速传感器的信号对转向助力大小做出分析与判断，并输出相应的控制信号，通过电磁阀的动作控制转向助力装置的工作，将液力转向驱动力控制在最佳值。

请注意： 液力式动力转装置其转向助力源来自由发动机驱动的液压泵，因而在发动机不工作时汽车无转向助力作用。

3. 液力式电子控制动力转向系统转向助力控制原理

（1）流量控制式 EPS 工作原理

流量控制式 EPS 主要由车速传感器、电磁阀、整体式动力转向控制阀、动力转向液压泵和电子控制器等组成（图 7-6）。

① 结构特点。用来控制液流量的电磁阀安装在通向转向动力缸活塞两侧油室的油道之间，当电磁阀完全开启时，两油道就被电磁阀旁路。动力转向 ECU 根据车速传感器的信号确定转向助力放大倍率，并输出控制信号控制电磁阀的开度，以改变转向动力缸活塞两侧油室的旁路液压油流量，实现转向助力的控制。

② 工作原理。动力转向 ECU 通过输出占空比控制信号来控制电磁阀的开度。在车速低很低时，ECU 输出占

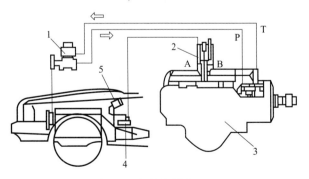

图 7-6 流量控制式 EPS
1—动力转向液压泵；2—电磁阀；3—动力转向控制阀；
4—EPS ECU；5—车速传感器

空比很小的控制脉冲,通过电磁阀线圈的平均电流小,电磁阀的开度小,旁路液压油流量也小,使得液压助力作用大,从而确保方向盘操纵轻便。当车速提高时,控制器输出占空比较大的控制脉冲,使电磁阀线圈的平均电流增大,电磁阀的开启程度增大,这时电磁阀旁路液压油流量增大,使得液压助力作用减小,以确保转向时驾驶员操纵方向盘有良好的路感。

(2)反力控制式 EPS 工作原理

反力控制式动力转向系统主要由转向控制阀、分流阀、电磁阀、转向动力缸、转向液压泵、储油箱、车速传感器及电子控制器组成,如图 7-7 所示。

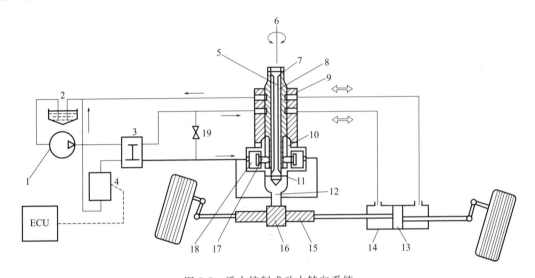

图 7-7　反力控制式动力转向系统

1—转向液压泵;2—储油器;3—分流阀;4—电磁阀;5—扭力杆;6—方向盘;7,10,11—销;
8—转阀阀杆;9—控制阀阀体;12—小齿轮轴;13—动力缸活塞;14—转向动力缸;
15—齿条;16—小齿轮;17—柱塞;18—液压反作用力室;19—小孔

① 结构特点。转向控制阀由传统的整体转阀式动力转向控制阀和油压反力室构成。扭力杆的上、下端分别通过销子与转阀阀杆和小齿轮轴连接,而小齿轮轴的上端部通过销子与控制阀阀体相连。在转向时,方向盘上的转向力通过扭力杆传递给小齿轮轴。当扭力杆发生扭转变形时,控制阀体和转阀阀杆之间的相对转动,改变了阀体和阀杆之间油道的通、断关系和工作油液的流动方向,并通过转向动力缸实现转向助力作用。

分流阀将来自转向液压泵的液压油向控制阀一侧和电磁阀一侧分流,按照车速和转向要求,改变控制阀一侧与电磁阀一侧的液压,确保电磁阀一侧具有稳定的液流量。固定小孔的作用是把供给转向控制阀的一部分流量分配到油压反力室一侧。

② 工作原理。电磁阀开度变化可改变液压反力室的液压,而反力室液压通过柱塞作用于转阀阀杆。当车辆停驶或车速较低时,动力转向 ECU 输出的控制信号使电磁阀线圈电流增大,电磁阀开度大,经分流阀分流的液压油通过电磁阀流回到储油箱中而使液压反力室压力(作用于柱塞的背压)降低,柱塞对转阀阀杆的作用力较小,此时较小的方向盘作用力就可使扭力杆扭转变形,使阀体与阀杆发生相对转动而实现转向助力作用(相当于转向助力增大)。当汽车在高速行驶中转向时,动力转向 ECU 使电磁阀线圈的电流减小,电磁阀开度减小而使液压反力室的液压升高,柱塞作用于转阀阀杆的力增大,这时需要较大的方向盘作用力才能使阀体与阀杆之间做相对转动而实现转向助力作用(相当于转向助力减小),驾驶员可获得良好的转向手感。

(3) 阀灵敏度控制式 EPS 工作原理

阀灵敏度控制式 EPS 主要由转向控制阀、电磁阀、转向动力缸、转向液压泵、储油箱、车速传感器及电子控制器等组成（图7-8）。

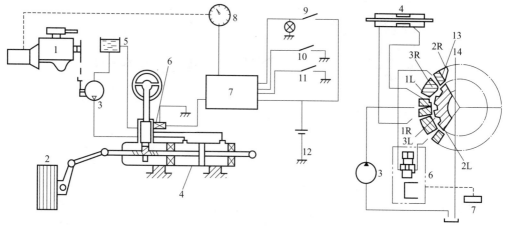

图 7-8　阀灵敏度控制式动力转向系统

1—发动机；2—前轮；3—动力转向液压泵；4—转向动力缸；5—储油箱；6—电磁阀；7—动力转向ECU；8—车速传感器；9—车灯开关；10,11—空挡开关；12—蓄电池；13—转向控制阀外体；14—转向控制阀内体

① 结构特点。动力转向 ECU 通过电磁阀直接控制动力转向控制阀的液压增益（阀灵敏度）实现转向助力放大倍率的控制。由外体和内体构成的转向控制阀有通孔截面可变的低速专用小孔（1R、1L、2R、2L）和高速专用小孔（3R、3L），在高速专用可变孔的下边设有旁通电磁阀回路。转向控制阀的等效液压回路如图7-9所示。

② 工作原理。在车辆停止时，动力转向 ECU 使电磁阀完全关闭，如果此时转向（设向右转动方向盘），较小的转向力就可使低速专用小孔 1R、2R 关闭，转向液压泵的液压油经低速专用小孔 1L 流向转向动力缸右侧液压腔，其左液压腔的液压经小孔 3L、2L 流回储油箱，动力缸活塞在左右液压腔压力差的作用下移动，使转向器获得转向动力。此时阀灵敏度高，具有轻便的转向特性。

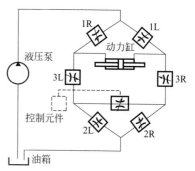

图 7-9　转向控制阀的等效液压回路

当车辆高速行驶时，ECU 输出的控制信号使电磁阀的开度增大。如果此时转向（设右转向），转向液压泵的液压油液经开启的小孔 1L、小孔 3R、旁通电磁阀及小孔 2L 流回储油箱。经旁通电磁阀旁路的液流不仅降低了转向动力缸右腔的液压，还通过小孔 2L 的节流作用使转向动力缸左腔的液压上升，因而使得转向动力缸左右液压腔压差减小，转向器获得的转向动力相应减小。可见，车速高时，电磁阀的开度大，旁路流量大，动力转向控制阀的灵敏度低，转向器获得的助力作用小，其转向特性可使驾驶员操纵方向盘有良好的路感。

二、电动式动力转向助力装置的组成与控制原理

1. 电动式动力转向装置的基本组成

电动式动力转向电子控制系统控制原理如图7-10所示。电动式 EPS 是在机械转向机构

的基础上，增加了电动式助力机构及转向助力控制系统，其主要组成部件有转矩传感器、车速传感器、电动机、电磁离合器、减速机构和电子控制器等。

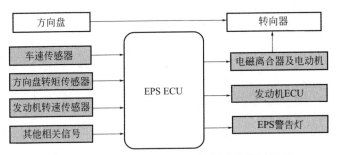

图 7-10　电动式动力转向电子控制系统控制原理

（1）转矩传感器

转矩传感器将驾驶员作用于方向盘上的力转换为相应的电信号，并输入动力转向 ECU。ECU 根据转矩传感器的信号来判断作用于方向盘上转矩的大小和方向，再根据车速传感器的信号选定电动机的电流和转向，以控制转向助力的大小和方向。方向盘转矩传感器有电感式和电位计式两种类型。电感式方向盘转矩传感器的结构与原理如图 7-11 所示。

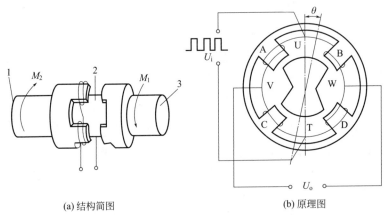

(a) 结构简图　　　　　　　　　(b) 原理图

图 7-11　电感式方向盘转矩传感器的结构与原理

1—输出轴；2—扭力杆；3—输入轴；M_1—方向盘转矩；M_2—方向盘阻力矩

在输出轴的极靴上分别绕有 A、B、C、D 四个线圈，并连接成电感电桥。在线圈的 U、T 两端输入持续的脉冲电压 U_i。当转向杆上的扭矩为 0 时，定子与转子的相对转角为 0，这时转子的纵向对称面处于图示定子 AC、BD 的对称平面上，每个极靴上的磁通量均相等，因而由线圈组成的电桥处于平衡状态，在 V、W 两端的电位差 U_o 为 0。转向时，由于扭力杆与输出轴极靴之间发生相对的扭转变形，定子与转子之间产生角位移 θ。这时，极靴 A、D 间的磁阻增大，B、C 间的磁阻减小，各极靴的磁通量产生了差别，使电桥失去平衡。于是，在 V、W 之间就出现电位差 U_o。U_o 与扭力杆的扭转角 θ 和输入电压 U_i 成正比（$U_o = k\theta U_i$，k 为比例系数），而扭转角 θ 又与作用于扭力杆的转矩成比例，因此，U_o 就反映了方向盘的转矩参数。

（2）直流电动机

电动式 EPS 的直流电动机通常采用永磁式电动机，通过控制电动机电流大小实现其输出转矩的控制，电动机的正转和反转则是由 ECU 通过其输出的正反转触发脉冲控制。以

图 7-12 所示的电动机控制电路为例，说明电动机转向和转矩的控制原理。

① 电动机的正反转控制。a_1、a_2 为电动机正反转信号触发端，当 a_1 端有触发信号输入时，VT_3 导通，VT_2 得到基极电流也导通，电源向电动机提供的电流经 VT_2、电动机 M、VT_3 到搭铁，电动机正转。当 a_2 端有触发信号输入时，VT_4 导通，VT_1 得到基极电流也导通，电流经 VT_1、电动机 M、VT_4 到搭铁，电动机反转。

② 电动机转矩控制。电动机的电流大小由 a_1、a_2 端触发信号的电流大小来控制。

（3）电磁离合器

在需要用电动机驱动转向机构进行动力转向时，电磁离合器通电接合，使电动机所产生的电磁转矩通过传动机构传递给转向车轮。在不进行动力转向（比如：低速助力型动力转向系统在车速超出助力范围、电动机或控制电路出现了故障等）时，电磁离合器则不通电而分离，使电动助力转向机构不影响驾驶员手动转向操作。

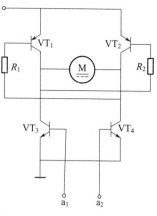

图 7-12 电动机正反转控制电路

电动式动力转向系统通常采用干式单片式电磁离合器，在电动机输出轴上的主动轮内装有电磁线圈，通过滑环引入电流。当离合器通电时，电磁线圈产生的电磁力使压板与主动轮端面压紧。于是，电动机的电磁转矩经主动轮、压板、花键、从动轴传递给减速机构。

（4）减速机构

电动式 EPS 减机构的作用是增矩减速，一般采用蜗轮蜗杆传动与转向轴驱动组合方式，也有采用两级行星齿轮传动与传动齿轮驱动组合方式。为了抑制噪声和提高耐久性，减速机构中的齿轮有的采用特殊齿形，有的采用树脂材料制成。

2. 电动式动力转向电子控制系统的控制原理

电动式 EPS 的 ECU 根据车速、转向力及转向角等参数，计算得到最佳的转向助力转矩，并向转向助力机构输出控制信号，控制电动机和电磁离合器的工作。电动机输出的转矩通过电磁离合器和减速机构施加于转向器，使转向器得到一个与汽车行驶速度相适应的转向作用力。这种转向助力的控制，既保证了低速时转向的轻便性，又使高速时有良好的转向操纵稳定性。

说明：在汽车车速变化范围内，电子控制器均可进行转向助力大小控制的称为全速助力型 EPS。一些汽车的电动式动力转向控制装置在车速上升到某一设定值时，ECU 会停止转向助力，这种电动式动力转向装置也被称为低速助力型 EPS。

第三节 典型动力转向电子控制系统电路分析 ECU 故障检测

一、液力式动力转向电子控制系统电路分析与 ECU 故障检测

1. 液力式动力转向电子控制系统电路分析

丰田皇冠 3.0、雷克萨斯 LS400 轿车均采用液力式动力转向系统，采用反作用力方式控

制转向力大小，其电子控制系统电路如图 7-13 所示。

该电子控制系统电路中，只有一个开关式车速传感器，执行器是用来控制动力转向旋转阀下端液压反作用室液压的电磁阀，该电磁阀为开关式电磁阀，ECU 通过占空比信号控制其线圈的平均电流，以实现阀开度大小的控制。该电子控制系统 ECU 插接器端子排列如图 7-14 所示，其各端子功能如表 7-1 所示。

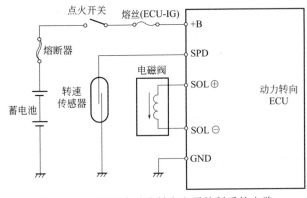

图 7-13 丰田轿车动力转向电子控制系统电路

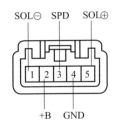

图 7-14 ECU 插接器端子排列

表 7-1 丰田轿车动力转向 ECU 各端子功能

序号	端子符号	端子功能
1/5	SOL⊖/SOL⊕	电磁阀(执行器)控制端子，输出占空比信号
2	+B	ECU 的主电源端子
3	SPD	输入车速传感器的脉冲信号
4	GND	ECU 的接地端子

2. 液力式动力转向电子控制系统 ECU 故障检测

可用排除法诊断 ECU 是否有故障，即通过对 ECU 各端子的检测，以区分是 ECU 外围电路的故障还是 ECU 有故障。

（1）检查 ECU 的 +B 端子电压

① 拔开动力转向 ECU 插接器，然后接通点火开关。

② 用直流电压表测量 ECU 插接器 2 号端子（线束侧 +B 端子）与搭铁之间的电压。正常电压应为蓄电池电压。

如果电压不正常，则为 ECU-IG 熔断器与 ECU 的 +B 端子之间的线路有断路故障，需予以修理或更换；如果电压正常，则进行下一步检查。

（2）检查 ECU 的 GND 端子对地电阻

关闭点火开关，用万用表电阻挡测量 ECU 插接器 4 号端子（线束侧 GND 端子）与搭铁之间的电阻，正常应为通路。

如果电阻不为 0Ω，则需检修 ECU 的 GND 端子与车身搭铁之间的线路断路故障；如果通路，则进行下一步检查。

（3）检查 ECU 的 SPD 端子对地电阻

① 将车辆举升，使车轮悬空。

② 转动后车轮，并用万用表电阻挡测量 ECU 插接器的 3 号端子（线束侧 SPD 端子）与 GND 端子之间的电阻，正常电阻应为 0Ω→∞→0Ω 变化。

如果电阻值无变化，则需检查 ECU 的 SPD 端子与车速传感器之间的线路有无断路或短路故障，若线路良好，则需检查或更换车速传感器；如果电阻值变化正常，则进行下一步检查。

（4）检查 ECU 的 SOL⊖ 或 SOL⊕ 端子对地电阻

用万用表电阻挡测量 ECU 插接器的 1 号或 5 号（线束侧 SOL⊕ 或 SOL⊖ 端子）与 GND 端子之间的电阻，正常电阻应为 ∞。

如果电阻很小或完全通路，则为电磁阀线路或电磁阀有搭铁故障，需予以检修；如果不通，则进行下一步检查。

（5）检查 ECU 的 SOL⊕ 与 SOL⊖ 之间的电阻

用万用表电阻挡测量 ECU 插接器 1 号与 5 号（线束侧 SOL⊕ 与 SOL⊖ 端子）之间的电阻，正常电阻应为 6～11Ω。

如果电阻不正常，则为电磁阀线路断路或电磁阀有故障，需予以检修；如果电阻正常，则说明 ECU 的外围电路均正常，动力转向电子控制系统工作不正常的原因是动力转向 ECU 故障，需要更换动力转向 ECU。

二、电动式动力转向电子控制系统电路分析与 ECU 故障检测

1. 电动式动力转向电子控制系统电路分析

电动式动力转向电子控制系统所用的传感器及执行器比液力式动力转向电子控制系统要多，三菱汽车电动式动力转向 ECU 电路原理如图 7-15 所示。

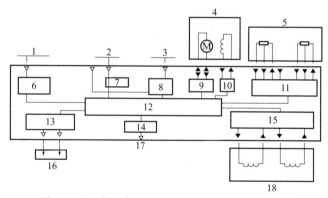

图 7-15　三菱汽车电动式动力转向 ECU 电路原理

1—接点火开关；2—接交流发电机 L 端子；3—接熔丝；4—电动机与离合器总成；5—转矩传感器（主、副）；6—自我修正控制；7—发电机监测电路；8—电源电路；9—电动机正反转控制电路；10—离合器驱动电路；11—方向盘转矩与转角信号处理电路；12—计算机（MC6805）芯片；13—传感器故障监测；14—电动机工作监测电路；15—车速与基准车速比较电路；16—诊断插座；17—接二极管；18—车速传感器

该电动式动力转向为低速助力型，即只是在低速时有助力作用，在车速较高（高于 30km/h）时不助力，以简化控制。

在点火开关接通时，EPS ECU 电源（蓄电池）接通。发动机启动后，交流发电机 L 端子电压信号输送给 EPS ECU，使 ECU 获得发动机运转信号，转入电动转向控制工作状态。

转向时，EPS ECU 就会根据车速传感器和转矩传感器信号进行转向助力控制，使电磁离合器通电接合，并使电动机通过相应的电流而转动。电动机产生的电磁力矩经减速机构驱动小齿轮，由小齿轮对转向器施加转向助力。

当车速在 30km/h 以上时，电控装置将切断离合器和电动机电流，使离合器分离，电动机停止工作，电动转向助力系统停止工作，变为常规转向工作模式。当车速下降至 27km/h 以下时，EPS ECU 使离合器通电接合，并根据当时的车速控制电动机电流大小，使转向器又获得适宜的转向助力。

该 EPS ECU 有 3 个插接器，各插接器的端子排列如图 7-16 所示，插接器各端子所连接的部件及功能如表 7-2～表 7-4 所示。

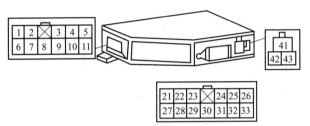

图 7-16　电动式 EPS ECU 插接器端子排列

表 7-2　EPS ECU 11 端子插接器连接/功能说明

端子号	连接元器件	端子号	连接元器件
1	诊断检查用端子	7	快怠速电磁阀、发动机控制装置/信号输出
2	诊断检查用端子	8	点火开关/ECU 电源
3～5	未用	9	交流发电机(L 端子)/转速信号输入
6	警告灯/控制信号输出	10、11	未用

表 7-3　EPS ECU 13 端子插接器连接/功能说明

端子号	连接元器件	端子号	连接元器件
21	电磁离合器电源	28	转矩传感器接地(副)
22	转矩传感器接地(主)	29	转矩传感器(主)/转矩信号输入
23	转矩传感器(副)/转矩信号输入	30	传感器屏蔽接地
24	转矩传感器电源(主)	31	转矩传感器电源(副)
25	车速传感器(副)/车速信号输入	32	车速传感器(副)/车速信号输入
26	车速传感器(主)/车速信号输入	33	车速传感器(主)/车速信号输入
27	电磁离合器/控制信号输出		

表 7-4　EPS ECU 3 端子插接器连接/功能说明

端子号	连接元器件
41	蓄电池/ECU 常接电源端子
42	直流电动机(＋)/控制信号输出
43	直流电动机(－)/控制信号输出

2. 电动式动力转向电子控制系统 ECU 的检测

(1) 排除法检测 ECU

根据表 7-2 和表 7-3 所示的 ECU 各端子的连接情况，逐个检测 ECU 各端子所连接的电源电路、转矩传感器电路、车速传感器电路、电动机电路、电磁离合器电路等的情况。

如果检测某电路有故障，则检修该电路及所连接的器件；如果 ECU 各端子所连接的各线路均正常，但动力转向电子控制系统不工作或工作异常，则需要更换 ECU。

(2) 替换法检测 ECU

当可取得与该车型同型号且工作正常的动力转向 ECU 时，也可以采用替换法检测 ECU。将正常的动力转向 ECU 替换怀疑有故障的 ECU，如果动力转向电子控制系统故障消失，则动力转向 ECU 故障就可以确定。

第八章 悬架电子控制系统

第一节 悬架电子控制系统概述

一、电子控制悬架系统的作用

1. 汽车对悬架的要求

汽车悬架的作用是承受和传递车轮与车架之间的各种力和力矩，吸收和减缓汽车运行过程中的冲击和振动，使汽车具有良好的平顺性和稳定性。

汽车在行驶中其平顺性和稳定性与其悬架的刚度及减振器的阻尼密切相关，但平顺性和稳定性对悬架的刚度及阻尼的要求具有互相排斥性。降低悬架刚度可使车身振动时的加速度减小，车辆的平顺性得以改善，但这会导致车身位移增加，给车辆操纵的稳定性带来不良影响；增加弹簧刚度可提高车辆的操纵稳定性，但刚度大的悬架对路面不平度很敏感，车身的振动加速度会增大，导致车辆的平顺性下降。

阅读提示：理想的汽车悬架应该是随着汽车载重量的不同、行驶条件和行驶工况的变化，其悬架弹簧的刚度和减振器阻尼会随之做出相应的改变，以使汽车在确保稳定性的同时，最大限度地满足车辆平顺性的需要。

2. 传统悬架的不足

传统的汽车悬架刚度和阻尼是按照一定的载荷、某种路面情况和车速，兼顾平顺性和稳定性的要求进行优化设计而选定的，而汽车在行驶过程中其载重量、路面情况及车速均变化不定。可见，这种刚度和阻尼不能根据实际需要进行及时调整的悬架（称为被动悬架）不能使车辆的平顺性和操纵稳定性始终保持在比较良好的状态。

3. 电子控制悬架的作用

电子控制悬架系统由传感器、控制器和执行机构组成（图 8-1）。电子控制悬架系统除了传统悬架具有吸收、缓和车身的振动冲击等基本功能外，还能根据汽车载荷、路面、行驶车速、行驶工况等的变化情况，自动地调整悬架的刚度和阻尼及车身高度（称其为主动悬架），使汽车在瞬息变化的运行条件下，均能获得很好的平顺性和操纵稳定性。刚度、阻尼及车身高度可变的主动式悬架所起的作用主要体现在如下几点。

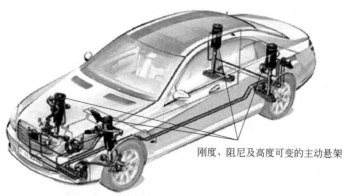

图 8-1 刚度、阻尼及高度可调的主动悬架（电子控制悬架）

① 汽车载荷变化时，电子控制悬架系统能自动维持车身高度，使其变化较小，从而可保证汽车在各种不同路面行驶的车身平稳。

② 悬架刚度可以设计小些，使车身的固有振动频率在 70 次/min 左右（在人感到乘坐非常舒适的范围内）。由于各个悬架的刚度可自动独立地调整，可有效防止和减缓汽车转弯时出现的车身侧倾和起步、加速、制动时所引起车身的纵向摆动。

③ 一般的悬架系统，在汽车制动时，尤其是紧急制动时，车头向下俯冲，使后轴载荷剧减，造成后轮与地面的附着条件严重恶化，容易引起制动失灵。电子控制悬架系统能有效防止这一不良后果，可保证应有的附着条件和制动距离。

④ 电子控制悬架系统可使车轮与地面一直保持良好接触，可使附着力稳定，提高了牵引力、制动力、抗侧滑力，因而提高了汽车的动力性、安全性和经济性。

⑤ 由于能很好地控制与调整悬架的刚度和阻尼，消除了车身的恶性振动冲击，提高了车辆的使用寿命。

二、电子控制悬架系统的类型

电子控制悬架系统发展至今已有多种结构类型，现以不同的分类方法予以归类。

1. 按有源和无源分

按照电子控制悬架系统有源和无源分，有半主动悬架和全主动悬架两种类型。

（1）半主动悬架

半主动悬架为无源控制，可以根据汽车运行时的振动及行驶工况变化情况，对悬架减振器的阻尼参数进行自动调整，以将车身的振动控制在目标范围之内。但是，汽车转向、起步及制动等工况时，半主动悬架不能对悬架的刚度和阻尼进行有效的控制。

请注意：半主动悬架 ECU 只是通过调节汽车减振器的阻尼来改善汽车车身的振动，这种控制方式不能达到现代汽车对悬架调节特性更高的要求，故而在现代汽车上已很少使用。

（2）全主动悬架

全主动悬架简称主动悬架，是一种有源控制悬架，它有提供能量和可控制作用力的附加装置。主动悬架可根据汽车载荷、路面状况（振动情况）、行驶速度、行驶工况等的变化，自动调整悬架的刚度和阻尼及车身高度，从而能最大限度地满足汽车行驶平顺性和稳定性等各方面的要求。

2. 按悬架介质的不同分

主动悬架按悬架介质的不同分，有油气式和空气式两类。

（1）油气式主动悬架

油气式主动悬架其悬架的介质为油和气，通常是以油液为媒体，将车身与车轮之间的力和力矩传送至气室中的气体，按照气体 p-V 状态方程规律，实现悬架的刚度控制，并通过改变油路小孔的节流作用实现减振器阻尼控制。

（2）空气式主动悬架

空气式主动悬架其悬架的介质为空气，通常是用改变主、副空气室的通气孔的截面积来改变气室压力，以实现悬架刚度控制，并通过对气室充气或排气实现汽车高度控制。空气式主动悬架（图 8-2）是现代汽车主动悬架的主要形式。

图 8-2　空气式主动悬架

3. 按悬架调节的方式不同分

按悬架刚度和减振器阻尼的调节方式分，有分级式和无级式两种。

（1）分级调整式悬架

分级调整式悬架系统通常将悬架的刚度和减振器的阻尼分为 2～3 级，根据汽车载荷和行驶工况的变化，由驾驶员手动选择或由 ECU 根据各传感器的信号自动控制。

（2）无级调整式悬架

无级调整式悬架系统的阻尼/刚度从最小到最大可实现连续调整。

第二节　悬架电子控制系统的控制原理

一、主动悬架电子控制系统的组成与控制原理

1. 主动悬架电子控制系统的基本组成

主动悬架主要由相关的传感器、电子控制器和用于悬架刚度、减振器阻尼及车身高度调节的执行器等组成，不同类型的主动悬架其具体的组成部件不尽相同。典型的空气式主动悬架的组成部件及布置如图 8-3 所示。

（1）主动悬架电子控制系统传感器与开关

应用于主动悬架电子控制系统的传感器及其主要用途如表 8-1 所示。

① 车身加速度传感器。车身加速度传感器有检测惯性力和检测车身振动两种。

a. 检测车身惯性力加速度传感器。传感器安装在车身的前后，当汽车在行驶中加速、制动或转向时，加速度传感器将车辆所产生的纵向或横向惯性力转变为相应的电信号，悬架电子控制器根据此信号来判断汽车的行驶工况，以便对相应悬架的刚度适时地进行调整，使车

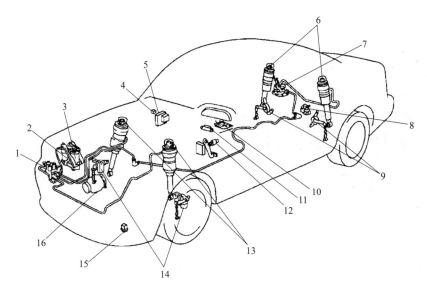

图 8-3 典型的空气式主动悬架系统的组成部件与布置

1—车前高度控制阀；2—干燥器与排气阀；3—高度控制压缩机；4—高度控制连接器；5—悬架控制器；6—后空气悬架执行器；7—车后高度控制阀；8—后加速度传感器；9—车后高度传感器；10—高度控制开关；11—转向传感器；12—停车灯开关；13—前空气悬架执行器；14—前加速度及高度传感器；15—空气悬架继电器；16—集成电路调压器

表 8-1 应用于主动悬架电子控制系统的传感器及其主要用途

传感器名称	主要用途
车身加速度传感器	检测车身的加速度，用于判断车辆的行驶工况 检测车身的振动，用于判断汽车行驶的路面情况
车身位移传感器	检测车身相对车桥的位移，反映车身的平顺性和车身的高度
车速传感器	检测车轮的转速以获得车速信息，用于路面感应、车身姿态和高度控制
方向盘转角传感器	检测方向盘的转角，用于计算车身可能的侧倾程度
制动灯开关	提供车辆制动信号，用于车身姿态控制
制动压力开关	检测制动管路的压力，提供车辆制动信号，用于车身姿态控制
节气门位置传感器	检测节气门的开度，提供汽车加速信号，用于车身姿态控制
加速踏板传感器	检测加速踏板的位置，提供汽车加速信号，用于车身姿态控制
模式选择开关	用于手动选择悬架"软""硬"控制模式

身姿态的改变最小，以提高车辆行驶的稳定性和乘坐的舒适性。

b.检测车身振动加速度传感器。传感器安装在车身与车桥之间，将汽车行驶中车身的振动情况转变为相应的电信号，悬架控制器根据此信号判断汽车行驶的路面情况，以便对悬架的刚度、减振器的阻尼及车身的高度进行调整。

请注意：现在的汽车电控悬架 ECU 通常是通过车身位移传感器来获取汽车车身振动信息的，很少采用车身振动加速度传感器。

② 车身位移传感器。车身位移传感器（也被称为车身高度传感器）安装于车身与车桥之间，用于检测车身相对于车轿的位移。车身位移传感器有光电式、磁感应式等，现代汽车上广泛采用光电式车身位移传感器。光电式车身位移传感器的结构与安装位置如图 8-4

第八章 悬架电子控制系统

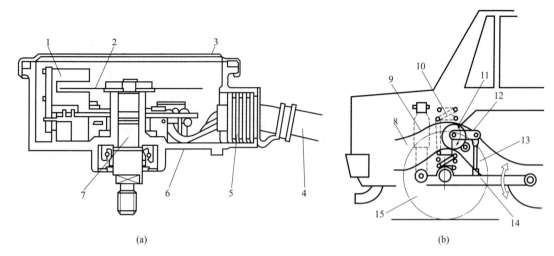

图 8-4 光电式车身位移传感器结构与安装位置

1—光电耦合器；2—遮光盘；3—传感器盖；4—导线；5—金属油封；6—传感器壳；7—传感器轴；8—车架；9—减振器；10—螺旋弹簧；11—传感器；12—连杆；13—拉杆；14—后悬架臂；15—车轮

所示。

a.结构与安装形式。传感器被固定在车身上，传感器的连杆通过拉杆与悬架臂（或车桥）连接[图 8-4(b)]。当车身高度发生变化时，拉杆就会推拉连杆摆动，带动传感器轴和遮光转子转动，从而使传感器输出与车身高度相对应的信号。

b.信号的产生方式。光电式车身高度传感器的原理如图 8-5 所示。

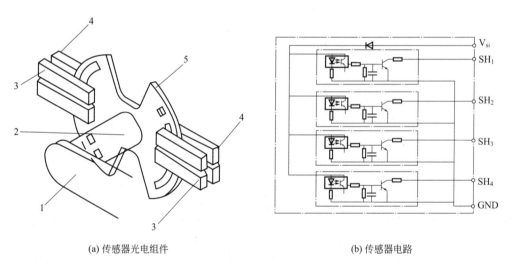

(a) 传感器光电组件　　　　　　　　　　(b) 传感器电路

图 8-5 光电式车身高度传感器的原理

1—连接杆；2—传感器轴；3—发光元件；4—光敏元件；5—遮光盘

遮光转子有特殊的透光槽，布置在其两边的四个发光二极管和光敏三极管组成了四对光电耦合器。当遮光转子在某一位置时，四个光电耦合器中通过透光槽有光线通过的光敏三极管受光而输出通路（ON）信号，光线被遮挡的光敏三极管不受光而输出不通路（OFF）信号。遮光转子透光槽的长度和位置分布使得遮光转子在每一个规定的转角范围内，都有与之对应的一组"ON""OFF"光电信号输出。

c.车身高度与振动情况的确定。通过连接杆，将车身的高度变化转变为遮光转子的转动，使车身在每一个高度位置时均对应一组"ON""OFF"光电信号。表8-2所示的是将车身高度变化范围划分为16个高度区所对应的光电信号，电子控制器根据传感器输入的一组信号就可获得瞬时的车身高度变化信息。

电子控制器根据采样时间内（一般为1ms）车身高度在某一区间的频度来判断车身的高度；根据车身高度变化的幅度和变化的频率，判断车身的振动情况。

表8-2　传感器信号与车身高度区间对应关系

车高	传感器信号				车身高度区间
	SH_1	SH_2	SH_3	SH_4	
高↕低	OFF	OFF	ON	OFF	15
	OFF	OFF	ON	ON	14
	ON	OFF	ON	ON	13
	ON	OFF	ON	OFF	12
	ON	OFF	OFF	OFF	11
	ON	OFF	OFF	ON	10
	ON	ON	OFF	ON	9
	ON	ON	OFF	ON	8
	ON	ON	ON	OFF	7
	ON	ON	ON	ON	6
	OFF	ON	ON	ON	5
	OFF	ON	ON	OFF	4
	OFF	ON	OFF	OFF	3
	OFF	ON	OFF	ON	2
	OFF	OFF	OFF	ON	1
	OFF	OFF	OFF	OFF	0

③ 方向盘转角传感器。该传感器监测方向盘的转动角度和转动方向，是悬架控制器判断车辆侧倾程度的重要参数，光电式方向盘转角传感器的组成与原理如图8-6所示。

转角信号的产生：传感器的遮光盘上有大小相同且均布的透光槽，当转向盘转动而带动遮光盘转动时，两对光电耦合器便产生脉冲电压。电子控制器根据传感器输出的脉冲数量就可判断方向盘转过的角度。

转动方向的判断：采用两个光电耦合器就是为了让电子控制器能辨别方向盘的转动方向。A、B两个光电耦合器产生的信号脉冲其脉宽相同，但相位上相差90°，如图8-7所示。电子控制器根据A信号从高电平转为低电平（下降沿）时，B信号是高电平还是低电平来判断转向。如果A信号在下降沿时，B信号是高电平，则为右转向；如果A信号在下降沿时，B信号为低电平，则为左转向。

阅读提示：方向盘顺时针转动（右转方向）时，信号脉冲自右向左移动，右侧为下降沿；方向盘逆时针转动（左转方向）时，信号脉冲自左向左移动，左侧为下降沿。

④ 车速传感器。车速传感器用于检测变速器输出轴转速或车轮转速，向电子控制器提供汽车行驶速度电信号，在悬架电子控制系统中，悬架电子控制器根据车速传感器的信号进

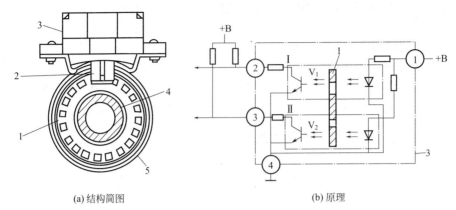

(a) 结构简图   (b) 原理

图 8-6 光电式方向盘转角传感器的结构与原理

1—方向盘转角传感器；2—光电耦合器；3—遮光盘；4—转向器轴；5—转向器圆盘

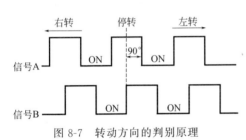

图 8-7 转动方向的判别原理

行车速与路面感应控制、车身姿态控制及车身高度控制。按产生信号的原理不同分，车速传感器有磁感应式、光电式、霍尔效应式、舌簧开关式、磁阻式等多种类型。电子控制悬架系统通常用安装在车轮处的车轮转速传感器输出的脉冲信号取得车速信息。

⑤ 节气门位置传感器。用于检测节气门的开度变化，悬架电子控制器根据此信号判断汽车的加速行驶工况，并适时地调整相关悬架的刚度，以控制车身的姿态（车身"仰头"）。节气门位置传感器可直接向悬架 ECU 提供节气门位置电信号（与其他电子控制系统共享），有的汽车上则是通过发动机 ECU 向悬架 ECU 提供节气门位置信息。

⑥ 加速踏板位置传感器。一些电子控制悬架系统装有加速踏板位置传感器，该传感器也是用于向悬架 ECU 提供汽车加速信息。加速踏板位置传感器安装在加速踏板处，通常采用线性电位计式传感器。

⑦ 制动开关。用于向悬架电子控制器提供车辆制动电信号，控制器根据制动开关所提供的阶跃信号，并参考车速信号对相关悬架的刚度进行调整，以抑制车身"点头"。制动开关有制动灯开关和制动液压开关两种形式。

⑧ 模式选择开关。一些电子控制悬架系统设有模式选择开关，可供驾驶员手动选择悬架的"软"和"硬"模式。有的电子控制悬架系统则无模式选择开关，由悬架电子控制器根据相关传感器的信号自动选择悬架的模式。

（2）主动悬架电子控制器

主动悬架电子控制器的组成如图 8-8 所示。

悬架 ECU 根据各传感器输入的信号，经过运算分析后输出控制信号，控制各执行器动作，及时调整悬架的刚度、减振器的阻尼及车身的高度，以确保汽车行驶过程中的平顺性和操纵稳定性。悬架 ECU 可根据有关传感器的信号自行选定"软"模式或"硬"模式，有些悬架电子控制系统设置模式选择开关，悬架 ECU 可按照驾驶员通过模式选择开关选定的"软"模式或"硬"模式进行控制。

（3）空气式主动悬架的结构

空气式主动悬架的结构如图 8-9 所示。

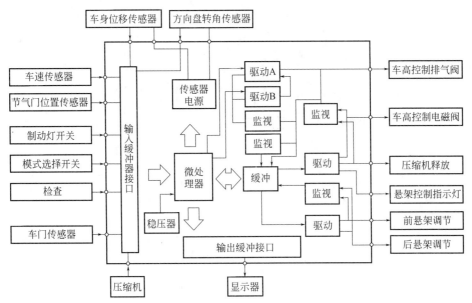

图 8-8 主动悬架电子控制器的组成

空气式主动悬架的上部为空气弹簧，下部为减振器，上端与车身相连，下端与车轮相连。空气弹簧的主、辅气室设计为一体，主气室外壳用可伸缩的软体材料制成，而辅助气室外壳则是不可变形的刚体材料。主、辅气室之间通过气阀的开启程度控制空气的相互流通量。在汽车运行时随着车轮与车身相对运动，充满空气的主气室承受车身的冲击力，其容积随着车身的振动会不断变化，形成空气弹簧。

2. 空气式主动悬架刚度控制原理

空气式主动悬架刚度调节原理如图 8-10 所示，主、辅气室间的空气阀体上有大、小两个通孔，悬架 ECU 通过控制步进电动机转动，带动空气阀控制杆转动，使空气阀阀芯转过一个角度，以控制这两个通孔的开与关，从而改变主、辅气室之间的气体流通量（辅气室参与压缩的空气量），使空气弹簧刚度发生变化。空气弹簧的刚度可在低、中、高三种状态下变化。

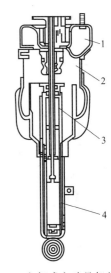

图 8-9 空气式主动悬架的结构
1—辅助气室；2—主气室；3—低压惰性气体；4—减振器

当悬架 ECU 输出最软控制信号时，通过驱动电路使步进电动机转动，带动阀芯转动至其开口正对空气阀阀体大通孔的位置，主、辅气室之间的通气大孔开启，主气室的气体经过阀芯的中间孔，阀体的侧面通道与辅助气室的气体相通，两气室之间空气流通量大，相当于辅助气室的空气全部参与工作，气体容积增大，气压降低，空气弹簧的刚度处于低状态。

当悬架 ECU 输出中刚度控制信号时，步进电动机驱动阀芯的开口转到阀体小孔打开的位置，这时主、辅两气室之间流通量较小，相当于辅助气室的部分空气参与工作，悬架刚度处于中状态。

当悬架 ECU 输出最硬控制信号时，通过步进电动机带动阀芯的开口转到阀体大、小通气孔均处于关闭的位置。这时，主、辅两气室之间的空气通路全部被封住，两气室之间的气体互相隔

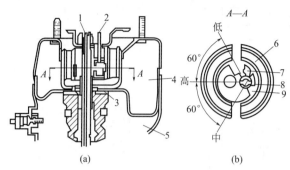

图 8-10 空气式主动悬架刚度调节原理

1—阻尼调节器；2—气阀控制杆；3—主、辅气室通路；4—辅助气室；5—主气室；6—气阀体；
7—气体小通路孔；8—阀体；9—气体大通路孔

离，因而在悬架振动时，只能由主气室单独承受缓冲任务，空气弹簧的刚度处于最硬状态。

请注意：原辅助气室中的空气是不可压缩的，改变了主气室与辅助气室的流通量，即改变了原主气室可压缩空气的总量，也即改变了弹簧的刚度。

3. 空气式主动悬架车身高度调节原理

空气式主动悬架车身高度调节装置由空气压缩机、直流电动机、高度控制阀、排气阀、调压阀、空气干燥器等组成，空气式主动悬架车身高度调节装置的原理如图 8-11 所示。

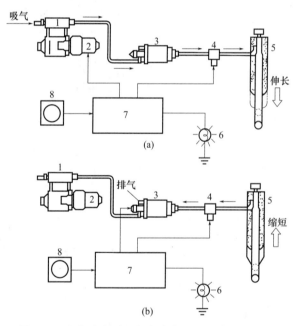

图 8-11 空气式主动悬架车身高度调节装置的原理

1—空气压缩机；2—电动机；3—干燥器及排气阀；
4—高度控制电磁阀；5—空气悬架；6—指示灯；
7—悬架电子控制器；8—车身高度传感器

车身高度调节装置通过对空气悬架主气室充气或排气实现对车身高度的调节，其车身高度调节过程如下。

当需要增高车身高度时，悬架 ECU 输出控制信号使直流电动机带动压缩机工作，并使高度控制电磁阀通电打开。压缩机送出的压缩空气经空气干燥器、高度控制电磁阀进入空气弹簧的主气室，使车身升高。当车身达到规定的高度时，悬架 ECU 使高度控制电磁阀断电，空气弹簧主气室与外界封闭，车身保持在较高的高度。

当需要降低车身高度时，悬架 ECU 输出控制信号使高度控制电磁阀和排气阀同时通电打开，空气弹簧主空气室中的空气被排出，车身的高度随之降低。当车身高度降到设定值时，悬架 ECU 又使高度控制电磁阀和排气阀同时断电关闭，车身保持在较低的高度。

4. 减振器阻尼控制原理

电子控制悬架减振器的阻尼调节是利用执行器（电动机）转动减振器阻尼调节杆，通过改变减振器阻尼孔的截面积实现阻尼的控制。

（1）有级调整式减振器阻尼调节原理

三级式主动悬架减振器的结构与阻尼调节原理如图 8-12 所示。回转阀在 A、B、C 三个不同截面上均设有阻尼孔，在 A—A 上有 2 个阻尼孔，在 B—B 上有 4 个阻尼孔，在 C—C 上有 2 个阻尼孔。回转阀与阻尼调节杆相连，执行器可通过转动阻尼调节杆来控制各个截面处阻尼孔的开闭，以实现减振器阻尼的调节。

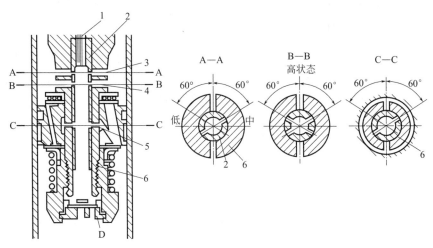

图 8-12　有级式（三级式）主动悬架减振器的结构与阻尼调节原理
1—阻尼调节杆（回转阀控制杆）；2—回转阀；3～5—阻尼孔；6—活塞杆

当悬架 ECU 输出最大减振器阻尼控制信号时，执行器通过阻尼调节杆将回转阀转至阻尼高（图 8-12 左图当前所示的位置）时，回转阀的位置使 A—A、B—B、C—C 三个截面上的阻尼孔全部封闭，这时，只有减振器底部（D 处）的阻尼孔开通工作，所以此时减振器阻尼最大，处于"硬状态"，这是汽车载荷大或运行在不良路面以及制动等工况下选用的阻尼。

当悬架 ECU 输出最小减振器阻尼控制信号时，执行器通过阻尼调节杆将回转阀从"硬状态"位置（图 8-12 左图当前所示的位置）沿逆时针方向转过 60°，回转阀 A—A、B—B、C—C 三个截面上的阻尼孔全部打开，减振器阻尼最小，处于"软状态"，是汽车载荷较小和在好路面运行时所选用的阻尼。

当悬架 ECU 输出中状态控制信号时，执行器通过阻尼调节杆将回转阀从"硬状态"位置（图 8-12 左图当前所示的位置）沿顺时针方向转过 60°，这时只有减振器 B—B 截面上的阻尼孔被打开，而 A—A、C—C 截面上的阻尼孔仍处于关闭，所以此时减振器的阻尼较"硬状态"时小，较"软状态"时大，称为"运动状态"。

（2）无级调整式悬架减振器阻尼调节原理

无级调整式悬架减振器阻尼调节原理如图 8-13 所示。

减振器中的驱动杆和空心活塞一同上下运动，减振器油液可通过驱动杆和空心活塞的小孔流通，利用小孔节流作用形成阻尼。悬架 ECU 通过步进电动机转动驱动杆，可改变驱动杆与空心活塞的相对角度，从而使阻尼小孔实际通过的截面大小改变，实现减振器阻尼的无级调节。

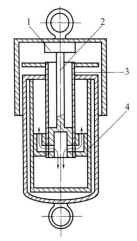

图 8-13　无级调整式悬架减振器阻尼调节原理
1—步进电动机；2—驱动杆；3—活塞杆；4—空心活塞

第八章　悬架电子控制系统

二、主动悬架电子控制系统控制过程

主动悬架的刚度是偏软设计的,用以提高汽车乘坐的舒适性。这种刚度和阻尼"过软"的悬架配以相应的刚度和阻尼控制,才能确保悬架既有良好的平顺性,又有良好的操纵稳定性。主动悬架电子控制系统按其控制功用的不同,其控制过程可分为车速路面感应控制、车身姿态控制、车身高度控制。

1. 车速路面感应控制

该项控制是使汽车悬架的刚度和阻尼随着车速和路面的变化而改变。悬架的刚度和阻尼可以有"软"或"硬"两种控制模式,在油气悬架系统中它是由悬架 ECU 自动控制的,而空气悬架系统可以由驾驶员通过模式选择开关手动控制。悬架的刚度和阻尼按大小分为低、中、高三种状态。在"软"模式时,悬架经常处于低刚度、低阻尼状态,在"硬"模式时,悬架经常保持在中间状态。车速感应控制包括高速感应控制、前后车轮关联感应控制和坏路面感应控制。

(1) 高速感应控制

当车速高于 100km/h 时,悬架 ECU 根据车速传感器输入信号发出改变悬架刚度和阻尼的指令。若原来处于"软"模式,则刚度和阻尼自动从"低"状态进入"中"状态,若原来处于"硬"模式,则刚度和阻尼仍稳定于"中"状态,当车速降低后则又回到原来的状态。

(2) 前后车轮关联感应控制

当车辆以 30~80km/h 的速度运行,前轮偶尔遇到障碍时,安装在汽车前部的车身高度传感器就会有脉冲信号输入悬架 ECU,悬架 ECU 经过分析计算后,发出改变悬架刚度和阻尼的指令,使后车轮的悬架无论原来选用"软"或"硬"的哪个模式,都保持或转入"低"状态,以提高乘坐的舒适性,当越过障碍后,则恢复原状态。

当车速超过 80km/h 时,如果悬架刚度过低,偶尔冲击也会影响操纵稳定性,所以,无论原来选用什么模式,悬架的刚度和阻尼都将自动保持在"中"的状态。

(3) 坏路面感应控制

当汽车以 40~100km/h 的速度突然驶入坏路面时,为了控制突然产生的车身纵向角振动,悬架 ECU 在接收到车身高度传感器输入的车身高度变化周期小于 0.5s 的信号后,发出调整悬架刚度和阻尼指令,如果原来处于"软"模式,则悬架立即从"低"状态转入"中"状态。如果原来处于"硬"模式,则悬架刚度、阻尼保持"中"状态不变。如果汽车以大于 100km/h 速度驶入坏路面,悬架 ECU 发出的指令是:如果原为"软"模式,则直接进入"高"状态,如果原处于"硬"模式,则从"中"状态入"高"状态。

2. 车身姿态控制

该项控制是在汽车的车速急剧变化和转向时,通过对悬架刚度和阻尼进行控制,以抑制车身的过度摆动,从而确保车辆的乘坐舒适性和操纵的稳定性。车身姿态控制包括转向时的车身侧倾控制、制动时的车身"点头"控制和起步或急加速时的车身后仰控制。

(1) 转向车身侧倾控制

在汽车急转弯而方向盘转速较快时,悬架 ECU 根据方向盘传感器的方向盘转角信号、车速传感器的车速信号进行分析计算,然后发出调整悬架刚度和阻尼的指令,不管原来处于

"软"模式还是"硬"模式，都将外侧悬架的刚度和阻尼调整到"高"状态，以避免车身产生过度的侧倾。

（2）制动车身"点头"控制

在紧急制动时，会引起载荷前移，使车身产生"点头"，因此，必须适时增加前悬架刚度和阻尼。当车辆在高于60km/h的车速下紧急制动时，车速传感器的信号和制动开关发出的阶跃信号同时输入悬架ECU，悬架ECU经分析计算后发出调整前悬架刚度和阻尼指令，无论原来处于"硬"还是"软"模式，都使前悬架的刚度和阻尼转入"高"状态。

（3）起步或急加速车身后仰控制

当汽车起步过快或在车速较低的情况下加速过猛时，会引起后桥载荷增加，使车身产生后仰现象，此时应增加后悬架的刚度和阻尼，以控制车身后仰。当汽车起步速度过大，或在车速小于20km/h猛踩加速踏板时，悬架ECU对节气门开度和车速传感器的信号进行分析计算后，发出调整后悬架刚度和阻尼指令。如果悬架处于"软"模式，则从"中"状态或"低"状态直接进入"高"状态，如果悬架处于"硬"模式，则从"中"状态转入"高"状态。

3. 车身高度控制

车身高度直接影响汽车行驶稳定性，尤其在不平路面上高速行驶，车身高度控制尤为重要。车身高度控制分"标准""高"两种模式。由驾驶员根据运行工况选择。车身高度从低到高分为"低""中""高"三个状态，通常在"标准"模式中，车身高度处于"中"状态，在"高"模式中车身高度处于"高"状态，当工况变化时，悬架ECU根据传感器输入的信号，发出指令选择状态。当汽车上乘员人数和载荷变化时，悬架ECU能根据传感器输入的信号发出指令，在已选择的模式下自动选择合理的车身高度状态。车身高度控制主要包括高速感应控制和连续坏路面行驶控制两种功能。

（1）高速感应控制

当车速超过90km/h时，为减少风阻、提高行驶稳定性，悬架ECU根据车速传感器的信号发出调整车身高度控制指令，如果此时车身高度处于"标准"模式，则车高度从"中"状态降到"低"状态；如果处于"高"模式，则车高度从"高"状态降到"中"状态。当车速低于60km/h时，又恢复到原来的车身高度状态。

（2）连续坏路面行驶控制

汽车在坏路面上连续运行时，为避免悬架被压变形过大而造成车身受地面撞击，提高汽车的通过性，应适当提高车身高度。

当悬架ECU接收到车速在40~90km/h，车身高度连续2.5s以上都是大幅度变化的二个信号时，如果悬架在"标准"模式下，则车身高度从"中"状态转入"高"状态；如果是"高"模式，则车身高度维持"高"状态不变。

当汽车在连续不平的路面行驶的车速高于90km/h时，汽车的行驶稳定性应优先考虑，因此，如果选择为"标准"模式，车身高度将保持"中"状态；如果是"高"模式，则使车身高度转入"中"状态。

当车速小于40km/h时，车身高度只能由驾驶员选择，若是"标准"模式，则车身高度为"中"状态，若选了"高"模式，则车身高度为"高"状态。

此外，悬架控制系统还具有驻车车身高度控制功能。在汽车停驶并使用驻车制动时，当关闭点火开关后，悬架ECU接收到这两个开关信号，就会发出指令使车身高度处于"低"状态，以保证车身外观平衡，有良好驻车姿态。

第三节　典型悬架电子控制系统电路分析与 ECU 故障检测

以雷克萨斯 LS400 轿车所采用的空气式主动悬架为例，以进一步了解悬架电子控制系统的构成、电路结构特点及 ECU 的检修方法。

一、悬架电子控制系统电路分析

雷克萨斯 LS400 轿车的悬架电子控制系统电路原理如图 8-14 所示。

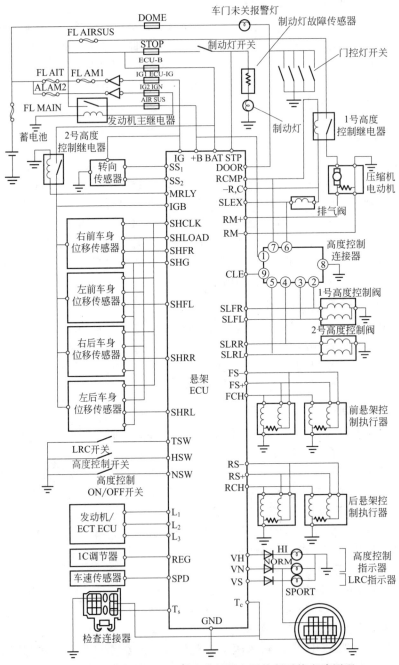

图 8-14　雷克萨斯 LS400 轿车的悬架电子控制系统电路原理

1. 电路结构特点

雷克萨斯 LS400 轿车空气悬架的刚度、减振器的阻尼及车身高度均可根据行驶路面情况及行驶工况进行调节，悬架电子控制系统可实现车速与路面感应控制、车身姿态控制和车身高度控制。

雷克萨斯 LS400 轿车空气式主动悬架系统设置了平顺性开关（LRC）、高度控制开关和高度 ON/OFF 开关 3 个选择开关，由驾驶员手动操作。

（1）平顺性开关

与高度控制开关一起安装在车内变速器操纵杆旁边，用于手动选择悬架的刚度和阻尼。选择"SPORT"位置时，系统进入"高速行驶自动控制"；选择"NORM"位置时，系统对悬架刚度、阻尼进行"常规自动控制"，悬架 ECU 根据各传感器信号，使悬架的刚度和阻尼自动地处于平顺性软、平顺性中或平顺性硬 3 个状态。

（2）高度控制开关

用于选择车身的高度，当高度控制开关处于"HIGH"位置时，系统对车身高度控制为高值自动控制；当选择"NORM"时，系统的车身高度控制进入常规值自动控制。

（3）高度 ON/OFF 开关

安装在车尾部后备厢的左边，当高度 ON/OFF 开关处于 ON 位置时，系统可按选择方式进行车身高度自动控制；开关处于 OFF 位置时，系统停止车身高度自动控制。

2. 电子控制悬架 ECU 端子功能

雷克萨斯 LS400 轿车悬架电子控制器插接器端子的排列如图 8-15 所示，各端子的连接及功能说明见表 8-3。

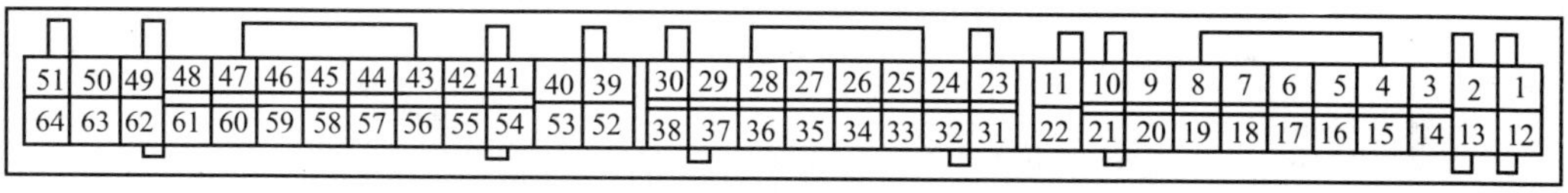

图 8-15　雷克萨斯 LS400 轿车悬架电子控制器插接器端子的排列

表 8-3　雷克萨斯 LS400 轿车悬架 ECU 插接器各端子的连接及功能说明

端子号	代号	连接部件	功能说明
1	SLFR	1 号右高度控制阀	开关式信号输出，控制 1 号右高度控制阀工作
2	SLRR	2 号右高度控制阀	开关式信号输出，控制 2 号右高度控制阀工作
3	RCMP	1 号高度控制继电器	开关式信号输出，控制 1 号高度控制继电器线圈
4	SHRL	左后车身位移传感器	脉冲式信号输入，车身左后高度信号
5	SHRR	右后车身位移传感器	脉冲式信号输入，车身右后高度信号
6	SHFL	左前车身位移传感器	脉冲式信号输入，车身左前高度信号
7	SHFR	右前车身位移传感器	脉冲式信号输入，车身右前高度信号
8	NSW	高度控制 ON/OFF 开关	开关式信号输入，驾驶员手动高度控制 ON/OFF
9	—	空脚	—
10	TSW	LRC 开关	开关式信号输入，驾驶员手动悬架模式选择
11	STP	停车灯开关	开关式信号输入，向 ECU 提供汽车制动信号

续表

端子号	代号	连接部件	功能说明
12	SLFL	1号左高度控制阀	开关式信号输出,控制1号左高度控制阀
13	SLRL	2号左高度控制阀	开关式信号输出,控制2号左高度控制阀
14~19	—	空脚	—
20	DOOR	门控灯开关	开关式信号输入,车门开关信号
21	HSW	高度控制开关	开关式信号输入,驾驶员手动高度选择
22	SLEX	排气阀	开关式信号输出,控制排气阀工作
23	L1	发动机和ECT ECU	悬架ECU与发动机和ECT ECU数据通信
24	L3	发动机和ECT ECU	悬架ECU与发动机和ECT ECU数据通信
25	TC	TDCL和检查连接器	故障诊断激活端子(通过TDCL/检查连接器)
26	TS	检查连接器	故障诊断激活端子(通过TDCL/检查连接器)
27	SPD	汽车车速传感器	脉冲式信号输入,车速信号
28	SS2	转向传感器	脉冲式信号输入,方向盘转角与转动方向信号
29	SS1	转向传感器	脉冲式信号输入,方向盘转角与转动方向信号
30	RM+	压缩机传感器	脉冲式信号输入,压缩机运转信号
31	L2	发动机和ECT ECU	悬架ECU与发动机和ECT ECU数据通信
32	REG	IG调节器	脉冲式信号输入,发动机运转信号
33	—	空脚	—
34	CLE	高度控制连接器	高度控制CLE端子
35~37	—	空脚	—
38	RM—	压缩机电动机	脉冲式信号输入,压缩机运转信号
39	+B	悬架控制执行器电源	ECU主电源端子,点火开关ON时接通蓄电池
40	IGB	高度控制电源	车身高度控制电源端子
41	BAT	备用电源	RAM(储存故障码)电源端子,常接蓄电池
42	—	空脚	—
43	SHLOAD	车身位移传感器	车身位移传感器LOAD端子
44	SHCLK	车身位移传感器	车身位移传感器CLK端子
45	MRLY	2号高度控制继电器	开关式信号输出,控制2号高度控制继电器线圈
46	VH	高度控制High指示灯	开关式信号输出,控制High指示灯
47	VN	高度控制Normal指示灯	开关式信号输出,控制Normal指示灯
48	—	空脚	—
49	FS+	前悬架控制执行器	前悬架转动电磁阀控制信号输出
50	FS—	前悬架控制执行器	前悬架转动电磁阀控制信号输出
51	FCH	前悬架控制执行器	前悬架转动电磁阀控制信号输出
52	IG	点火开关	点火开关信号输入,点火开关ON时连通蓄电池
53	GND	ECU搭铁	悬架ECU接地端子
54	—RC	1号高度控制继电器	开关式信号输出,控制1号高度控制继电器线圈

续表

端子号	代号	连接部件	功能说明
55	SHG	车身位移传感器	车身位移传感器 G 端子
56～58	—	空脚	—
59	VS	LRC 指示灯	开关式信号输出,控制 LRC 指示灯
60、61	—	空脚	—
62	RS+	后悬架控制执行器	后悬架转动电磁阀控制信号输出
63	RS−	后悬架控制执行器	后悬架转动电磁阀控制信号输出
64	RCH	后悬架控制执行器	后悬架转动电磁阀控制信号输出

二、悬架电子控制系统 ECU 故障检测

1. 悬架电子控制系统故障分析

当电控悬架出现故障时,首先应从 ECU 中取得故障码,根据已有的故障信息提示检修故障。如果故障码所提供的故障排除后,电控悬架系统仍有故障现象存在,或原有的故障症状没有故障码显示,这时,就应根据故障症状分析可能的故障原因,以便准确而又迅速地排除故障。雷克萨斯 LS400 轿车悬架电子控制系统几种常见故障症状的故障原因分析如表 8-4 所示。

表 8-4 雷克萨斯 LS400 轿车悬架电子控制系统几种常见故障症状的故障原因分析

故障现象	可能的故障部位
操作 LRC 开关时 LRC 指示灯的状态不变	①LRC 开关电路;②悬架 ECU
悬架的刚度和阻尼控制不起作用	①悬架控制执行器及电路;②TC 端子电路;③TS 端子电路;④LRC 开关电路;⑤气压缸或减振器;⑥悬架控制执行器电源电路;⑦悬架 ECU
只是防侧倾控制不起作用	①转向传感器及其电路;②悬架 ECU
只是防"俯仰"不起作用	①节气门位置传感器及其电路;②悬架 ECU
只是防"点头"不起作用	①制动灯开关及电路;②车速传感器及电路;③悬架 ECU
只是在高速时悬架的刚度和阻尼控制不起作用	①车速传感器及电路;②悬架 ECU
车身高度控制指示灯不随高度控制开关的动作变化	①车身高度控制开关及其电路;②发电机调节器电路;③汽车高度控制电源电路;④车身位移传感器;⑤悬架 ECU
车身高度控制不起作用	①发电机调节器电路;②车身高度控制电源电路;③车身高度控制开关及其电路;④车身高度控制 ON/OFF 开关及其电路;⑤车身位移传感器;⑥悬架 ECU
只在高速时不起作用	①车速传感器及其电路;②悬架 ECU
汽车车身高度出现不规则变化	①有空气泄漏;②车身位移传感器;③悬架 ECU
汽车高度控制能起作用但汽车高度变化不均匀	①高度控制阀、排气阀及其电路;②车身位移传感器连接杆
汽车高度控制能起作用,但汽车高度控制在常规(NORM)状态时,汽车高度与标准值不符	汽车车身位移传感器连接杆
在汽车高度调整时,汽车高度超高或超低	汽车车身位移传感器
汽车高度控制 ON/OFF 开关在"OFF"位置时,汽车高度控制仍起作用	①高度控制 ON/OFF 开关及其电路;②悬架 ECU

续表

故障现象	可能的故障部位
点火开关 OFF 控制不起作用	①门控灯开关及电路;②高度控制电源电路;③悬架 ECU
在车门打开时点火开关 OFF 控制仍起作用	①门控灯开关及其电路;②悬架 ECU
汽车停车时车身高度很低	①有空气泄漏;②气压缸或减振器
压缩机电动机持续运转	①有空气泄漏;②1 号汽车高度控制继电器及其电路;③压缩机电动机电路;④悬架 ECU

2. 悬架 ECU 的检测

在进行故障检修时，可通过检测悬架 ECU 各端子对地电压正常与否，判断与该端子连接器件和线路是否有故障。如果检查相关的线路和器件无故障，而悬架电子控制系统的故障症状仍然存在，那就可以怀疑是悬架 ECU 有故障了。

雷克萨斯 LS400 轿车悬架 ECU 各端子对地电压检测方法及标准参数如表 8-5 所示。

表 8-5　雷克萨斯 LS400 轿车悬架 ECU 各端子对地电压检测方法及标准参数

检测的端子号(代号)	检测条件		标准参数
1(SLFR)	发动机怠速运转,高度控制开关从"NORM"转到"HIGH"		9～14V
2(SLRR)	发动机怠速运转,高度控制开关从"NORM"转到"HIGH"		9～14V
3(RCMP)-54(-RC)	点火开关 OFF,拔开 ECU 插接器,测线束侧电阻		50～100Ω
4(SHRL)	发动机怠速运转,高度控制开关从"NORM"转到"HIGH",然后回到"NORM"		2.5～2.7V
5(SHRR)	发动机怠速运转,高度控制开关从"NORM"转到"HIGH",然后回到"NORM"		2.5～2.7V
6(SHFL)	发动机怠速运转,高度控制开关从"NORM"转到"HIGH",然后回到"NORM"		2.5～2.7V
7(SHFR)	发动机怠速运转,高度控制开关从"NORM"转到"HIGH",然后回到"NORM"		2.5～2.7V
8(NSW)	高度控制 ON/OFF 开关	ON	9～14V
		OFF	0
10(TSW)	点火开关 ON	LRC 开关在"NORM"位置	9～14V
		LRC 开关在"SPORT"位置	0
11(STP)	点火开关 ON	制动踏板松开	0～1.2V
		制动踏板踩下	9～14V
12(SLFL)	发动机怠速运转,高度控制开关从"NORM"转到"HIGH"		9～14V
13(SLRL)	发动机怠速运转,高度控制开关从"NORM"转到"HIGH"		9～14V
20(DOOR)	点火开关 ON	各车门打开	0～1.2V
		各车门全部关闭	9～14V
21(HSW)	点火开关 ON	高度控制开关位于"NORM"	9～14V
		高度控制开关位于"HIGH"	0～1.2V
22(SLEX)	发动机怠速运转,高度控制开关从"NORM"转到"HIGH"		9～14V

续表

检测的端子号(代号)	检测条件		标准参数
25(TC)	点火开关 ON	连接 TDCL 的 TC 与 E1 端子	0~1.2V
		断开 TDCL 的 TC 与 E1 端子	9~14V
26(TS)	点火开关 ON	连接检查连接器的 TS 与 E1 端子	0~1.2V
		断开检查连接器的 TS 与 E1 端子	9~14V
27(SPD)	连接检查连接器的 TC、E1,看高度控制"NORM"灯	汽车在 20km/h 以下车速行驶	"NORM"常亮
		汽车在 20km/h 以上车速行驶	"NORM"闪亮
28(SS2)	点火开关 ON,慢慢转动方向盘		反复 0 ⟷ 5V
29(SS1)	点火开关 ON,慢慢转动方向盘		反复 0 ⟷ 5V
30(RM+)	发动机怠速运转,高度控制开关从"NORM"转到"HIGH"		9~14V
32(REG)	点火开关 ON		0~1.2V
	发动机怠速运转		9~14V
38(RM−)	发动机怠速运转,高度控制开关从"NORM"转到"HIGH"		0~1V
30(RM+)-38(RM−)	点火开关 OFF,拔开 ECU 插接器,测线束侧电阻		通路
39(+B)	点火开关 ON		9~14V
40(IGB)	点火开关 ON		9~14V
41(BATT)	—		9~14V
45(MRLY)	点火开关 ON		9~14V
46(VH)	点火开关 ON	高度控制开关位于"NORM"	0~1.2V
		高度控制开关位于"HIGH"	9~14V
47(VN)	点火开关 ON	高度控制开关位于"NORM"	9~14V
		高度控制开关位于"HIGH"	0~1.2V
49(FS+)-50(FS−)	点火开关 OFF,拔开 ECU 插接器,测线束侧电阻		1.5~3Ω
49(FS+)-51(FCH)	点火开关 OFF,拔开 ECU 插接器,测线束侧电阻		1150~2150Ω
51(FCH)-搭铁	点火开关 OFF,拔开 ECU 插接器,测线束侧电阻		1.5~3Ω
52(IG)	点火开关 ON		9~14V
53(GND)	—		0
59(VS)	点火开关 ON	平顺性选择开关位于"NORM"	0~1.2V
		平顺性选择开关位于"SPORT"	9~14V
62(RS+)-63(RS−)	点火开关 OFF,拔开 ECU 插接器,测线束侧电阻		1.5~3Ω
62(RS+)-64(RCH)	点火开关 OFF,拔开 ECU 插接器,测线束侧电阻		1150~2150Ω
64(RCH)-搭铁	点火开关 OFF,拔开 ECU 插接器,测线束侧电阻		1.5~3Ω

第九章 安全气囊电子控制系统

第一节 安全气囊电子控制系统概述

一、安全气囊的作用

安全气囊也称辅助乘员保护系统（Supplemental Restraint System，SRS），是汽车上的一种被动安全保护装置。当汽车遭遇碰撞事故而急剧减速时，安全气囊会迅速膨胀，形成一个缓冲垫，以避免车内乘员碰撞车内硬物而严重受伤。

随着汽车车速越来越快，汽车碰撞事故对人所造成的伤害也越大，人们对汽车被动安全装备的要求也越来越高。安全气囊顺应了人们对汽车安全性提高的要求，因而得到了迅速发展。实际检测和统计资料表明，当汽车发生严重碰撞时，安全带和安全气囊正常发挥作用可使其头部受伤率减少30%～50%，面部受伤率减少70%～80%。

请注意：安全带和安全气囊正常发挥作用是指安全带与安全气囊共同起作用！

目前，安全带加安全气囊的被动安全装置不仅在中高档轿车上使用，国内生产的普通中低档家用轿车上也将安全气囊作为选装或必装的配置，而日本、美国、德国等汽车工业发达国家，早在2001年就已将安全带和安全气囊作为汽车上不可缺少的装备。

随着科技水平不断提高，高新技术不断发展，更安全、更可靠、多功能、智能型的安全气囊会不断地出现在汽车上。

二、安全气囊的类型

汽车上使用的安全气囊有多种类型，现以不同的分类方法予以归类。

1. 按适用的碰撞类型分

按适用的碰撞类型分，应用于汽车的各种安全气囊主要有正面碰撞防护安全气囊和侧面碰撞防护安全气囊两种类型，如图9-1所示。

（1）正面碰撞防护安全气囊

正面碰撞防护安全气囊可对正面碰撞事故中的驾驶员和前排乘员起安全保护作用，是汽车碰撞最主要的防护气囊，在现代汽车上广泛装用。一些汽车在前排座椅的背后也装有安全气囊，用于对后排乘员的正面碰撞安全防护。

（2）侧面碰撞防护安全气囊

为避免或减少汽车侧面碰撞事故对车内驾驶员和乘员的伤害，越来越多的汽车装备了侧面碰撞防护安全气囊。一些汽车还装有顶部碰撞防护安全气囊，以使汽车在发生翻车交通事故时也有相应的防护措施。

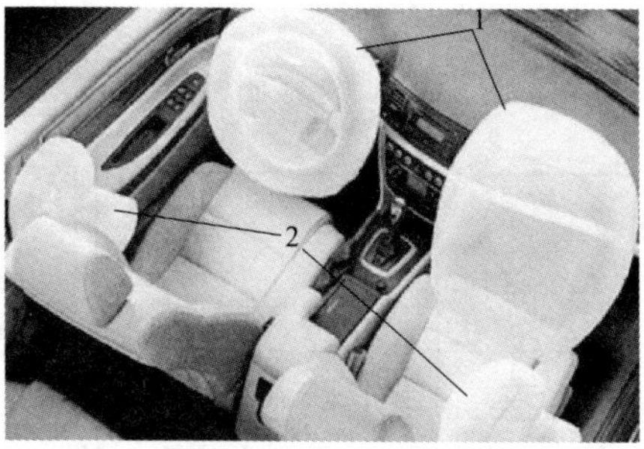

2. 按安全气囊触发形式分

按安全气囊触发形式分，有机械式和电子式两种类型。

图 9-1　正面和侧面碰撞防护安全气囊
1—正面碰撞防护安全气囊；
2—侧面碰撞防护安全气囊

（1）机械式安全气囊

这种气囊系统通过机械式传感器监测碰撞惯性力大小，并以机械方式触发气囊充气装置。机械式安全气囊由于其触发气囊膨胀的可靠性问题，在现代汽车上已很少使用。

（2）电子式安全气囊

电子式安全气囊系统由控制器根据碰撞传感器所提供的信号做出是否触发气囊膨胀的判断，当判断为需要气囊膨胀时，就立刻向气囊充气装置发出引爆指令，使气囊迅速充气。这种电子控制方式的安全气囊已在现代汽车上广泛使用。

如果按气囊的数量分，则有单气囊系统、双气囊系统和多气囊系统等。单气囊系统：只在驾驶员侧有一个气囊。双气囊系统：在前排乘员侧也有一个气囊。多气囊系统：除了前排两个气囊外，通常在前排的侧面也安装气囊，有的则是在后排、顶部等多处均设有气囊。

第二节　安全气囊控制原理

一、安全气囊系统的组成与工作原理

1. 安全气囊系统的组成

安全气囊系统主要由碰撞传感器、安全传感器（开关）、电子控制器及充气装置等组成，如图 9-2 所示。

（1）安全气囊传感器

安全气囊传感器通过汽车碰撞时的减速度感知汽车的碰撞强度，因此也被称为碰撞传感器。安全气囊传感器有机电式和电子式两种类型。

① 机电式碰撞传感器。机电式碰撞传感器的内部有一个触点，利用车辆碰撞时惯性力的作用，使传感器内的机械装置运动而使触点闭合，发出汽车碰撞信号。根据机械装置的不同，机电式碰撞传感器可分为偏心锤式、滚球式、滚柱式、水银开关式等多种形式。

偏心锤式碰撞传感器的内部结构如图 9-3 所示。传感器中的扭力弹簧使重块、转盘动触点臂等固定在触点断开的位置。当汽车发生碰撞时，重块在惯性力作用下克服弹簧的扭力

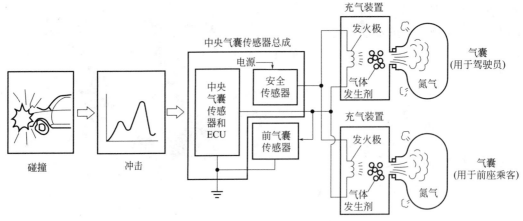

图 9-2 安全气囊系统的组成

移动,并通过转盘带动活动触点臂转动而使触点闭合,向控制器发出汽车碰撞电信号。

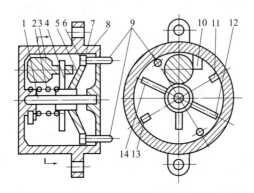

图 9-3 偏心锤式碰撞传感器的内部结构

1—心轴;2—扭力弹簧;3—重块;4—转盘;5—触桥;6,12,14—活动触点;
7,11,13—固定触点;8—外壳;9—插头;10—止位块

滚球式碰撞传感器如图 9-4 所示。传感器中的钢球被永久磁铁吸引,传感器触点保持在断开状态。当汽车发生碰撞时,钢球在惯性力的作用下摆脱磁铁的吸引力滚向触点端,将触点接通,向安全气囊控制器发出汽车碰撞电信号。

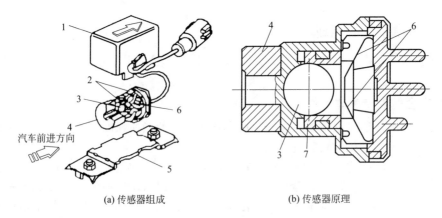

(a) 传感器组成　　　　(b) 传感器原理

图 9-4 滚球式碰撞传感器

1—传感器壳关;2—O 形密封圈;3—钢球;4—永久磁铁;5—固定板;6—触点;7—滚筒

水银式碰撞传感器（图9-5）中的水银在重力作用下保持在右下方位置，传感器触点处于断开状态。当汽车发生碰撞时，水银在惯性力的作用下向左上方移动，将触点接通，发出汽车碰撞信号。

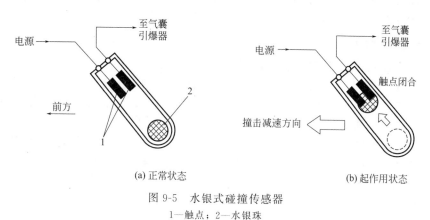

图9-5　水银式碰撞传感器
1—触点；2—水银珠

请注意： 触点式碰撞传感器除了在汽车发生严重碰撞时可发出汽车碰撞信号外，也被用作安全开关（也称安全传感器），用以防止气囊误膨胀。

触点式碰撞传感器用作安全开关时，通常是安装在ECU的内部，而将其触点串联在气囊点火器的电源电路中（图9-6）。这样，只有当汽车发生了严重碰撞，安全开关内部触点闭合时，才将点火器电源电路接通，这时ECU的点火控制信号才有效。而在其他时间，安全开关断开了点火器的电源电路，有效地防止了点火器的误点火，避免了汽车在正常行驶中或检修汽车过程中气囊误爆的可能。

② 电子式碰撞传感器。电子式碰撞传感器将汽车碰撞时的减速度参数转变为相应的电信号，并输送给安全气囊ECU，由ECU对传感器信号进行处理后做出是否引爆气囊的判断。安全

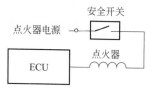

图9-6　安全传感器防气囊误爆原理

气囊系统所用的电子式碰撞传感器主要有压电式和压敏电阻式两种。压敏电阻式安全气囊传感器如图9-7所示。

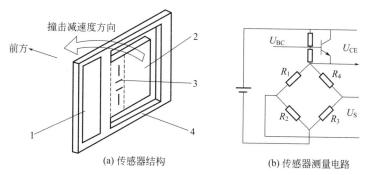

图9-7　压敏电阻式安全气囊传感器
1—集成电路；2—测量悬臂；3—电阻应变片；4—悬臂架

压敏电阻式碰撞传感器的敏感元件是受力变形后其电阻值会相应改变的电阻应变片，被固定在传感器测量悬臂的端部。当汽车发生碰撞时，测量悬臂受减速惯性力的作用而使其端部变形，贴于测量悬臂端部的电阻应变片产生形变而使其电阻值有相应的改变。电阻应变片

连接成电桥，应变片电阻值的改变，通过电桥可转换为相应的电压信号（U_S）输出。

请注意：电子式碰撞传感器产生的信号强弱与汽车碰撞的强度成正比，因而 ECU 可根据碰撞传感器输入的电信号来判断汽车碰撞的强度，并做出相应的处理。而触点式碰撞传感器只有当汽车发生了严重碰撞时才有信号输出，ECU 获取此信号时必然会发出点火信号。

（2）安全气囊组件

安全气囊组件包括充气装置、气囊、衬垫、饰盖和底板等。

① 充气装置。充气装置的作用是当安全气囊控制器发出引爆指令时，立刻产生气体并充入气囊，使气囊迅速膨胀。充气装置由气体发生剂、点火剂（火药）、点火器（电热丝）、金属过滤器等组成，如图 9-8 所示。

点火器的组成如图 9-9 所示。当电子控制器发出指令时，点火器通电引爆点火剂，点火剂燃烧产生的高温使气体发生剂迅速产生大量气体，经过滤除去烟尘后，充入气囊，使气囊在 30ms 内膨胀展开。

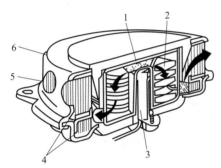

图 9-8 安全气囊充气装置
1—点火剂；2—气体发生剂；3—点火器；
4—金属过滤器；5—充气孔；
6—充气装置壳体

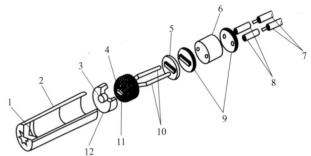

图 9-9 点火器的组成
1—点火剂；2—点火剂筒；3—引药；4—电热丝；5—陶瓷片；
6—永久磁铁；7—引出导线；8—绝缘套管；9—绝缘垫片；
10—电极；11—电热头；12—药托

② 气囊。气囊通常用尼龙布制成，在尼龙布上还有些排气用的小孔。气囊充气膨胀展开后，能吸收冲击能量，使乘员的头部和胸部减少受伤率及受伤程度。而气囊上设置小孔可在气囊充气后通过小孔排气，使气囊逐渐变软，以增强缓冲作用，并在气囊起作用后，不会有膨胀后的体积而影响车内人员适当的活动。

③ 衬垫。衬垫一般由聚氨酯制成，在制造过程中使用了极薄的水基发泡剂，使重量非常轻。平时衬垫黏附在方向盘的上表面，把气囊保护起来，同时又起到了装饰作用。汽车发生碰撞时，在气囊强大的膨胀力作用下，衬垫迅速被掀开，对安全气囊的膨胀展开不会有任何阻碍作用。

④ 饰盖和底板。饰盖是气囊组件中的盖板，安全气囊及充气装置都安装在底板上，底板固定在方向盘或车身上，气囊膨胀展开时，底板承受安全气囊的爆发力。

（3）安全气囊电子控制器

安全气囊电子控制器根据接收到的碰撞传感器信号判断汽车是否发生了碰撞及碰撞的强度，并确定是否输出点火信号引爆点火剂而使气囊充气膨胀。安全气囊电子控制器内除了 SRS 微处理器外，还有点火电路、SRS 诊断电路等，有的还将安全传感器、SRS 备用电源等都集装在一个控制盒中（图 9-10）。

① 备用电源。备用电源是在汽车发生碰撞而电源电路出现意外时，提供安全气囊系统

正常工作所需的电能,以确保安全气囊能发挥安全保护作用。安全气囊系统的备用电源通常是一个容量较大的储能电容器。安全气囊备用电源电路安装在电子控制器盒内部,也有一些汽车的安全气囊系统将备用电源单独安装于汽车中间的某个部位。

请注意:在汽车正常运行时,发电机通过充电电路给电容器充电,使电容器始终存有电量。因此,一些汽车维修资料要求在维修方向盘处的器件和电路时,必须断开蓄电池后再等待3min,就是为了使SRS的备用电源的电量充分释放,以避免因维修操作不当而产生气囊误爆伤人。

② 点火电路。点火电路的作用是在SRS微处理器输出气囊膨开指令时,迅速使气囊点火器通电,引爆点火剂和气体发生剂,使气囊迅速充气。点火电路通过安全传感器的触点与电源连接,因而只有在汽车发生严重的碰撞,安全传感器触点通路时,电子控制器才有可能使点火器通电点火,从而避免在汽车正常使用与维修过程产生误点火的可能。

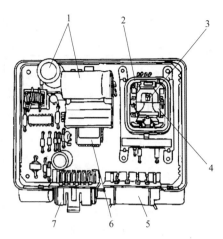

图9-10 典型SRS控制盒内部结构示意
1—备用电源(电容器);2—安全传感器总成;
3—传感器触点;4—传感器平衡块;5—四端子连接器;6—SRS微处理器模块;
7—SRS控制器插接器

③ 安全气囊微处理器。安全气囊微处理器采用单片机,片内包括中央微处理器(CPU)、存储器(ROM/RAM)、输入/输出接口等。CPU根据输入的气囊传感器信号及只读存储器中储存的标准参数判断汽车是否发生了碰撞及碰撞的强度,并通过输出接口向点火电路发出点火指令。

CPU还通过对输入信号和测试信号的监测,进行系统的自检。当安全气囊电子控制系统部件或电路出现故障时,CPU就使SRS警示灯亮起,并在RAM中储存相应的故障码。

2. 安全气囊系统的工作原理

当汽车发生严重碰撞时,碰撞传感器产生相应的电信号,并输入电子控制器,与此同时,安全传感器内部的触点闭合而接通点火器电源。电子控制器对碰撞传感器输入的信号进行分析处理后,迅速向点火器输出点火信号,点火器通电引燃点火剂并产生高温,使气体发生器产生大量气体,并经过滤与冷却后,充入气囊,使气囊在30ms内突破衬垫而快速膨胀展开。在车内人员还没触及前方硬物之前,抢先在两者之间形成弹性气垫,并及时由小孔排气收缩,吸收强大惯性冲击能量,以保护人体头部、胸部,减轻受伤程度。

二、安全气囊电子控制系统的控制过程

1. 安全气囊电子控制系统工作过程

安全气囊电子控制系统工作过程如图9-11所示。接通点火开关后,安全气囊系统便开始工作,CPU启动自检子程序,通过检测电路对安全气囊系统器件和电路逐个进行检查,如果有异常,SRS警示灯就闪亮不熄,提示安全气囊系统有故障,需要读取故障码,检查并排除故障;如果均正常,CPU则运行信号采集子程序,对各个传感器进行巡回检测,并运行信号分析与比较程序。

如果汽车运行中没有发生碰撞,CPU在重复运行信号采集及分析比较程序的间隙,运

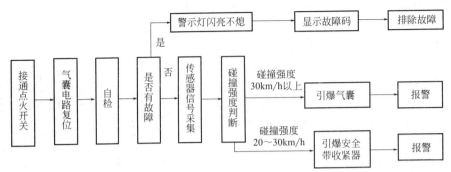

图 9-11 安全气囊电子控制系统工作过程

行自检子程序,一旦检测到异常,便使 SRS 警示灯亮起,并在 RAM 中储存相应的故障码。

如果汽车运行中发生碰撞,但 CPU 分析比较其碰撞强度还不需要气囊膨胀时(碰撞时汽车速度为 20~30km/h),CPU 就只发出引爆安全带收紧器的指令,使安全带拉紧,以保护驾驶员与乘员。当碰撞强度很大(大约碰撞时汽车速度≥30km/h),CPU 发出引爆气囊充气装置和安全带收紧器指令,使安全气囊膨胀展开,同时安全带收紧。

2. 安全气囊起安全保护作用的时间历程

从汽车发生碰撞的那一刻开始,到安全气囊迅速膨胀,再到所起到的保护作用结束,经历的时间很短。安全气囊系统起安全保护作用的时间历程如图 9-12 所示,各时间历程大致如下。

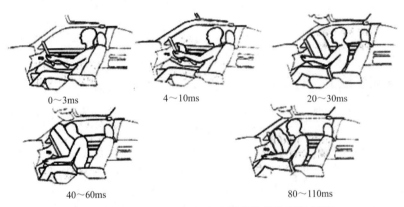

图 9-12 安全气囊系统起安全保护作用的时间历程

① 汽车碰撞 0~3ms,传感器感知汽车减速度,并将其转变为电信号输入电子控制器。
② 汽车碰撞后 4~10ms,电子控制器根据传感器电信号判断碰撞的强度,若判断信号强度达到或超过气囊膨胀标准数值时,电子控制装置则发出指令,并通过点火电路使点火器通电,引爆点火剂和气体发生剂,产生高温和大量气体。此时乘员因惯性作用,与汽车之间还没产生相对位移。
③ 汽车碰撞后 20ms,乘员在减速度惯性力的作用下,开始向前冲(与汽车座椅之间开始产生相对位移),但还没有接触气囊。
④ 汽车碰撞后 30ms,气囊充气装置产生的大量气体经冷却过滤后充入气囊,使气囊迅速膨胀。
⑤ 汽车碰撞后 40ms,安全气囊完全膨胀展开,乘员在向前移动中安全带被拉长而起一

定的缓冲作用，乘员已紧贴安全气囊，安全气囊吸收了乘员的惯性冲击能量。

⑥ 汽车碰撞后 60ms，安全气囊被压紧变形，进一步吸收乘员的惯性冲击能量。

⑦ 汽车碰撞后 80ms，安全气囊上排气孔的排气，使气囊变软，乘员进一步沉向气囊中，气囊起到更好的缓冲作用。

⑧ 汽车碰撞后 100ms，乘员惯性冲击能量已减弱，危险期已过。

⑨ 汽车碰撞后 110ms，乘员惯性冲击能量消失，在安全带作用下将其拉回到座椅上，气囊中气体也排出大部分，整个过程基本结束。

从汽车发生碰撞的那一刻，到乘员在强大惯性力的作用下身体前冲（与车身产生相对位移）而碰撞到硬物受伤的时间间隔大约为 50ms，安全气囊开始膨胀的时间是约 30ms，也就是说，安全气囊系统是抢在乘员碰到车内硬物以前，在乘员与车身之间形成一道柔软的弹性保护气囊，从而减少了乘员受伤的程度。

请注意：在安全气囊起保护作用的时间历程中，安全带的缓冲作用为气囊抢在人前冲碰到硬物之前膨胀展开赢得了宝贵的时间。因此，系好安全带，对提高汽车被动安全至关重要。

第三节 典型安全气囊系统电路分析与 ECU 故障检测

一、安全气囊系统电路分析

以雷克萨斯 LS400 轿车安全气囊电子控制系统电路为例（图 9-13），说明汽车安全气囊电子控制系统的电路特点及故障检修方法。

1. 安全气囊电子控制系统构成特点

雷克萨斯 LS400 轿车使用了五个碰撞传感器，两个前碰撞传感器为机电式，分别安装在汽车前部两边翼子板的内侧；一个电子式碰撞传感器安装在安全气囊控制盒中（称为中央安全气囊传感器），另两个水银式碰撞传感器用作安全开关（称安全传感器），也安装在安全气囊控制盒中。

2. 安全气囊电子控制器 ECU 端子功能

雷克萨斯 LS400 轿车安全气囊控制器内部除了安全气囊控制微处理器、安全传感器、中央传感器外，还装有备用电源、点火驱动电路等。控制器 16 端子插接器的端子排列参见图 9-13，各端子的连接部件及功能说明如表 9-1 所示。

3. 安全气囊电子控制器主要电路分析

（1）安全气囊控制器电源电路

安全气囊控制器除了从 B 端子与蓄电池连接的直接电源外，雷克萨斯 LS400 轿车安全气囊控制器电源电路如图 9-14 所示。

在气囊控制器的 ACC、IG1、IG2 端子与点火开关之间，分别串联了代号为 CIG、ECU-IG 和 IGN 的熔断器，起电路过载和短路保护作用。

当点火开关关闭时，气囊控制器的 ACC、IG1、IG2 端子均不通电，点火开关拨至 ON 位时，ACC、IG1、IG2 端子则均为蓄电池电压。

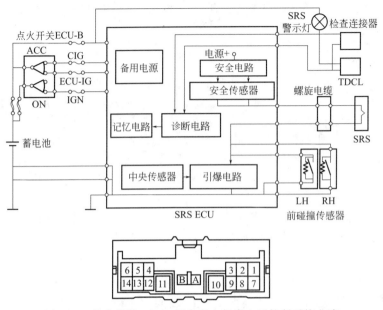

图 9-13 雷克萨斯 LS400 轿车安全气囊电子控制系统电路

表 9-1 雷克萨斯 LS400 轿车气囊系统控制装置插接器端子的连接部件及功能说明

端子号	端子代号	连接部件	功能说明
1	IG1	电源(ECU-IG 熔断器)	ECU 电源,点火开关 ON 时接入
2	−SR	右前(RH)安全气囊传感器−	汽车碰撞信号输入
3	+SR	右前(RH)安全气囊传感器+	
4	−SL	左前(LH)安全气囊传感器−	汽车碰撞信号输入
5	+SL	左前(LH)安全气囊传感器+	
6	+B	蓄电池(ECU-B 熔断器)	ECU 常接电源
7	IG2	电源(IGN 熔断器)	ECU 电源,点火开关 ACC 时接入
8	E2	搭铁	ECU 搭铁
9	LA	安全气囊(SRS)警示灯	SRS 警示灯控制端子
10	D−	气囊组件点火器−	气囊展开控制端子−
11	D+	气囊组件点火器+	气囊展开控制端子+
12	TC	TDCL 和检查连接器	安全气囊(SRS)诊断触发端子
13	E1	搭铁	ECU 搭铁
14	ACC	电源(CIG 熔断器)	ECU 电源,点火开关 ACC 时接入
—	A	电路连接诊断机构	
—	B	电路连接诊断机构	

(2) 安全气囊点火器与碰撞传感器电路

雷克萨斯 LS400 轿车安全气囊点火器与两个前碰撞传感器电路如图 9-15 所示。

请注意：由于安装于方向盘上的气囊组件需要随方向盘转动，因此控制器与气囊点火器之间需要通过一个螺旋形电缆连接。

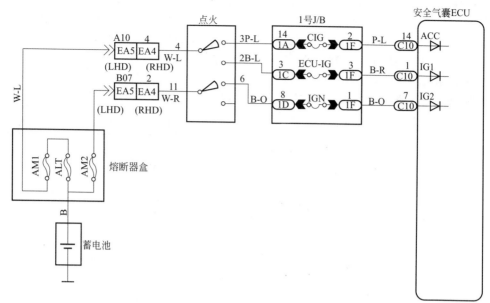

图 9-14　雷克萨斯 LS400 轿车安全气囊控制器电源电路

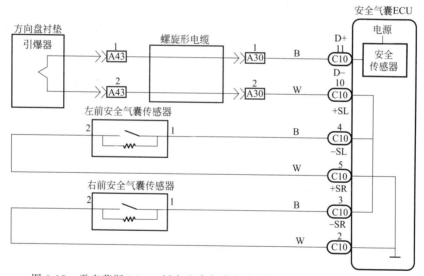

图 9-15　雷克萨斯 LS400 轿车安全气囊点火器与两个前碰撞传感器电路

两个前碰撞传感器分别通过+SL、-SL 和+SR、-SR 连接 ECU，只要有一个碰撞传感器因汽车碰撞而接通，ECU 就使点火器控制端 D-接地，而 ECU 内部的安全传感器则将电源与点火器的控制端 D+接通，点火器便通电，继而引爆安全气囊。

二、安全气囊系统 ECU 故障检测

与其他汽车电子控制系统一样，安全气囊控制器也具有故障自诊断功能。当安全气囊电子控制系统出现故障时，ECU 控制 SRS 警示灯闪烁以示警告，并在 RAM 存储器中储存故障码。故障检修时可读取 RAM 中的故障码，并按故障码所指示的故障信息检修故障。

请注意：SRS 警告灯亮起时，如果汽车在途中则可以继续行驶，但应该及时进行检修。因为 SRS 警告灯亮，表示 SRS 系统有故障，安全气囊装置已经不能起安全保护作用。

当控制器本身出现故障、SRS 警示灯电路有故障及其他原因而不能读取故障码，或读取故障码，需要确认故障部位时，可通过对 SRS 控制器相关端子电压和通路情况的检测，判断 SRS 控制器及相关电路与部件是否有故障。雷克萨斯 LS400 轿车安全气囊（单气囊）控制电路 SRS 控制器各端子的检测方法及故障诊断结果如表 9-2 所示。

表 9-2 雷克萨斯 LS400 轿车安全气囊控制电路 SRS 控制器各有关端子的检测方法及故障诊断

检测端子代码（端子号）	检测状态	正常情况	检测异常可能的故障部位
IG1 (1)	点火开关 ON	蓄电池电压	①ECU-IG 熔断器 ②SRS ECU 与点火开关之间的电源线路
	点火开关 OFF	约 0V	
−SR (2)	点火开关 OFF	通路	①SRS ECU 搭铁线路 ②SRS ECU
−SR−+SR (2-3)	点火开关 OFF	755~885Ω	①前右碰撞传感器及插接器 ②前右碰撞传感器连接线路
−SL−+SL (5-4)	点火开关 OFF	755~885Ω	①前左碰撞传感器及插接器 ②前左碰撞传感器连接线路
−SL	点火开关 OFF	通路	①SRS ECU 搭铁线路 ②SRS ECU
B (6)	—	蓄电池电压	①ECU-B 熔断器 ②SRS ECU 与蓄电池之间的线路
IG2 (7)	点火开关 ON	蓄电池电压	①IGN 熔断器 ②SRS ECU 与点火开关之间的电源线路
	点火开关 OFF	约 0V	
E2 (8)	—	约 0V	SRS ECU 搭铁线路
LA (9)	SRS 指示灯亮	约 0V	①SRS 指示灯及连接线路 ②SRS ECU
	SRS 指示灯熄灭	蓄电池电压	
TC (12)	点火开关 ON	蓄电池电压	①检查连接器 ②检查连接器与 SRS ECU 之间的线路 ③SRS ECU
	点火开关 ON，检查连接器 TC、E1 短接	约 0V	
E1 (13)	点火开关 OFF	通路	SRS ECU 搭铁线路
ACC (14)	点火开关 ON	蓄电池电压	①CIG 熔断器 ②SRS ECU 与点火开关之间的电源线路
	点火开关 OFF	约 0V	

如果检测 ECU 各端子电压或电阻的结果均为正常，或某端子的检测结果为异常，但相关的电路和器件检查为正常，这就可能是 SRS ECU 的故障了，可通过替代法来确认，或直接更换 SRS ECU。

第十章 汽车电子控制器故障自诊断

第一节 汽车电子控制系统故障自诊断概述

一、ECU 故障自诊断的定义及应用

汽车电子控制系统的故障自诊断是指电子控制系统在工作过程中，电子控制器会自动启动故障自动识别系统，监测电子控制系统是否正常。当电子控制系统部件或线路出现故障时，其控制器会自动、准确地予以识别。

汽车上各电子控制系统均设有故障自诊断功能，设置故障自诊断功能的目的是使人们能及时发现汽车电子控制系统的故障，并且给准确迅速地排除故障提供方便。

二、ECU 故障自诊断功能

当汽车电子控制系统出现故障时，自诊断系统就会诊断出故障所在，并根据不同的情况实施如下功能。

1. 故障警告功能

当汽车电子控制系统出现较为严重的故障时，比如，该故障会影响行车安全、造成发动机及其他系统与部件损坏或引发其他较严重的故障，自诊断系统就会使仪表板上的发动机故障警告灯亮起或闪亮，以提醒驾驶员及时停车检修。

2. 故障码储存功能

自诊断系统会将其所识别出的故障以代码的形式储存在 RAM 中，在汽车维修时，可以通过专用故障检测设备或人工的方法从 RAM 中取得故障信息。通过这些故障信息，就可方便、准确、迅速地找到故障的部位，及时排除故障。

3. 故障运行功能

为使发动机不因一些传感器的信号消失或异常而停止工作，自诊断系统会根据所识别的故障性质，自动启动故障运行功能，可使电子控制系统在设定的参数下工作，以维持电子控制系统基本的运行。设置故障运行功能的目的是使驾驶员能将有故障的汽车开回家或开到附

近的汽修厂维修，避免途中汽车抛锚的尴尬。

例如：发动机温度传感器信号不正常或消失时，ECU 就以启动时 20℃、运行时 80℃的标准参数进行控制，以使发动机能够启动和"带病坚持工作"。

又如：当爆震传感器及其线路因断路或短路而无信号输出时，ECU 就会自动使点火提前角减小 3°～8°，以避免因点火控制系统失去对爆震的控制而使发动机产生爆震。

再如：空气流量传感器信号不正常时，ECU 会使点火时间和喷油时间固定为启动、怠速和行走 3 个设定值，以维持发动机的基本运行。

4. 安全保障功能

当汽车电子控制系统出现影响汽车行车安全或导致某部件损坏的故障时，自诊断系统则会立即停止发动机的工作，以确保安全。比如：当点火系统出现故障，系统接收不到电子点火器的反馈信号 IG_f 时，就立刻停止喷油，以避免有大量的未燃烧混合气排出，使过量的 HC 进入三元催化反应器，造成过度的氧化反应而烧坏反应器。

第二节 汽车电子控制器故障自诊断原理

一、故障自诊断系统的组成

ECU 中的 CPU 是自诊断系统的核心，其组成部件主要有程序存储器（ROM）、数据存储器（RAM）、故障检查插座和后备系统等，故障自诊断系统的基本组成如图 10-1 所示。

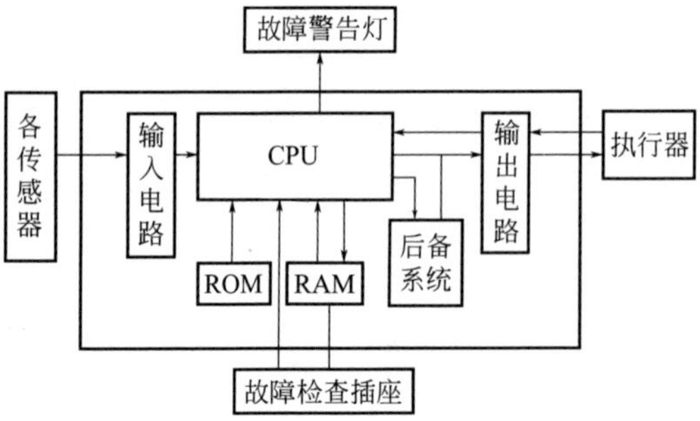

图 10-1 故障自诊断系统的基本组成

1. 程序存储器（ROM）

用于储存自诊断程序、诊断标准参数及故障运行时的预定参数等，工作时，供 CPU 提取和查寻。如果是 ROM 出现了故障，微处理器只能根据 RAM 的记忆参数计算出控制参数，并输出相应的控制信号。这时，ECU 的反应会很慢。

2. 数据存储器（RAM）

储存故障码，同时也储存发动机电子控制系统学习修正（自适应）参数。为在点火开关关断时仍然保留 RAM 中所储存的信息，ECU 必须有一个与蓄电池直接连接的电源端子，以使储存故障信息的 RAM 在点火开关关断时仍然通电。

3. 故障检查插座

将故障检查插座的有关端子短接，可使 RAM 中储存的故障码通过故障警告灯闪示。故障检查插座通常还有若干个用于检查电子控制系统电路故障、检测系统部件参数的检查端子。现代汽车已将故障检查插座标准化，可与专用诊断设备连接，进行故障诊断和相关的性能与状态参数检测。

4. 后备系统

后备系统就是在 ECU 和曲轴位置传感器等出现故障后，为维持发动机的基本运行而设置的备用电路。后备电路投入工作时，将点亮故障警告灯，以提醒驾驶员注意，同时根据点火开关、节气门位置传感器等信号，提供基本的喷油、点火等控制信号。

请注意：故障自诊断系统除了设置了故障检查插座和后备电路外，并没有单独设置自身的硬件设备。CPU、ROM 和 RAM 等是汽车电子控制系统的硬件，故障自诊断系统与之共享，故障自诊断系统所特有的是其故障自诊断软件。

二、故障自诊断原理

汽车电子控制系统故障自诊断可以对电子控制器以外的相关电路和器件进行故障识别，还可以诊断控制器自身的故障。

1. 对 ECU 外围电路的故障自诊断

在 ECU 的控制程序中，设置了故障自诊断子程序，该程序中包括用于判别各输入信号正常与否的比较指令和相关的标准参数。

接通点火开关时，各汽车电子控制系统 ECU 随即运行自检程序，并使相关的电子控制系统指示灯亮起。如果自检未发现异常，相应的指示灯熄灭；如果某电子控制系统自检发现了异常，该电子控制系统的指示灯就会持续地亮着或闪亮，以提醒驾驶员该电子控制系统有故障。

工作中，ECU 运行相应的控制子程序，使相关的执行器工作，在各控制程序运行的间歇，运行故障自诊断子程序，将各传感器输入的电信号、执行器的反馈信号与 ROM 中的标准参数进行对比分析。当出现某个信号缺失或信号值偏离标准值（超出了设定的范围）时，自诊断系统就会判定为提供该信号的电路或器件有故障，并立刻点亮相应的指示/警告灯，与此同时，在 RAM 中储存相应的故障码。

2. 对 ECU 自身的故障自诊断

对 ECU 的诊断是通过其内部的监控电路来实现的。在监控电路中设有监视用定时器，ECU 正常工作时，监视定时器可对微处理器进行定时复位。当微处理器发生故障时，例行程序就不能正常运行，使监视定时器不能复位而造成溢出，自诊断系统据此即可判断微处理器出现了故障。

3. 后备运行的作用原理

为避免因 ECU 出现故障而使汽车立刻停驶，在 ECU 盒内设置了应急的后备电路。当微处理器本身出现故障时，后备电路就会根据监控电路的信号而立即投入工作，使发动机电子控制系统按设定的基本控制程序工作。例如，日产公司的 ECCS 系统后备电路的运行控制参数如表 10-1 所示。

表 10-1　日产公司的 ECCS 系统后备电路的运行控制参数

控制项目	发动机工况		
	启动	怠速	一般工况
喷油持续时间/ms	12.0	2.3	4.1
喷油频率	每转一次		
点火提前角/(°)	10	10	20

请注意：汽车电子控制器的故障自诊断实际上就是运行故障自诊断子程序，通过将输入信号与标准参数分析对比的方式来实现故障的自诊断。因此，ECU 的故障自诊断功能只对有信号输入的线路和部件有效。

第三节　自诊断系统的标准化与专用故障诊断设备

一、自诊断系统的标准化

在 1993 年以前，不同汽车公司生产的汽车其电子控制系统的故障自诊断通常是各自成体系，用于连接汽车故障诊断设备的自诊断输出接口也不统一。因此，汽车故障诊断仪适用的车种单一，给汽车的故障诊断和维修带来不便。这一时期的汽车自诊断系统被称为第一代随车自诊断系统（OBD-Ⅰ）。

此后，美国汽车工程师学会（SAE）提出了新一代车载自诊断系统（OBD-Ⅱ）标准规范，并于 1993 年开始试行。OBD-Ⅱ 采用统一的诊断模式，统一的 16 端子插座（图 10-2），使诊断设备硬件具有通用性成为可能，这极大地降低了诊断

图 10-2　OBD-Ⅱ故障诊断接口（16 端子）

设备的成本，而其功能则进一步增强。因此，OBD-Ⅱ 得到了世界各大汽车公司的响应，自 1996 年以来 OBD-Ⅱ 已得到了全面实施。

二、汽车电子控制系统故障诊断设备

较早出现的故障码阅读器可以直接显示或打印故障码，有的还可以把故障码转换为相应的文字信息（解码）。现在的汽车故障诊断设备除了能进行汽车电子控制系统故障码的读取和消除操作之外，通常还设有其他多项功能，并有通用型和专用型两种类型。

1. 通用型汽车故障诊断设备

通用型汽车故障诊断设备能适用于多种车型的故障诊断，有台式和手持便携式两种形式（图 10-3），可以通过更换不同的卡来适应不同的车系或同一车系不同年代生产的汽车。这些汽车故障诊断设备通常设有故障码的读取与消除、ECU 内部动态数据的显示、传感器和部分执行器的测试与调整、一些特定参数的设定与修改、维修资料的读取、故障诊断提示等功能，可通过设备上的按键来选择所要检测的系统和所要进行的项目。

通用型汽车故障诊断设备的优点是可测试的车型较多，适用范围较宽，但与专用型汽车故障诊断设备相比，不具有一些针对特定车型的特殊功能。

2. 专用型汽车故障诊断设备

专用型汽车故障诊断设备只针对特定的车型，也有台式和手持便携式两种形式。专用汽车故障诊断除了具有通用型诊断设备的功能之外，通常还设有一些电子控制系统参数的修改、某些数据的设定、防盗密码的设定与更改等针对特定车型的各种特殊功能。

专用型汽车故障诊断设备通常是汽车生产厂家自行设计或委托仪器厂家设计的专用设

图 10-3 元征通用型诊断仪

备,其专业性强、测试功能完备,但只适用于本厂家生产的汽车。比如,法国雪铁龙公司的 ELIT 检测仪(图 10-4),只适用于本公司生产的各种车型。ELIT 检测仪经 ELIT No.15 版本软件升级后,可同时用于发动机电子控制系统、自动变速器电子控制系统及 ABS 的检测与故障诊断,具有识别被测的 ECU、读取故障信息(并提供故障检测部位和检测参数等)、删除故障信息、系统参数测定、模拟检测执行机构(输入模拟控制信号以检验执行器性能)、加速踏板初始化、微处理器系统初始化等功能。

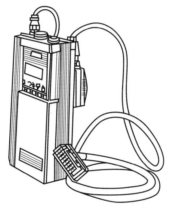

图 10-4 ELIT 检测仪

第十一章 典型汽车电子控制器的检测参数

本章列举一些典型汽车电子控制系统 ECU 的检测参数，以便于读者进行相关车型电子控制系统 ECU 检测时使用，并可为相类似车型的汽车电子控制系统 ECU 的检修提供实践参考。更多车型的电子控制系统 ECU 具体的检测参数可参考相关车型的维修手册。

第一节 东风本田 CR-V ECU 检测参数

一、发动机 ECU 检测参数

东风本田 CR-V 发动机 ECU 与自动变速器 ECU 合二为一，并简称为 ECM/PCM，ECM/PCM 通过 A、B、C、D、E 5 个插接器与系统相连接。

（1）ECM/PCM A 端子

ECM/PCM A 端子的排列如图 11-1 所示，其功能及检测参数如表 11-1 所示。

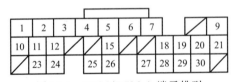

图 11-1 ECM/PCM A 端子排列

表 11-1 ECM/PCM A 各端子的功能及检测参数

端子号	端子代号	导线颜色	连接说明	检测条件	检测参数/V
1	PO₂SHTC	黑/白	启动前置氧传感器加热器	接通点火开关	蓄电池电压
				发动机在正常温度下运转	0
2	IGP2	黄/黑	ECM/PCM 电路电源	点火开关 OFF/ON	0/蓄电池电压
3	IGP2	黄/黑	ECM/PCM 电路电源	点火开关 OFF/ON	0/蓄电池电压
4	PG2	黑	ECM/PCM 电路接地	任何情况下	<1.0
5	PG1	黑	ECM/PCM 电路接地	任何情况下	<1.0
6①	PHO₂S	红	前置加热型氧传感器信号	升温后节气门开度迅速加大	约 0.6
				节气门快速关闭	<0.4

续表

端子号	端子代号	导线颜色	连接说明	检测条件	检测参数/V
7	CKP	蓝	曲轴位置传感器信号	在发动机运转时	脉冲电压
9	KS	红/蓝	爆震传感器信号	接通点火开关时	0
				发动机爆震时	脉冲电压
10	SG2	绿/黄	传感器接地	任何情况下	<1.0
11	SG1	绿/白	传感器接地	任何情况下	<1.0
12	IAGV	黑/红	急速空气控制阀	发动机运转	负荷控制
15	TPS	红/黑	节气门位置传感器信号	节气门全开时	约 4.8
				节气门关闭时	约 0.5
18②	VSS	白/绿	车速传感器信号	点火开关 ON,转动前轮	0~5/蓄电池电压
19	MAP	绿/红	MAP 传感器信号	接通点火开关时	约 3
				发动机急速时	约 1(随转速变)
20	VCC2	黄/蓝	传感器电源	点火开关 OFF/ON	5/0
21	VCC1	黄/红	传感器电源	点火开关 OFF/ON	5/0
23	LG2	棕/黄	ECM/PCM 接地	任何情况下	<1.0
24	LG1	棕/黄	ECM/PCM 接地	任何情况下	<1.0
25	CMP	蓝/白	凸轮轴位置传感器信号	发动机运转	脉冲电压
26	TDC	绿	上止位置传感器信号	发动机运转	脉冲电压
27	IGPLS4	棕	启动 4 号点火线圈	接通点火开关时	约 0
				发动机运转时	脉冲电压
28	IGPLS3	白/蓝	启动 3 号点火线圈	接通点火开关时	约 0
				发动机运转时	脉冲电压
29	IGPLS2	蓝/红	启动 2 号点火线圈	接通点火开关时	约 0
				发动机运转时	脉冲电压
30	IGPLS1	黄/绿	启动 1 号点火线圈	接通点火开关时	约 0
				发动机运转时	脉冲电压

①配备 TWC 车型。
②手动变速器。

（2）ECM/PCM B 端子

ECM/PCM B 端子的排列如图 11-2 所示，其功能及检测参数如表 11-2 所示。

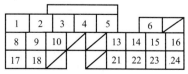

图 11-2　ECM/PCM B 端子排列

第十一章　典型汽车电子控制器的检测参数

表 11-2 ECM/PCM B 各端子的功能及检测参数

端子号	端子代号	导线颜色	连接说明	检测条件	检测参数/V
1	VTC+	蓝/白	启动 VTC 控制电磁阀	接通点火开关时	0
2	INJ4	黄	4 号喷油器控制	点火开关 ON/发动机怠速运转	蓄电池电压/负荷控制
3	INJ3	蓝	3 号喷油器控制		
4	INJ2	红	2 号喷油器控制		
5	INJ1	棕	1 号喷油器控制		
6	FANC	绿	散热器风扇继电器控制	散热器风扇运转	约 0
				散热器风扇停转	蓄电池电压
8	ECT	红/白	发动机温度传感器信号	接通点火开关时(随温度变)	0.1~4.8
9①	VTPSW	蓝/黑	VTEC 机油压力开关信号	发动机怠速运转	约 0
10	ALTL	白/蓝	交流发电机 L 信号	接通点火开关时	约 0
				发动机运转时	蓄电池电压
13	ALTF	白/红	交流发电机 FR 信号	发动机运转时(随电负荷变)	0~5
14②	LSA+	红/黑	A/T 压力控制电磁阀控制	接通点火开关时	负荷控制
15	VTS	绿/黄	VTEC 电磁阀控制	发动机怠速运转	约 0
16②	LSB+	棕/白	A/T 压力控制电磁阀 B	接通点火开关时	负荷控制
17	IAT	红/黄	进气温度传感器信号	接通点火开关时(随温度变)	0.1~4.8
18③	ALTC	白/绿	发送交流发电机信号	发动机运转时(随电负荷变)	0~5
21	PCS	黄/蓝	EVAP 炭罐净化阀控制	发动机运转,温度低于 65℃	约 0
				发动机运转,温度高于 65℃	负荷控制
22	IMRC	红/蓝	IMRC 电磁阀控制	发动机转速低于 4700r/min (K24A1 型发动机 4300r/min)	蓄电池电压
				发动机转速高于 4700r/min (K24A1 型发动机 4300r/min)	0
23	VTC-	棕/黄	VTC 机油控制电磁阀	接通点火开关时	0
24	LSC+	蓝/黄	A/T 压力控制电磁阀	接通点火开关时	负荷控制

①KG、KS、KX、KR、KU(中国香港)车型。
②自动变速器。
③KG、KS、KX、KR、KU、KZ、FO、KQ、KK、KM 车型。

(3) ECM/PCM C 端子

ECM/PCM C 端子的排列如图 11-3 所示,其端子排列及检测参数如表 11-3 所示。

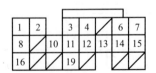

图 11-3 ECM/PCM C 端子的排列

表 11-3　ECM/PCM C 各端子的功能及检测参数

端子号	端子代号	导线颜色	连接说明	检测条件	检测参数/V
1	LSAC+	白/黑	A/T 压力控制电磁阀 A 接地		0
2	SHC	绿	换挡电磁阀 C 控制	发动机运转,在 N、D(1、3、5 挡)、M 位置	蓄电池电压
				发动机运转,在 P、R、D(2、4 挡)、M 位置	约 0
3	SHE	黄	换挡电磁阀 E 控制	发动机运转,在 P、R 位置	蓄电池电压
				发动机运转,在 N、D(1、2、3、4、5 挡)、M 位置	约 0
4	SHB	绿/白	换挡电磁阀 B 控制	发动机运转,在 P、N、R、D(1、2 挡)、M 位置	蓄电池电压
				发动机运转,在 D(3、4、5 挡)、M 位置	约 0
6	SHA	蓝/黑	换挡电磁阀 A 控制	发动机运转,在 R、D(1、4、5 挡)、M 位置	蓄电池电压
				发动机运转,在 P、N、D(2、3 挡)、M 位置	约 0
7	NM	白/红	主轴转速传感器信号	发动机运转时	脉冲电压
8	LSB−	黑/红	A/T 压力控制电磁阀 B 接地	接通点火开关时	负荷控制
10	OP3SW	绿/黄	3 挡机油压力开关信号	点火开关接通时	约 5
				发动机运转,在 3 挡	约 0
11	ATP2	绿/红	挡位开关 2 位置信号	在 2 挡位	约 0
				在其他任何挡位	5 或蓄电池电压
12	ATPRVS	红/白	挡位开关 R 位置信号	在 R 挡位	约 0
				在其他任何挡位	5 或蓄电池电压
13	OP2SW	绿/黄	2 挡机油压力开关信号	点火开关接通时	约 5
				发动机运转,在 2 挡	约 0
14	ATFT	红/黄	ATF 温度传感器信号	接通点火开关(随温度改变)	0.1~4.2
15	NC	蓝	副轴转速传感器信号	接通点火开关,前轮转动	脉冲电压
16	LSC	白/蓝	A/T 压力控制电磁阀 C 接地	接通点火开关时	负荷控制
19	ATP1	棕	挡位开关 1 位置信号	在 1 挡位	约 0
				在其他任何挡位	蓄电池电压

(4) ECM/PCM D 端子

ECM/PCM D 端子的排列如图 11-4 所示,其功能及检测参数如表 11-4 所示。

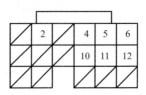

图 11-4　ECM/PCM D 的端子排列

表 11-4　ECM/PCM D 各端子的功能及检测参数

端子号	端子代号	导线颜色	连接说明	检测条件	检测参数/V
2	ODSW	绿	超速开关信号	超速开关断开(O/D 灯亮)	约 0
				超速开关接通(O/D 灯灭)	约 5
4	ATPN	黑/红	挡位开关空挡信号	在空挡位时	约 0
				在其他任何挡位	5 或蓄电池电压
5	ATPR	白	挡位开关 R 挡信号	在 R 挡位时	约 0
				在其他任何挡位	5 或蓄电池电压
6	ATPR	蓝/黑	挡位开关 P 挡信号	在 P 挡位时	约 0
				在其他任何挡位	5 或蓄电池电压
10	ATPD	淡蓝	挡位开关 D 挡信号	在 D 挡位时	约 0
				在其他任何挡位	5 或蓄电池电压
11	ATP2	绿/红	挡位开关 2 位置信号	在 2 挡位	约 0
				在其他任何挡位	5 或蓄电池电压
12[1]	CCS	蓝/橙	巡航控制开关信号	接通点火开关时	脉冲电压

[1] 配备巡航控制系统车型。

（5）ECM/PCM E 端子

ECM/PCM E 端子的排列如图 11-5 所示，其功能及检测参数如表 11-5 所示。

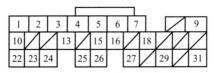

图 11-5　ECM/PCM E 端子的排列

表 11-5　ECM/PCM E 各端子的功能及检测参数

端子号	端子代号	导线颜色	连接说明	检测条件	检测参数/V
1[1]	IMO FPR	绿/黄	PGM-FI 主继电器 2	接通点火开关 2s 时/2s 之后	0/蓄电池电压
2[2]	SHO$_2$S	白/红	后置加热型氧传感器信号	发动机已升温,节气门从怠速位置到全开	约 0.6
				节气门快速关闭	<0.4
3	LG3	棕/黄	ECM/PCM 电路接地	在任何时候	<1
4	SG3	粉红	传感器接地	在任何时候	<1

续表

端子号	端子代号	导线颜色	连接说明	检测条件	检测参数/V
5	VCC3	黄/蓝	传感器电源	接通点火开关时	约5
				关闭点火开关时	约0
6[2]	SO$_2$SHTC	黑/白	后置氧传感器加热器	接通点火开关时	蓄电池电压
				发动机升温后运转时	负荷控制
7	MRLY	红/黄	DTC存储器 PGM-FI 主继电器1电源	接通点火开关时	蓄电池电压
				关闭点火开关时	约0
9	IG1	黄/黑	点火开关信号	接通点火开关时	蓄电池电压
				关闭点火开关时	约0
10[3]	FPR	绿/黄	PGM-FI主继电器2	接通点火开关2s时/2s之后	0/蓄电池电压
13[4]	ILU	白/蓝	联锁控制装置	接通点火开关,并踩下制动踏板	约8.5
15[5]	ELD	绿/红	启动ELD信号	接通点火开关时(电负荷变)	0.1~4.8
15[6]	IMA	橙	急速混合调节器	接通点火开关时	0.5~4.5
16	PSPSW	淡绿/黑	动力转向压力开关信号	方向盘位于正前方位置,在急速状态下	约0
				方向盘位于完全锁定位置,在急速状态下	蓄电池电压
18	ACC	红	A/C电磁离合器	压缩机运转时	约0
				压缩机停转时	蓄电池电压
22	BKSW	白/黑	制动踏板位置开关信号	释放制动踏板	约0
				踩下制动踏板	蓄电池电压
23	K总线	淡蓝	发送和接收检测工具信号	接通点火开关时	脉冲或蓄电池电压
24	SEFMJ	黄	与多路控制装置之间通信	接通点火开关时	约5
				发动机负荷运行时	脉冲电压
25[4]	VSSOUT	蓝/白	发送转速传感器信号	根据车速脉冲变	脉冲电压
26	NEP	蓝	输出发动机转速脉冲信号	发动机运转	脉冲电压
27[1]	IMOCD	红/蓝	防启动装置信号		
29	SCS	棕	维修检查信号	使用PGM短接维修检查信号端子	约0
				维修检查信号中断	约5
31	MIL	绿/白	故障指示灯信号	MIL点亮	约0
				MIL熄灭	蓄电池电压

①KG、KS、KE、KR、KU、KN、KH、KY、KZ、FO、KQ、KK、KM车型。
②KG、KS、KE、KR、KU、KZ、FO、KQ车型。
③除KG、KS、KE、KR、KU、KN、KH、KY、KZ、FO、KQ、KK、KM车型外。
④自动变速器。
⑤KG、KS、KE、KR、KU、KZ、FO、KQ、KK、KM车型。
⑥除装备TWC车型外。

二、ABS ECU 检测参数

东风本田 CR-V ABS ECU 端子的排列如图 11-6 所示，其功能及检测参数如表 11-6 所示。

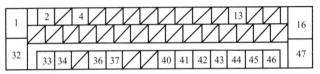

图 11-6　东风本田 CR-V ABS ECU 的端子排列

表 11-6　东风本田 CR-V ABS ECU 各端子的功能及检测参数

端子号	端子代号	导线颜色	连接说明	检测条件	检测参数/V
1	+B-P	白/红	油泵电动机继电器电源	在任何情况下	蓄电池电压
2	DLAG-Ⅱ	灰	与本田 PGM 检测仪进行通信	—	—
4	IGI	黄	系统工作电源	点火开关 ON	蓄电池电压
13	EBD	棕/黄	制动指示灯	发动机运转，施加驻车制动	<0.3
				发动机运转，释放驻车制动	蓄电池电压
16	GND-V	黑	系统/电磁阀接地		
32	+B-V	白/蓝	系统/电磁阀电源	在任何情况下	蓄电池电压
33	右前地线	蓝	检查右前车轮转速传感器信号		
34	右前+B	绿/黑			
36	左后+B	黄/红	检查左后车轮转速传感器信号		
37	左后地线	灰/红			
40	SCS	棕	用于 DTC 的显示与清除		
41	STOP	白/黑	制动开关信号	制动踏板踩下	蓄电池电压
				制动踏板释放	<0.3
42	右后地线	蓝/黄	检查右后车轮转速传感器信号		
43	右后+B	绿/黄			
44	ABS	蓝/红	ABS 指示灯	接通点火开关	约 6
45	左前+B	蓝/橙	检查左前车轮转速传感器信号		
46	左前地线	棕/白			
47	GND-P	黑	泵电动机接地	—	—

注：各端子的电压均为对 GND 电压。

第二节　东风日产新天籁轿车 ECU 检测参数

一、发动机 ECU 检测参数

1. 东风日产新天籁轿车发动机（QR）ECU 检测参数

东风日产新天籁轿车发动机（QR）ECU 端子的排列如图 11-7 所示，其功能及检测参数如表 11-7 所示。

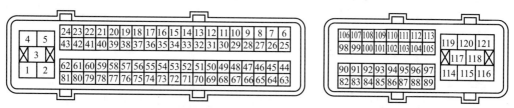

图 11-7　东风日产新天籁轿车发动机 ECU 端子的排列

表 11-7　东风日产新天籁轿车发动机（QR）ECU 各端子的功能及检测参数

端子号	导线颜色	端子功能	检测条件	检测参数/V
1	黑	ECU 接地	在任何情况下	0
2	红/蓝	加热型氧传感器 2 加热器	暖机后低于 3800r/min 运转	0～1
			点火开关 ON	蓄电池电压
3	绿/白	节气门控制电动机继电器电源	点火开关 ON	蓄电池电压
4	蓝	节气门控制电动机（关闭）	点火开关 ON 发动机停转 变速杆置于 D 加速踏板完全释放	0～14 脉冲电压
5	黄	节气门控制电动机（开启）	点火开关 ON 发动机停转 变速杆置于 D 加速踏板完全踩下	0～14 脉冲电压
12	白	动力转向压力传感器	发动机运转，方向盘转动	0.5～4
			发动机运转，方向盘不转	0.4～0.8
13	白	曲轴位置传感器（位置）	发动机暖机怠速运转	约 3 低频脉冲电压
			发动机运转（2000r/min）	约 3 较高频脉冲电压
14	白	凸轮轴位置传感器（相位）	发动机暖机怠速运转	1～4 低频脉冲电压
			发动机运转（2000r/min）	1～4 较高频率脉冲电压
15	白	爆震传感器	发动机怠速运转	约 2.5
16	粉/黑	加热型氧传感器 2	发动机暖机后，使其转速从怠速迅速升高至 3000r/min	0～1
19	粉	EVAP 炭罐通气控制电磁阀	发动机怠速运转	蓄电池电压
			发动机暖机后转速 2000r/min（发动机启动超过 100s 后）	约 10 脉冲电压
22	红/黄	3 号喷油器	发动机暖机状态，怠速运转	蓄电池电压 脉冲电压
23	红/黑	1 号喷油器		
41	浅绿/红	4 号喷油器	发动机暖机后 2000r/min 运转	蓄电池电压 脉冲电压
42	红/白	2 号喷油器		

续表

端子号	导线颜色	端子功能	检测条件	检测参数/V
24	橙/黑	加热型氧传感器1加热器	发动机暖机状态,转速低于3600r/min	约7 脉冲电压
			发动机转速高于3600r/min	蓄电池电压
29	黑	凸轮位置传感器接地	任意情况下	约0
30	黑	曲轴位置传感器接地	任意情况下	约0
34	蓝/黄	进气温度传感器	发动机运转	0~4.8(随温度变)
35	白/黑	加热型氧传感器1	发动机暖机状态,使其转速升高至2000r/min	0~1 周期性变化
46	棕/白	制冷剂压力传感器电源	点火开关ON	约5
47	绿	节气门位置传感器电源	点火开关ON	约5
49	白	节气门位置传感器1	点火开关ON、发动机停转 变速杆置于D 加速踏板完全释放	>0.36
			点火开关ON、发动机停转 变速杆置于D 加速踏板完全踩下	<4.75
50	白	空气流量传感器(质量型)	点火开关ON	约0.4
			发动机暖机状态急速运转	0.7~1
			发动机从急速加速至4000r/min	0.7~1到2.4 随转速线性变化
54	—	爆燃传感器接地	任何情况下	约0
57	黑	传感器接地	任何情况下	约0
60	蓝/红	3号点火信号	发动机暖机状态,急速运转	0~0.1 脉冲电压
61	黄/红	1号点火信号		
62	绿	进气门正时控制电磁阀	发动机暖机状态,急速运转	蓄电池电压
			发动机暖机运转状态,转速:2000r/min	4至蓄电池电压 脉冲电压
65	浅绿/黑	动力转向压力传感器电源	点火开关ON	约5
66	黑	节气门位置传感器接地	任何情况下	约0
67	黑	空气流量传感器接地	任何情况下	约0
68	红	节气门位置传感器2	点火开关ON、变速杆置于D 加速踏板完全释放	<4.75
			点火开关ON、变速杆置于D 加速踏板完全踩下	>0.36
69	白	制冷剂压力传感器	发动机暖机状态,A/C开关和鼓风机开关ON	1~4
72	浅绿	发动机温度传感器	发动机运转	0~4.8(随温度变)

续表

端子号	导线颜色	端子功能	检测条件	检测参数/V
73	黑/白	发动机温度传感器接地	任何情况下	约 0
74	黑	加热型氧传感器接地	任何情况下	约 0
79	绿/黄	4 号点火信号	发动机暖机 2000r/min 运转	0~0.2 脉冲电压
80	绿/红	2 号点火信号		
82	黑	加速踏板位置传感器 1 接地	任何情况下	约 0
83	绿	加速踏板位置传感器 2 接地	任何情况下	约 0
85	橙	数据诊断接口	点火开关 ON,CONSULT-Ⅱ 诊断仪断开	蓄电池电压
86	粉	CAN 通信线路	点火开关 ON	1~2.5
90	红/白	加速踏板位置传感器 1 电源	点火开关 ON	约 5
91	粉	加速踏板位置传感器 2 电源	点火开关 ON	约 5
94	蓝	CAN 通信线路	点火开关 ON	2.5~4
98	浅绿	加速踏板位置传感器 2	点火开关 ON,加速踏板完全释放	0.28~0.48
			点火开关 ON,加速踏板完全踩下	>2
99	绿/黄	ASCD 转向开关	点火开关 ON	ASCD 转向开关 OFF	约 4
				MAIN 开关 ON	约 0
				CANCEL 开关 ON	约 1
				RESUME/ACCEL-ERATE 开关 ON	约 3
				SET/COAST 开关 ON	约 2
101	红/绿	制动灯开关	点火开关 OFF,制动踏板完全释放	约 0
			点火开关 OFF,制动踏板轻微踩下	蓄电池电压
102	绿/白	PNP 开关	点火开关 ON,变速杆 P 或 N 位	约 0
			点火开关 ON,变速杆 P 或 N 位之外	蓄电池电压
103	白/绿	转速表信号输出	发动机暖机状态,怠速运转	10~11 低频脉冲电压
			发动机转速为 2000r/min	10~11 脉冲电压频率升高
104	橙	节气门控制电动机继电器	点火开关 OFF	蓄电池电压
			点火开关 ON	0~1

续表

端子号	导线颜色	端子功能	检测条件	检测参数/V
106	白	加速踏板位置传感器1	点火开关 ON,加速踏板完全释放	0.65~0.87
			点火开关 ON,加速踏板完全踩下	>4.3
108	绿/红	ASCD 制动开关	点火开关 ON,制动踏板踩下	约0
			点火开关 ON,制动踏板松开	蓄电池电压
109	红	点火开关	点火开关 OFF	0
			点火开关 ON	蓄电池电压
111	白/黑	ECM 继电器(自动切断)	发动机运转时点火开关 OFF 后等待几秒钟	0~1
			点火开关 OFF 后等待几秒钟	蓄电池电压
113	黑/红	燃油泵继电器	点火开关 ON 后 1s 发动机运转	0~1
			点火开关转到 ON 后超过 1s	蓄电池电压
115,116	黑	ECU 接地	发动机怠速运转	约0
119,120	红/绿	ECU 电源	点火开关 ON	蓄电池电压
121	白/蓝	ECU 电源(备用)	点火开关 OFF	蓄电池电压

2. 东风日产新天籁轿车发动机（VQ）ECU检测参数

东风日产新天籁轿车发动机（VQ）ECU各端子的功能及检测参数如表11-8所示。

表11-8 东风日产新天籁轿车发动机（VQ）ECU各端子的功能及检测参数

端子号	导线颜色	端子功能	检测条件	检测参数/V
1	黑	ECU 接地	在任何情况下	0
2	橙	加热型氧传感器1加热器(缸体1)	发动机暖机状态,转速低于 3600r/min	约8 脉冲电压
			发动机暖机状态,转速高于 3600r/min	蓄电池电压
3	绿/白	节气门控制电动机继电器电源	点火开关 ON	蓄电池电压
4	蓝	节气门控制电动机(关闭)	点火开关 ON 发动机停转 变速杆置于 D 加速踏板完全释放	约2.1 脉冲电压
5	黄	节气门控制电动机(开启)	点火开关 ON 发动机停转 变速杆置于 D 加速踏板完全踩下	0~14 脉冲电压
6	红/蓝	加热型氧传感器2加热器(缸体2)	发动机暖机状态,转速低于 3600r/min	0~1
			点火开关 ON	蓄电池电压

续表

端子号	导线颜色	端子功能	检测条件	检测参数/V
8	白/蓝	电控发动机支架1	发动机怠速运转(车辆不动)	0~3
			除了上述情况外	蓄电池电压
9	橙/黑	电控发动机支架2	发动机怠速运转(车辆不动)	蓄电池电压
			除了上述情况外	0~3
10	黄	进气门正时控制电磁阀(缸体2)	发动机怠速暖机状态	蓄电池电压
			发动机转速迅速提高至2000r/min	7~12 脉冲电压
11	浅绿/黑	进气门正时控制电磁阀(缸体1)	发动机怠速暖机状态	蓄电池电压
			发动机转速迅速提高至2000r/min	7~12 脉冲电压
12	白	动力转向传感器	发动机运转,方向盘转动	0.5~4.5
			发动机运转,方向盘不转	0.4~0.8
13	白	曲轴位置传感器(位置)	发动机怠速暖机运转状态	约1.6 低频脉冲电压
			发动机运转(2000r/min)	约1.4 较高频脉冲电压
14	白	凸轮轴位置传感器(相位)(缸体2)	发动机暖机怠速运转	1~4 低频脉冲电压
			发动机运转(2000r/min)	1~4 较高频率脉冲电压
15	白	爆震传感器	发动机怠速运转	约2.5
16	白	加热型氧传感器1(缸体2)	发动机暖机状态,转速2000r/min	0~1(周期变化)
21	蓝/白	5号喷油器	发动机暖机,怠速运转 发动机转速2000r/min	蓄电池电压 脉冲电压
22	红/黄	3号喷油器		
23	红/黑	1号喷油器		蓄电池电压 脉冲电压
24	红/蓝	加热型氧传感器1加热器(缸体2)	发动机暖机状态,转速低于3600r/min	约5 脉冲电压
			发动机转速高于3600r/min	蓄电池电压
25	粉/黑	加热型氧传感器2加热器(缸体1)	发动机暖机状态,转速低于3600r/min	0~1
			点火开关ON	蓄电池电压
29	黄/绿	VIAS控制电磁阀	发动机怠速运转	蓄电池电压
			发动机转速1800~3600r/min	0~1
33	白	凸轮轴位置传感器(缸体1)	发动机怠速运转	1~4 脉冲电压
			发动机转速2000r/min	1~4 较高频脉冲电压

第十一章 典型汽车电子控制器的检测参数

续表

端子号	导线颜色	端子功能	检测条件	检测参数/V
34	蓝/黄	进气温度传感器	发动机运转	0~4.8(随温度变)
35	白	加热型氧传感器1(缸体1)	发动机暖机状态,转速2000r/min	0~1 周期性变化
40	粉/黑	6号喷油器	发动机怠速运转	蓄电池电压 脉冲电压
41	浅绿/红	4号喷油器	发动机转速2000r/min	蓄电池电压 脉冲电压
42	红/白	2号喷油器		
45	粉	EVSP炭罐通气量控制电磁阀	发动机怠速运转	蓄电池电压
			发动机暖机后转速2000r/min	蓄电池电压 脉冲电压
47	白	节气门位置传感器电源	点火开关ON	约5
49	棕/白	制冷剂压力传感器电源	点火开关ON	约5
50	黄	节气门位置传感器1	点火开关ON、发动机停转 变速杆置于D 加速踏板完全释放	>0.36
			点火开关ON、发动机停转 变速杆置于D 加速踏板完全踩下	<4.75
51	白	空气流量传感器(质量型)	点火开关ON	约0.4
			发动机暖机状态,怠速运转	0.9~1.1(VQ23DE) 1~1.3(VQ35DE)
			发动机从怠速加速至4000r/min	0.9~1.1至2.4(VQ23DE) 1~1.3至2.4(VQ35DE) 电压随转速线性变化
55	白	加热型氧传感器(缸体2)	发动机暖机状态,转速2000r/min	0~1
60	粉/白	5号点火信号	发动机怠速运转	0~0.3(脉冲电压)
61	蓝/红	3号点火信号	发动机转速2000r/min	0.1~0.6(脉冲电压)
62	黄/红	1号点火信号		
66	蓝	节气门位置传感器接地	任何情况下	约0
67	黄	传感器接地	任何情况下	约0
68	蓝	PSP传感器电源	点火开关ON	约5
69	绿	节气门位置传感器2	点火开关ON、变速杆置于D 加速踏板完全释放	<4.75
			点火开关ON、变速杆置于D 加速踏板完全踩下	>0.36
70	白	制冷剂压力传感器	发动机暖机状态,A/C开关和鼓风机开关ON	1~4

续表

端子号	导线颜色	端子功能	检测条件	检测参数/V
73	浅绿	发动机温度传感器	发动机运转	0~4.8(随温度变)
74	白	加热型氧传感器2(缸体1)	发动机暖机状态,转速2000r/min	0~1
78	黑	加热型氧传感器接地	任何情况下	约0
79	灰/红	6号点火信号	发动机暖机状态,怠速	0~0.3(脉冲电压)
80	灰	4号点火信号		
81	绿/红	2号点火信号	发动机暖机状态2000r/min	0.1~0.6(脉冲电压)
82	黑	APP传感器1接地	任何情况下	约0
83	绿	APP传感器2接地	任何情况下	约0
85	橙	数据诊断接口	点火开关ON,CONSULT-Ⅱ诊断仪或GST诊断仪断开	蓄电池电压
86	黄	CAN通信线路	点火开关ON	1~2.5 随通信状态变化
90	红/白	APP传感器1电源	点火开关ON	约5
91	粉	APP传感器2电源	点火开关ON	约5
94	蓝	CAN通信线路	点火开关ON	2.6~3.2 随通信状态变化
98	浅绿	加速踏板位置传感器2	点火开关ON,加速踏板完全释放	0.28~0.48
			点火开关ON,加速踏板完全踩下	>2
99	绿/黄	ASCD转向开关	点火开关ON, ASCD转向开关OFF	约4
			点火开关ON, MAIN开关ON	约0
			点火开关ON, CANCEL开关ON	约1
			点火开关ON, RESUME/ACCELERATE开关ON	约3
			点火开关ON, SET/COAST开关ON	约2
101	红/绿	制动灯开关	点火开关OFF,制动踏板完全释放	约0
			点火开关OFF,制动踏板轻微踩下	蓄电池电压
102	绿/白	PNP开关	点火开关ON,变速杆P或N位	约0
			点火开关ON,变速杆P或N位之外	蓄电池电压
103	蓝/橙	转速表信号输出	发动机暖机状态怠速运转	约0.8 低频脉冲电压
			发动机转速为2000r/min	约0.8 脉冲电压频率升高
104	粉/蓝	节气门控制电动机继电器	点火开关OFF	蓄电池电压
			点火开关ON	0~1
106	白	加速踏板位置传感器1	点火开关ON,加速踏板完全释放	0.65~0.87
			点火开关ON,加速踏板完全踩下	>4.3

续表

端子号	导线颜色	端子功能	检测条件	检测参数/V
108	绿/红	ASCD 制动开关	点火开关 ON,制动踏板踩下	约 0
			点火开关 ON,制动踏板松开	蓄电池电压
109	红	点火开关	点火开关 OFF	0
			点火开关 ON	蓄电池电压
111	白/黑	ECM 继电器(自动切断)	发动机运转时点火开关 OFF 后等待几秒钟	0~1.5
			点火开关 OFF 后等待几秒钟	蓄电池电压
113	黑/红	燃油泵继电器	点火开关 ON 后 1s 发动机运转	0~1.5
			点火开关转到 ON 后超过 1s	蓄电池电压
115、116	黑	ECU 接地	发动机怠速运转	约 0
119、120	红/绿	ECU 电源	点火开关 ON	蓄电池电压
121	白/蓝	ECU 电源(备用)	点火开关 OFF	蓄电池电压

二、自动变速器 ECU 检测参数

东风日产新天籁轿车自动变速器 ECU 端子的排列如图 11-8 所示,各端子的功能及检测参数如表 11-9 所示。

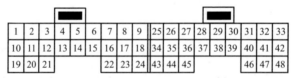

图 11-8　东风日产新天籁轿车自动变速器 ECU 端子的排列

表 11-9　东风日产新天籁轿车自动变速器 ECU 各端子的功能及检测参数

端子号	导线颜色	端子功能	检测条件	检测参数/V
1	红/黄	压力控制电磁阀 A(管路压力电磁阀)	发动机运转,松开加速踏板	5~7
			发动机运转,加速踏板踩到底	1
2	白/黑	压力控制电磁阀 B(辅助压力电磁阀)	发动机运转,松开加速踏板	5~7
			发动机运转,加速踏板踩到底	3~4
3	绿	变矩器离合器电磁阀	D 挡位巡航,CVT 锁止时	6
			D 挡位巡航,CVT 未锁止时	1.5
4	蓝	锁止选择电磁阀	点火开关 ON,P、N 位	蓄电池电压
			点火开关 ON,变速杆移至 R 位、D 位至少 5s	0
5	蓝	CAN-H	—	—

续表

端子号	导线颜色	端子功能	检测条件	检测参数/V
6	粉	CAN-L	—	—
8	绿	倒车灯继电器	点火开关 ON,变速杆 R 位	0
			点火开关 ON,其他挡位	蓄电池电压
10	黄	电源	点火开关 ON	蓄电池电压
			点火开关 OFF	0
11	绿/红	步进电动机 A	点火开关打开 2s 内,用 CONSULT-Ⅱ诊断仪的脉宽测量功能(Hi 挡)测量时间	30ms
12	橙/黑	步进电动机 B		10ms
13	绿/白	ROM 总成	—	—
14	蓝/红	ROM 总成	—	—
15	灰/红	ROM 总成	—	—
19	黄	电源	点火开关 ON	蓄电池电压
			点火开关 OFF	0
20	红	步进电动机 C	点火开关打开 2s 内,用 CONSULT-Ⅱ诊断仪的脉宽测量功能(Hi 挡)测量时间	30ms
21	红/绿	步进电动机 D		10ms
24	红/黑	启动继电器	点火开关 ON,变速杆 P、N 位	蓄电池电压
			其他挡位	0
25	黑	接地	任何情况下	0
27	灰/白	PNP 开关 1	点火开关 ON,变速杆 R、N 和 D 位	0
			点火开关 ON,变速杆 P 位	蓄电池电压
28	黄/红	电源(记忆备份)	任意情况下	蓄电池电压
29	浅蓝/红	输出转速传感器(辅助转速传感器)	在 D 挡位下以 20km/h 的车速行驶	400Hz
31	橙	K-LINE	—	—
32	灰	PNP 开关 3(监视器)	点火开关 ON	变速杆 D 位	0
				变速杆 P、R 和 N 位	8~蓄电池电压
34	粉/黑	PNP 开关 2		变速杆 N、D 位	0
				变速杆 P、R 位	10~蓄电池电压
35	粉/蓝	PNP 开关 3		变速杆 D 位	0
				变速杆 P、R 和 N 位	8~蓄电池电压
36	绿/橙	PNP 开关 4		变速杆 R、D 位	0
				变速杆 P、N 位	10~蓄电池电压
37	紫/白	变速器液压传感器 A(辅助压力传感器)	在 N 位,发动机怠速运转	1
38	浅绿	输入转速传感器(主转速传感器)	变速杆置 M1 位,以 20km/h 的车速行驶	700Hz

续表

端子号	导线颜色	端子功能	检测条件	检测参数/V
41	紫/橙	变速器液压传感器 B(主压力传感器)	在 N 位,发动机怠速运转	0.7～3.5
42	白/红	传感器接地	任何情况下	0
46	蓝/橙	传感器电源	点火开关 ON	5
			点火开关 OFF	0
47	紫	CVT 油温传感器	点火开关 ON,CVT 油温 20℃	2
			点火开关 ON,CVT 油温 80℃	1
48	黑	接地	任何情况下	0

第三节　北京现代车系电控系统 ECU 检测参数

一、北京现代途胜轿车发动机 ECU 检测参数

北京现代途胜轿车发动机 ECU 端子的排列如图 11-9 所示，其功能及检测参数如表 11-10 所示。

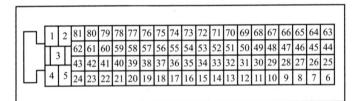

图 11-9　北京现代途胜轿车发动机 ECU 端子的排列

表 11-10　北京现代途胜轿车发动机 ECU 各端子的功能及检测参数

端子号	端子功能	检测条件	检测参数/V	备注
1	ECU 接地		0～0.5	静态信号
2	动力级接地		0～0.5	静态信号
3	常接电源	发动机运转	11.0～14.5	静态信号
		其他情况	12.3	
4	点火线圈控制 1,4 缸	发动机运转	高:14.03 低:0.78～1.13	脉冲信号
5	点火线圈控制 1,4 缸		峰值:3.48 怠速:17.2Hz	
6	CAN-L	隐性	2～3	
		显性	0.5～2.25	
7	CAN-H	隐性	2～3	
		显性	2.75～4.5	

续表

端子号	端子功能	检测条件	检测参数/V	备注
8	氧传感器(B1/S1)加热控制	发动机运转	高:13.01 低:0.4 频率:10Hz	频率信号
9	氧传感器(B1/S1)加热控制			
10	爆燃传感器信号输入	发动机爆燃	−0.5~0.7	脉冲信号
		发动机正常运转	0	
11	CVVT机油控制电磁阀输出控制	发动机运转	高:14.01 低:0.4 频率:300Hz	频率信号
14	ECU主电源	点火开关ON	蓄电池电压	静态信号
21		点火开关OFF	0.3	
22	点火开关信号输入	点火开关ON	蓄电池电压	静态信号
		点火开关OFF	0.3	
23	喷油器4控制	发动机急速运转	6.25Hz	频率信号
24	喷油器1控制			
61	喷油器3控制	发动机转速3000r/min	12.6Hz	
62	喷油器2控制			
25	传感器电源1(5V)	点火开关ON	5	静态信号
46	传感器电源2(5V)			
26	活性炭罐电磁阀控制	点火开关ON	蓄电池电压	
		暖机和急速后	0.3	
29	曲轴位置传感器信号输入	急速(740Hz)	5	频率信号
		转速3000r/min(3126Hz)	0.3	
31	冷却液温度传感器信号输入	−40~145℃	4.9~0.32	模拟信号
32	节气门位置传感器信号输入	急速	0.25~0.8	模拟信号
		节气门全开	4.15~4.7	
39	车速传感器信号输入	汽车行驶中	高:5 低:0.9	脉冲信号
42	氧传感器(B1/S2)信号输入	发动机暖机后运转	0.1~0.8(交替变化)	模拟信号
59	氧传感器(B1/S1)信号输入	任何情况下		
45	节气门位置传感器电源	点火开关ON	4.9	静态信号
		点火开关OFF	0.4	
47	防盗通信线路	点火开关ON	11.625	脉冲信号
		点火开关OFF	0.187	
50	空调压力开关信号(高/低压)	空调开关ON	蓄电池电压	开关信号
51	空调压力开关信号(中压)	开关OFF	0.3	
52	油温传感器信号输入	−40~130℃	4.9~0.4	模拟信号

续表

端子号	端子功能	检测条件	检测参数/V	备注
56	进气温度传感器信号输入	−40~266℃	4.9~0.34	模拟信号
58	空调开关信号输入	空调开关 ON	蓄电池电压	开关信号
		空调开关 OFF	0.3	
60	空气流量传感器信号输入	发动机怠速	0.6~1.0	模拟信号
		发动机转速 3000r/min	1.7~2.0	
64	冷却风扇(高)继电器控制	风扇不转	蓄电池电压	直流
		风扇低速运转	0.4	
65	冷却风扇(低)继电器控制	风扇不转	蓄电池电压	直流
		风扇低速运转	0.4	
66	发动机转速信号输出	发动机运转	高 0.5;低 0.4 怠速:24.7Hz 转速 3000r/min:1046Hz	频率信号
67	主继电器控制	点火开关 ON	蓄电池电压	直流
		点火开关 OFF	0.4~0.9	
68	空调压缩机继电器控制	空调开关 ON	0.2~0.4	直流
		空调开关 OFF	蓄电池电压	
69	燃油泵继电器控制	点火开关 OFF	蓄电池电压	直流
		发动机怠速	0.3	
70	发动机故障指示灯控制	点火开关 OFF→ON	0V→0.4V→系统电压	直流
72	凸轮轴位置传感器信号输入	发动机怠速	6.3Hz	频率信号
		发动机转速 3000r/min	25Hz	
78	怠速控制阀线圈 2(关闭)	—	—	—
80	怠速控制阀线圈 1(开启)	—	—	—
81	防盗警告灯控制	点火开关 ON	0.4	直流
		发动机运转	11~14	

二、北京现代御翔轿车发动机 ECU 检测参数

北京现代御翔轿车发动机 ECU 端子的排列如图 11-10 所示,其功能及检测参数如表 11-11 所示。

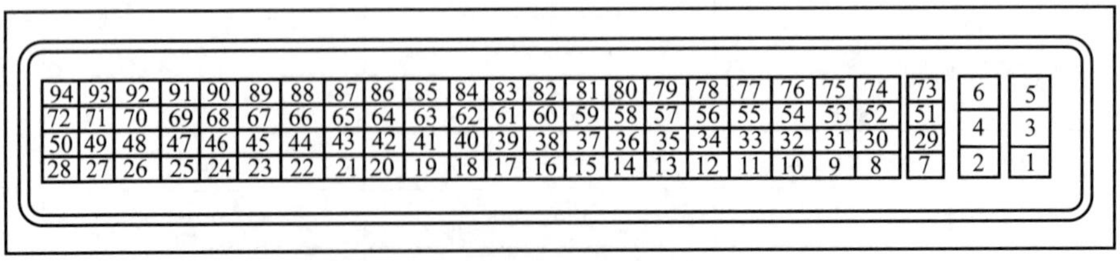

图 11-10 北京现代御翔轿车发动机 ECU 端子的排列

表 11-11　北京现代御翔轿车发动机 ECU 各端子的功能及检测参数

端子号	端子功能	检测条件	检测参数/V	备注
1、3、5	ECU 接地	任何情况下	0	
2	工作电源（接点火开关）	点火开关 ON	蓄电池电压	
		点火开关 OFF	0	
4	工作电源（接主继电器）	点火开关 ON	蓄电池电压	
		点火开关 OFF	0	
6	常接电源	任何情况下	蓄电池电压	
7	点火线圈 1 或 4 控制	点火开关 ON	最高 2	脉冲信号
29	点火线圈 3 或 2 控制			
51	点火线圈 4 或 1 控制	发动机转速 3000r/min	0.3～3	
73	点火线圈 2 或 3 控制			
8	点火线圈屏蔽线	任何情况下	0～0.3	
9	空气流量传感器和进气温度传感器接地	任何情况下	0～0.3	
10	空气流量传感器信号输入	发动机怠速	0.2～2	模拟信号
		发动机转速 3000r/min	1～4.5	
11	节气门位置传感器 2 信号输入	节气门关闭	4.3～4.7	模拟信号
		节气门完全打开	0.15～0.55	
41	节气门位置传感器 1 信号输入	节气门关闭	0.3～0.7	模拟信号
		节气门完全打开	4.45～4.85	
13	加速踏板位置传感器 2 信号	未踩下加速踏板	0.29～0.36	模拟信号
		完全踩下加速踏板	1.93～2.18	
20	加速踏板位置传感器 1 信号	未踩下加速踏板	0.58～0.93	模拟信号
		完全踩下加速踏板	3.95～4.35	
15	冷却液温度传感器信号输入	发动机运转	0.5～4.5	随温度变化
17	氧传感器 1 信号输入	发动机运转	0.6～0.9	混合气浓时
38	氧传感器 2 信号输入		0～0.4	混合气稀时
18	进气温度传感器信号输入	发动机运转	0～4.5	随温度变化
22	爆震传感器信号输入	发动机运转	2～3	脉冲信号
23	电子节气门 5V 电源	点火开关 ON	4.9～5.1	
		点火开关 OFF	0～0.5	
24	加速踏板位置传感器 1 电源	点火开关 ON	4.9～5.1	
47	加速踏板位置传感器 2 电源	点火开关 OFF	0～0.5	
25	喷油器 1 控制			11～14V 是当时的电源电压
26	喷油器 3 控制	发动机预热后突然踩下加速踏板	由 11～14 稍降	
27	喷油器 4 控制			
28	喷油器 2 控制			

续表

端子号	端子功能	检测条件	检测参数/V	备注
35	空调压力变换器信号输入	发动机怠速	0.4~4.6	随压力变化
40	CVVT油温传感器信号输入	发动机怠速	0.5~4.5	随油温变化
48	传感器电源(5V)	点火开关 ON	4.9~5.1	
		点火开关 OFF	0~0.5	
49	空调压力开关信号输入	发动机怠速	低:<1	开关信号
			高:蓄电池电压	
58	巡航控制开关信号	巡航控制开关 ON	最低 4.9	
		恢复/加速开关 ON	2~2.2	
		设置/滑行开关 ON	0.7~0.8	
		取消开关 ON	0	
60	空调请求开关信号输入	A/C OFF	0~0.3	
		A/C ON	蓄电池电压	
62	空调压缩机开关信号输入	A/C OFF	0~0.3	
		A/C ON	蓄电池电压	
64	主继电器控制	点火开关 ON	蓄电池电压	开关信号
		点火开关 OFF	0~0.3	
66	CVVT机油控制电磁阀控制	发动机怠速运转	高:蓄电池电压	
			低:<1	
69	防盗警告灯控制	防盗警告灯熄灭	蓄电池电压	
		防盗警告灯亮起	0~0.3	
70	燃油泵继电器控制	点火开关 ON	蓄电池电压	
		发动机怠速运转	0~0.3	
74	制动测试开关信号输入	无信号	蓄电池电压	
		有信号	0~0.3	
80	凸轮轴位置传感器信号输入	发动机启动	0.4~3	
		发动机怠速运转	0.5~2	
82	曲轴位置传感器信号输入	发动机启动	0.4~4	
		发动机怠速运转	1.2~2.5	
86	发动机转速信号输出	发动机怠速运转	20~26Hz	
87	空调压缩机继电器控制	空调开关 ON	0~0.3	
		空调开关 OFF	蓄电池电压	
88	冷却风扇继电器(高速)控制	风扇不转	蓄电池电压	
		风扇转动	0~0.3	
89	巡航指示灯控制	巡航指示灯灭	蓄电池电压	
		巡航指示灯亮	0~0.5	

续表

端子号	端子功能	检测条件	检测参数/V	备注
90	巡航设定灯控制	巡航设定灯灭	蓄电池电压	
		巡航设定灯亮	0~0.5	
92	发动机故障指示灯控制	点火开关 OFF→ON	0→0.4→蓄电池电压	
93	氧传感器 1 加热控制	发动机怠速运转	蓄电池电压	
94	氧传感器 2 加热控制	发动机转速 3000r/min	0~3	

第四节　一汽丰田卡罗拉轿车电控系统 ECU 检测参数

一、发动机 ECU 检测参数

一汽丰田卡罗拉轿车发动机 ECU 端子的排列如图 11-11 所示，其功能及检测参数如表 11-12 所示。

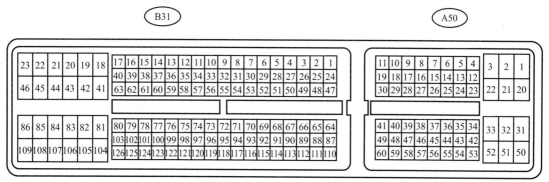

图 11-11　一汽丰田卡罗拉轿车发动机 ECU 端子的排列

表 11-12　一汽丰田卡罗拉轿车发动机 ECU 各端子的功能及检测参数

检测端子	导线颜色	端子功能	检测条件	检测参数/V
A50-20(BATT)—B31-104(E1)	粉-棕	ECU 常接电源	任何工况	9~14
A50-2(+B)—B31-104(E1)	黑-棕	ECU 电源	点火开关 ON	9~14
A50-1(+B2)—B31-104(E1)	黑-棕	ECU 电源	点火开关 ON	9~14
A50-3(+BM)—B31-104(E1)	黑-棕	节气门执行器电源	任何工况	9~14
B31-85(IGT1)—B31-104(E1)	白-棕	点火线圈（点火信号）	发动机怠速运转	脉冲电压
B31-84(IGT1)—B31-104(E1)	黑-棕			
B31-83(IGT1)—B31-104(E1)	绿-棕			
B31-82(IGT1)—B31-104(E1)	浅绿-棕			
B31-81(IGFI)—B31-104(E1)	黄-棕	点火线圈（点火确认信号）	点火开关 ON	4.5~5.5
			发动机怠速运转	脉冲电压
B31-122(NE+)—B31-121(NE-)	绿-红	曲轴位置传感器	发动机暖机,怠速运转	脉冲电压

续表

检测端子	导线颜色	端子功能	检测条件	检测参数/V
B31-99(G2+)—B31-98(G2−)	绿-红	可变气门正时传感器(进气侧)	发动机暖机,急速运转	脉冲电压
B31-108(#10)—B31-45(E01)	白-棕	喷油器	点火开关 ON	9~14
			发动机急速运转	脉冲电压
B31-107(#20)—B31-45(E01)	黄-棕	喷油器	点火开关 ON	9~14
			发动机急速运转	脉冲电压
B31-106(#30)—B31-45(E01)	粉-棕	喷油器	点火开关 ON	9~14
			发动机急速运转	脉冲电压
B31-105(#40)—B31-45(E01)	蓝-棕	喷油器	点火开关 ON	9~14
			发动机急速运转	脉冲电压
B31-109(HA1A)—B31-86(E03)	绿-白	加热型氧传感器加热(S1)	点火开关 ON	9~14
			发动机急速运转	<3
B31-112(OX1A)—B31-90(EX1A)	白-灰	加热型氧传感器(S1)	传感器预热后发动机以 2500r/min 转速运转	脉冲电压
B31-47(HA1B)—B31-86(E03)	浅绿-白	加热型氧传感器加热(S2)	点火开关 ON	9~14
			发动机急速运转	<3
B31-64(OX1B)—B31-87EX1B)	白-棕	加热型氧传感器(S2)	传感器预热后发动机以 2500r/min 转速运转	脉冲电压
B31-110(KNK1)—B31-111(EKNK)	红-绿	爆燃传感器	发动机暖机后以 4000r/min 转速运转	脉冲电压
A50-8(SPD)—B31-104(E1)	紫-灰	自仪表速度信号	以 20r/min 车速行驶	脉冲电压
B31-97(THW)—B31-96(ETHW)	蓝-粉	发动机温度传感器	发动机急速,发动机温度80℃	0.2~1
B31-65(THA)—B31-88(ETHA)	粉-灰	进气温度传感器	发动机急速,进气温度20℃	0.5~3.4
B31-118(VG)—B31-116(E2G)	灰-浅绿	空气流量传感器	急速,P 位或 N 位,空调关	0.5~3
A50-24(W)—B31-104(E1)	红-棕	MIL(指示灯)	点火开关 ON,灯灭	<3
			发动机急速运转	9~14
A50-48(STA)—B31-104(E1)	浅绿-棕	起动机信号	发动机启动	5.5 或更高
B31-115(VTA1)—B31-91(ETA)	黄-棕	节气门位置传感器(用于发动机控制)	点火开关 ON,节气门关闭	0.5~1.2
			点火开关 ON,节气门完全打开	3.2~4.8
B31-114(VTA2)—B31-91(ETA)	灰-棕	节气门位置传感器(用于传感器故障检测)	点火开关 ON,松开加速踏板	2.1~3.1
			点火开关 ON,踩下加速踏板	4.5~5.5
B31-67(VCTA)—B31-91(ETA)	白-棕	传感器电源	点火开关 ON	4.5~5.5
A50-57(VCPA)—A50-59(EPA)	粉-红	加速踏板位置传感器电源	点火开关 ON	4.5~5.5

续表

检测端子	导线颜色	端子功能	检测条件	检测参数/V
A50-55(VPA)—A50-59(EPA)	蓝-红	加速踏板位置传感器(用于VPA)	点火开关ON,松开加速踏板	0.5~1.1
			点火开关ON,踩下加速踏板	2.6~4.5
A50-56(VPA2)—A50-60(EPA2)	黄-橙	加速踏板位置传感器(用于传感器故障检测)	点火开关ON,松开加速踏板	1.2~2
			点火开关ON,踩下加速踏板	3.4~5
A50-58(VCA2)—A50-60(EPA2)	粉-橙	加速踏板位置传感器(用于CPA2)	点火开关ON	4.5~5
B31-42(M+)—B31-43(ME01)	绿-棕	节气门执行器	发动机暖机,急速	脉冲电压
B31-41(M-)—B31-43(ME01)	红-棕	节气门执行器	发动机暖机,急速	脉冲电压
A50-36(STP)—B31-104(E1)	蓝-棕	制动灯开关	踩下制动踏板	9~14
			松开制动踏板	<1.5
A50-35(ST1-)—B31-104(E1)	红-棕	制动灯开关	点火开关ON,踩下制动踏板	<1.5
			点火开关ON,松开制动踏板	9~14
B31-49(PRG)—B31-104(E1)	黑-棕	清污VSV	点火开关ON	9~14
			发动机急速运转	脉冲电压
A50-7(FC)—B31-104(E1)	橙-棕	燃油泵控制	点火开关ON	9~14
			发动机急速运转	脉冲电压
A50-15(TACH)—B31-104(E1)	灰-棕	发动机转速	发动机急速运转	脉冲电压
A50-27(TC)—B31-104(E1)	粉-棕	诊断插座端子TC	点火开关ON	9~14
A50-100(OC1+)—B31-123(OC1-)	棕-红	凸轮轴正时机油控制阀(进气侧)	发动机急速运转	脉冲电压
A50-41(CANH)—B31-104(E1)	黄-棕	CAN通信线路	点火开关ON	脉冲电压
A50-49(CANL)—B31-104(E1)	白-棕	CAN通信线路	点火开关ON	脉冲电压
A50-28(IGSW)—B31-104(E1)	黑-棕	点火开关	点火开关ON	9~14
A50-44(M-REL)—B31-104(E1)	黄-棕	EFI主继电器	点火开关ON	9~14
B31-60(OE1+)—B31-61(OE1-)	棕-粉	凸轮轴正时机油控制(排气侧)	发动机急速运转	脉冲电压
B31-76(EV1+)—B31-75(EV1-)	黄-绿	可变气门正时传感器(排气侧)	发动机暖机,急速运转	脉冲电压
B31-70(VCV1)—B31-104(E1)	紫-棕	可变气门正时传感器电源	点火开关ON	4.5~5.5
B31-117(VC)—B31-104(E1)	紫-棕	可变气门正时传感器电源	点火开关ON	4.5~5.5
B31-52(STAR)—B31-104(E1)	白-棕	启动继电器控制	点火开关ON	<1.5
			发动机启动	5.5或更高
A50-43(RFC)—B31-104(E1)	红绿-棕	冷却风扇控制	点火开关ON	4.5~5.5

二、自动变速器 ECU 检测参数

一汽丰田卡罗拉轿车自动变速器 ECU 端子的排列如图 11-12 所示，各端子的功能及检测参数如表 11-13 所示。

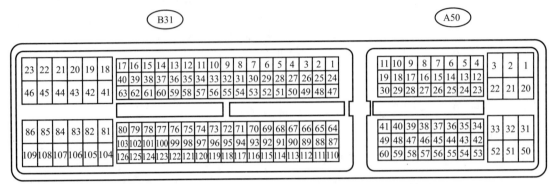

图 11-12　一汽丰田卡罗拉轿车自动变速器 ECU 端子的排列

表 11-13　一汽丰田卡罗拉轿车自动变速器 ECU 各端子的功能及检测参数

检测端子	导线颜色	端子功能	检测条件	检测参数/V
A50-36(STP)—B31-104(E1)	蓝-棕	制动灯开关信号	踩下制动踏板	7.5～14
			松开制动踏板	<1.5
B31-52[NSW(STAR)]—B31-104(E1)	白-棕	驻车/空挡开关信号	点火开关 ON，变速杆 P 位和 N 位	<2
			点火开关 ON，变速杆在其他挡位	11～14
B31-73(P)—B31-104(E1)	紫-棕	驻车挡开关信号	点火开关 ON，变速杆 P 位	11～14
			点火开关 ON，变速杆在 P 位之外的其他挡位	<1
B31-53(LR)—B31-104(E1)	红-棕	R 位开关信号	点火开关 ON，变速杆 R 位	11～14
			点火开关 ON，变速杆 R 位之外的其他挡位	<1
B31-54(N)—B31-104(E1)	黑-棕	空挡开关信号	点火开关 ON，变速杆 N 位	11～14
			点火开关 ON，变速杆 N 位之外的其他挡位	<1
B31-56(D)—B31-104(E1)	粉-棕	D 位开关信号	点火开关 ON，变速杆 D 位和 3 位	11～14
			点火开关 ON，变速杆 D 位和 3 位之外的其他挡位	<1
A50-26(3)—B31-104(E1)	白-棕	3 位开关信号	点火开关 ON，变速杆 D 位和 3 位	11～14
			点火开关 ON，变速杆 D 位和 3 位之外的其他挡位	<1

续表

检测端子	导线颜色	端子功能	检测条件	检测参数/V
B31-55(2)—B31-104(E1)	棕-棕	2位开关信号	点火开关ON,变速杆2位	11~14
			点火开关ON,变速杆2位之外的其他挡位	<1
B31-74(L)—B31-104(E1)	灰-棕	L位开关信号	点火开关ON,变速杆L位	11~14
			点火开关ON,变速杆L位之外的其他挡位	<1
B31-79(S1)—B31-104(E1)	蓝-棕	S1电磁阀信号	点火开关ON	11~14
			在1挡或2挡	11~14
			在3挡或4挡	<1
B31-78(S2)—B31-104(E1)	粉-棕	S2电磁阀信号	点火开关ON	<1
			在1挡或4挡	11~14
			在2挡或3挡	<1
B31-58(SL)—B31-104(E1)	红-棕	SL电磁阀信号	点火开关ON	11~14
			变矩器未锁止行驶	<1
B31-80(ST)—B31-104(E1)	灰-棕	ST电磁阀信号	点火开关ON	<1
			点火开关ON,在R位	11~14
B31-40(SLT+)—B31-104(E1)	浅蓝-紫	SLT电磁阀信号	点火开关ON	11~14
B31-125(NT+)—B31-124(NT−)	黑-黄	转速传感器信号(NT)	发动机运转	低:<1 高:4~5
A50-8(SPD)—B31-104(E1)	紫-棕	转速信号	点火开关ON,驱动轮慢慢转动	脉冲信号
B31-72(TH01)—B31-95(LTHO)	黄-浅绿	ATF温度传感器	ATF温度115℃或更高	<1.5

三、ABS ECU 检测参数

一汽丰田卡罗拉轿车 ABS ECU 端子的排列如图 11-13 所示,其功能说明如表 11-14 所示。

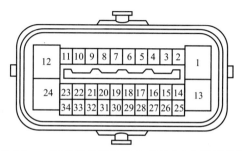

图 11-13 一汽丰田卡罗拉轿车 ABS ECU 端子的排列

表 11-14 一汽丰田卡罗拉轿车 ABS ECU 各端子功能说明

端子号	端子代号	功能说明	端子号	端子代号	功能说明
1	GND1	ABS ECU 接地	17	RR+	右后车轮转速信号输入+
4	RL+	左后车轮转速信号输入−	18	FL−	左前车轮转速信号输入−
5	RL+	左后车轮转速信号输入+	19	FL+	左前车轮转速信号输入+
6	FR−	右后车轮转速信号输入−	22	SP1	车速信号输出
7	FR+	右后车轮转速信号输入+	24	+BM	电动机继电器电源
12	+BS	电磁阀继电器电源	25	CANH	CAN 通信线路 H
13	GND2	泵电动机接地	28	STP	制动灯开关信号输入
14	CANL	CAN 通信线路 L	32	TS	传感器检查输入
16	RR−	右后车轮转速信号输入−	34	IG1	ABS ECU 电源

一汽丰田卡罗拉轿车 ABS ECU 端子的排列如图 11-14 所示，其功能及检测参数如表 11-15 所示。

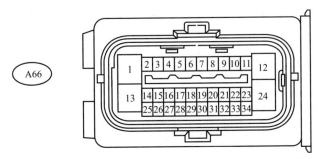

图 11-14 一汽丰田卡罗拉轿车 ABS ECU 端子的排列（线束侧）

表 11-15 一汽丰田卡罗拉轿车 ABS ECU 各端子的功能及检测参数（线束侧）

检测端子	导线颜色	端子功能	检测条件	检测参数
A66-1(GND1)—接地	白-黑	ABS ECU 接地	任何情况下	<1Ω
A66-2(+BS)—接地	白	电磁阀继电器电源	任何情况下	11～14V
A66-13(GND2)—接地	白-黑	泵电动机接地	任何情况下	<1Ω
A66-24(+BM)—接地	蓝	电动机继电器接地	任何情况下	11～14V
A66-28(STP)—接地	蓝-白	制动灯开关信号输入	制动灯开关 ON→OFF 制动踏板踩下→松开	8～14V→<1.5V
A66-34(IG1)—接地	蓝-黑	ABS ECU 电源	点火开关 ON	11～14V

四、动力转向电子控制系统 ECU 检测参数

一汽丰田卡罗拉轿车动力转向 ECU 端子的排列如图 11-15 所示，其功能及检测参数如表 11-16 所示。

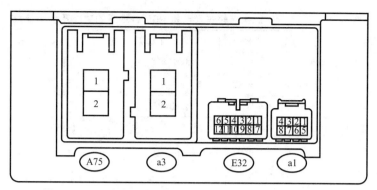

图 11-15　一汽丰田卡罗拉轿车动力转向 ECU 端子的排列

表 11-16　一汽丰田卡罗拉轿车动力转向 ECU 各端子的功能及检测参数

检测端子	导线颜色	端子功能	检测条件	检测参数
A75-19(PIG)—A75-2(PGND)	蓝-白-黑	电源	任何情况下	11~14V
A752(PGND)—接地	白-黑	电源接地	任何情况下	<1Ω
a3-1(M1)—A75-2(PGND)	红-白-黑	动力转向电动机	点火开关 ON,左转	11~14V
			点火开关 ON,右转	<1V
a3-2(M2)—A75-2(PGND)	红-白-黑	动力转向电动机	点火开关 ON,左转	<1V
			点火开关 ON,右转	11~14V
E32-1(CANH)—E32-7(CANL)	天蓝-白	CAN 通信线路	点火开关 OFF	54~69Ω
E32-6(IG)—A75-2(PGND)	蓝-白-黑	IG 电源	点火开关 ON	11~14V
a1-5(TRQ1)—A75-2(PGND)	白-白-黑	转矩传感器信号	点火开关 ON,左右转	0.3~4.7V
a1-6(TRQV)—A75-2(PGND)	红-白-黑	转矩传感器电源	点火开关 ON	7.5~8.5V
a1-7(TRQ2)—A75-2(PGND)	黄-白-黑	转矩传感器信号	点火开关 ON,左右转	0.3~4.7V
a1-8(TRQG)—A75-2(PGND)	黑-白-黑	转矩传感器接地	任何情况下	<1Ω

第五节　广汽丰田凯美瑞轿车电控系统 ECU 检测参数

一、发动机 ECU 检测参数

广汽丰田凯美瑞轿车发动机 ECU 端子的排列如图 11-16 所示,其功能及检测参数如表 11-17 所示。

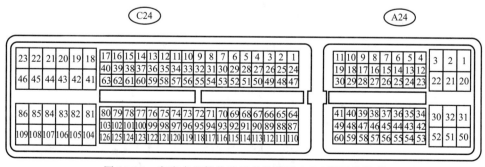

图 11-16　广汽丰田凯美瑞轿车发动机 ECU 端子的排列

第十一章　典型汽车电子控制器的检测参数

表 11-17　广汽丰田凯美瑞轿车发动机 ECU 各端子的功能及检测参数

检测端子	导线颜色	端子功能	检测条件	检测参数/V
BATT(A24-20)—E1(C24-104)	Y—W-B	ECU 常接电源	任何情况下	9～14
+B(A24-2)—E1(C24-104)	R—W-B	ECU 电源	点火开关 ON	9～14
+B2(A24-1)—E1(C24-104)	R—W-B	ECU 电源	点火开关 ON	9～14
+BM(A24-3)—E1(C24-104)	LG—W-B	节气门执行器电源	任何情况下	9～14
IGT1(C24-85)—E1(C24-104)	W—W-B	点火线圈(点火信号)	发动机怠速	脉冲电压
IGT2(C24-84)—E1(C24-104)	G-R—W-B	点火线圈(点火信号)	发动机怠速	脉冲电压
IGT3(C24-83)—E1(C24-104)	G—W-B	点火线圈(点火信号)	发动机怠速	脉冲电压
IGT4(C24-82)—E1(C24-104)	LG—W-B	点火线圈(点火信号)	发动机怠速	脉冲电压
IGF1(C24-81)—E1(C24-104)	BR—W-B	点火线圈(反馈信号)	点火开关 ON	4.5～5.5
IGF1(C24-81)—E1(C24-104)	BR—W-B	点火线圈(反馈信号)	发动机怠速	脉冲电压
NE+(C24-122)—NE−(C24-121)	G—R	曲轴信号传感器	发动机怠速	脉冲电压
G2+(C24-99)—G2−(C24-98)	Y—BR	凸轮轴位置传感器	发动机怠速	脉冲电压
♯10(C24-108)—E01(C24-45)	B—W-B	喷油器	点火开关 ON	9～14
♯20(C24-107)—E01(C24-45)	R—W-B	喷油器	点火开关 ON	9～14
♯30(C24-106)—E01(C24-45)	Y—W-B	喷油器	发动机怠速	脉冲电压
♯40(C24-105)—E01(C24-45)	L—W-B	喷油器	发动机怠速	脉冲电压
HA1A(C24-109)—E04(C24-46)	G—W	氧传感器加热器	点火开关 ON	9～14
HA1A(C24-109)—E04(C24-46)	G—W	氧传感器加热器	发动机怠速	<3
A1A+(C24-112)—E1(C24-104)	L—W-B	氧传感器	发动机怠速	<3.3
A1A−(C24-113)—E1(C24-104)	P—W-B	氧传感器	发动机怠速	<3
HA1B(C24-47)—E03(C24-86)	LG—B	氧传感器加热器	点火开关 ON	9～14
HA1B(C24-47)—E03(C24-86)	LG—B	氧传感器加热器	发动机怠速	<3
OX1B(C24-64)—EX1B(C24-87)	W—BR	加热型氧传感器	暖机后 2500r/min,保持 2min	脉冲电压
W(A24-24)—E1(C24-104)	BR—W-B	故障指示灯	点火开关 ON,灯灭	<3
W(A24-24)—E1(C24-104)	BR—W-B	故障指示灯	发动机怠速	9～14
STA(A24-48)—E1(C24-104)	V—W-B	起动机信号	转动发动机	5.5 或更高
NSW(C24-52)—E1(C24-104)	SB—W-B	启动继电器控制	点火开关 ON	<1.5
NSW(C24-52)—E1(C24-104)	SB—W-B	启动继电器控制	转动发动机	5.5 或更高
ACCR(A24-13)—E1(C24-104)	B—W-B	ACC 继电器控制信号	转动发动机	<1.5
STSW(A24-14)—E1(C24-104)	R—W-B	起动机继电器工作情况信号	转动发动机	9～14
VTA1(C24-115)—ETA(C24-91)	Y—P	节气门位置传感器(用于发动机控制)	点火开关 ON,节气门关闭	0.5～1.2
VTA1(C24-115)—ETA(C24-91)	Y—P	节气门位置传感器(用于发动机控制)	点火开关 ON,节气门全开	3.2～4.8

续表

检测端子	导线颜色	端子功能	检测条件	检测参数/V
VTA2(C24-114)—ETA(C24-91)	W—L—P	节气门位置传感器(传感器故障检测)	点火开关 ON,松开加速踏板	2.1～3.1
			点火开关 ON,踩下加速踏板	4.5～5.5
VCTA(C24-67)—ETA(C24-91)	B—P	传感器电源(规定值)	点火开关 ON	4.5～5.5
VCPA(A24-57)—EPA(C24-59)	B—Y	加速踏板位置传感器电源(用于 VPA)	点火开关 ON	4.5～5.5
VPA(A24-55)—EPA(C24-59)	G—Y	加速踏板位置传感器(用于发动机控制)	点火开关 ON,松开加速踏板	0.5～1.1
			点火开关 ON,完全踩下加速踏板	2.6～4.5
VPA2(A24-56)—EPA2(C24-60)	R—O	加速踏板位置传感器(用于传感器故障检测)	点火开关 ON,松开加速踏板	1.2～2.0
			点火开关 ON,完全踩下加速踏板	3.4～5.0
KNK1(C24-110)—EKNK(C24-111)	G—R	爆燃传感器	暖机后,转速保持 4000r/min	脉冲电压
SPD(A24-8)—E1(C24-104)	V—W-B	来自仪表速度信号	以 20km/h 车速行驶	脉冲电压
THW(C24-97)—ETHW(C24-96)	B—P	发动机温度传感器	发动机温度 80℃	0.2～1.0
THA(C24-65)—ETHA(C24-88)	P—Y	进气温度传感器	急速,进气温度 20℃	0.5～3.4
VG(C24-118)—E2G(C24-116)	SB—W	空气流量传感器	急速,变速杆置 P 或 N 位,空调开关 OFF	0.5～3.0
VCP2(A24-58)—EPA2(C24-60)	L—O	加速踏板位置传感器电源(用于 VPA2)	点火开关 ON	4.5～5.5
M+(C24-42)—ME01(C24-43)	G—B	节气门执行器	发动机暖机,急速	脉冲电压
M-(C24-41)—ME01(C24-43)	R—B	节气门执行器	发动机暖机,急速	脉冲电压
SPD(A24-36)—E1(C24-104)	W—W-B	制动灯开关	踩下制动踏板	9～14
			松开制动踏板	<1.5
ST1-(A24-35)—E1(C24-104)	GR—W-B	制动灯开关	点火开关 ON,踩下制动踏板	<1.5
			点火开关 ON,松开制动踏板	9～14
PRG(C24-49)—E1(C24-104)	O—W-B	净化 VSV	点火开关 ON	9～14
			发动机急速运转	脉冲电压
FC(A24-7)—E1(C24-104)	Y—W-B	燃油泵控制	点火开关 ON	9～14
			发动机急速运转	<1.5
TACH(A24-15)—E1(C24-104)	B—W-B	发动机转速	发动机急速运转	脉冲电压
TC(A24-27)—E1(C24-104)	P—W-B	DLC3 的 TC 端子	点火开关 ON	9～14

续表

检测端子	导线颜色	端子功能	检测条件	检测参数/V
OC1+(C24-100)—OC1-(C24-123)	W—B	凸轮轴正油压控制电磁阀(OCV)	发动机怠速运转	脉冲电压
CANH(A24-41)—E1(C24-104)	B—W-B	CAN通信线路	点火开关ON	脉冲电压
CANL(A24-49)—E1(C24-104)	W—W-B	CAN通信线路	点火开关ON	脉冲电压
FANL(A24-21)—E1(C24-104)	R—W-B	3号风扇继电器	点火开关ON	9~14
			空调ON时怠速运转或发动机温度高	<1.5
FANH(A24-22)—E1(C24-104)	W—W-B	1号、2号风扇继电器	发动机温度高进怠速运转	<1.5
ALT(C24-50)—E1(C24-104)	L—W-B	发电机	点火开关ON	9~14
IGSW(A24-28)—E1(C24-104)	Y—W-B	点火开关	点火开关ON	9~14
M-REL(A24-44)—E1(C24-104)	O—W-B	EFI主继电器	点火开关ON	9~14

二、自动变速器ECU检测参数

广汽丰田凯美瑞轿车发动机ECU端子的排列参见图11-16，自动变速器ECU各端子的功能及检测参数如表11-18所示。

表11-18 自动变速器ECU各端子的功能及检测参数

检测端子	导线颜色	端子功能	检测条件	检测参数/V
R(C24-53)—E1(C24-104)	P—W-B	R挡开关信号	点火开关ON,R挡	10~14
			点火开关ON,非R挡	<1
SPD(A24-8)—E1(C24-104)	V—W-B	速度信号	车速20km/h	脉冲电压
STP(A24-36)—E1(C24-104)	W—W-B	制动灯开关信号	踩下制动踏板	7.5~14
			松开制动踏板	<1.5
3(A24-26)—E1(C24-104)	G—W-B	3挡开关信号	点火开关ON,变速杆在3挡	10~14
			点火开关ON,变速杆不在3挡	<1
2(C24-55)—E1(C24-104)	V—W-B	2挡开关信号	点火开关ON,变速杆在2挡和L挡	10~14
			点火开关ON,变速杆不在2挡和L挡	<1
L(C24-74)—E1(C24-104)	BR—W-B	L挡开关信号	点火开关ON,变速杆在L挡	10~14
			点火开关ON,变速杆不在L挡	<1
P(C24-73)—E1(C24-104)	GR—W-B	P挡开关信号	点火开关ON,变速杆在P挡	10~14
			点火开关ON,变速杆不在P挡	<1

续表

检测端子	导线颜色	端子功能	检测条件	检测参数/V
N(C24-54)—E1(C24-104)	SB—W-B	空挡开关信号	点火开关 ON,变速杆在 N 挡	10～14
			点火开关 ON,变速杆不在 N 挡	<1
NSW(C24-62)—E1(C24-104)	L-B—W-B	驻车空挡开关信号	点火开关 ON,变速杆在 P 挡和 N 挡	<2
			点火开关 ON,变速杆不在 P 挡和 N 挡	10～14
DSL(C24-79)—E1(C24-104)	BR—W-B	DSL 电磁线圈信号	车速为 65km/h,锁止（ON 至 OFF）	脉冲电压
S4(C24-78)—E1(C24-104)	GR—W-B	S4 电磁线圈信号	点火开关 ON	<1
			5 挡	10～14
			除 5 挡外	<1
SL2+(C24-58)—SL2-(C24-59)	G—R	S12 电磁线圈信号	发动机怠速运转	脉冲电压
SL1+(C24-57)—SL1-(C24-77)	L—LG	S11 电磁线圈信号	发动机怠速运转	脉冲电压
NC+(C24-101)—NC-(C24-102)	LG—P	转速传感器（NC）信号	车速 20km/h（3 挡）,发动机转速 1400r/min	脉冲电压
NT+(C24-125)—NT-(C24-124)	G—W	转速传感器（NT）信号	车速 20km/h	脉冲电压
SLT+(C24-76)—SLT-(C24-75)	L—W	转速传感器（NT）信号	发动机怠速运转	脉冲电压
THO1(C24-72)—ETHO(C24-95)	Y—BR	ATF 温度传感器	ATF 温度 115℃或更高	<1.5
PWR(A24-17)—E1(C24-104)	R—W-B	PWR 开关信号	点火开关 ON,模式开关（PWR）OFF	0～1.5
			点火开关 ON,模式开关（PWR）ON	10～14

三、ABS ECU 检测参数

广汽丰田凯美瑞轿车 ABS ECU 端子的排列（线束侧）如图 11-17 所示，ABS ECU 各端子的功能及检测参数如表 11-19 所示。

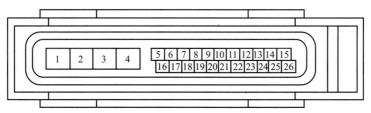

图 11-17　广汽丰田凯美瑞轿车 ABS ECU 端子的排列（线束侧）

表 11-19 广汽丰田凯美瑞轿车 ABS ECU 各端子的功能及检测参数（线束侧）

检测端子	导线颜色	端子功能	检测条件	检测参数
GND2(1)—车身接地	W-B—B	执行器泵电动机接地	任何情况下	<1Ω
+BM(2)—车身接地	B	汽车继电器供电	任何情况下	10~14V
+BS(3)—车身接地	L	电磁阀供电	任何情况下	10~14V
GND1(4)—车身接地	W—B	制动控制 ECU 接地	任何情况下	<1Ω
IG1(18)—车身接地	P	ECU 供电	点火开关 ON	10~14V
STP(20)—车身接地	P	停车灯开关信号输入	制动灯开关 ON（踩下制动踏板）	8~14V
STP(20)—车身接地	P	停车灯开关信号输入	制动灯开关 OFF（踩下制动踏板）	<3V

四、空调系统 ECU 检测参数

广汽丰田凯美瑞轿车空调系统 ECU 端子的排列如图 11-18 所示，其功能及检测参数如表 11-20 所示。

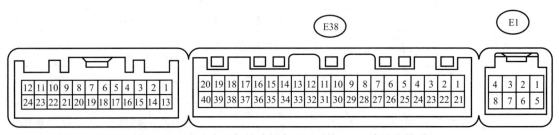

图 11-18 广汽丰田凯美瑞轿车空调系统 ECU 端子的排列

表 11-20 广汽丰田凯美瑞轿车空调系统 ECU 各端子的功能及检测参数

检测端子	导线颜色	端子功能	检测条件	检测参数/V
E38-1(IG+)—E38-14(GND)	V—W-B	电源供电（IG）	点火开关 ON	10~14
E38-1(IG+)—E38-14(GND)	V—W-B	电源供电（IG）	点火开关 OFF	<1
E38-2(SOL+)—E38-14(GND)	W—W-B	空调压缩机运转信号	发动机运转，A/C 开关打开，鼓风机低速运转	脉冲电压
E38-5(TAM)—E38-14(GND)	P—W-B	环境温度传感器信号	点火开关 ON，在 25℃	1.35~1.75
E38-5(TAM)—E38-14(GND)	P—W-B	环境温度传感器信号	点火开关 ON，在 40℃	0.9~1.2
E38-8(LOCK)[①]—E38-14(GND)	G—W-B	空调压缩机锁止传感器信号	发动机运转，A/C 开关打开，鼓风机低速运转	脉冲电压
E38-9(PRE)—E38-13(SG-2)	V—L	空调压力传感器信号	空调压缩机运转，压力不正常：>3140kPa	≥4.74
E38-9(PRE)—E38-13(SG-2)	V—L	空调压力传感器信号	空调压缩机运转，压力不正常：<196kPa	<0.76
E38-9(PRE)—E38-13(SG-2)	V—L	空调压力传感器信号	空调压缩机运转，冷却液压力不正常：>3140kPa 和 <196kPa	0.76~4.74

续表

检测端子	导线颜色	端子功能	检测条件	检测参数/V
E38-10(S5-3)—E38-13(SG-2)	BR—L	空调压力传感器电源	点火开关、A/C均ON	4.5~5.5
			点火开关、A/C均OFF	<1
E38-11(CANH)—E38-12CANL)	B—W	CAN通信线路	点火开关ON	脉冲电压
E38-13(SG-2)—车身接地	L	空调压力信号接地	任何情况下	<1
E38-14(GND)—车身接地	W-B	主电源供电接地	任何情况下	<1
E38-20(MGC)[①]—E38-14(GND)	LG—W-B	空调压缩机电磁离合器运转信号	点火开关ON 鼓风机低速 A/C开关OFF	10~14
			点火开关ON 鼓风机低速 A/C开关ON	<1
E38-21(B)—E38-14(GND)	GR—W-B	电源供电(后备)	任何情况下	10~14
E38-23(BLW)—E38-14(GND)	R—W-B	鼓风机转速控制信号	点火开关ON,鼓风机开关打开	脉冲电压
E38-29(TR)[②]—E38-34(SG-1)	P—LG	室内温度传感器信号	点火开关ON,20℃时	1.8~2.2
			点火开关ON,40℃时	1.2~1.6
E38-32(TSP)[②]—E38-14(GND)	Y—W-B	阳光传感器信号(前排乘客侧)	点火开关ON,灯光照射传感器	0.8~4.3
			点火开关ON,用布遮盖传感器	<0.8
E38-33(TSD)[②]—E38-14(GND)	O—W-B	阳光传感器信号(驾驶人侧)	点火开关ON,灯光照射传感器	0.8~4.3
			点火开关ON,用布遮盖传感器	<0.8
E38-34(SG-1)[②]—车身接地	LG	环境温度传感器接地	任何情况下	<1
E38-37(LIN1)—E38-14(GND)	GR—W-B	LIN通信信号	点火开关ON	脉冲电压
E38-38(RDFG)—E38-14(GND)	G—W-B	除霜继电器信号	点火开关ON,后窗除霜器开关ON	<1
			点火开关ON,后窗除霜器开关OFF	10~14
E38-39(PCD1)[②]—E38-14(GND)	R—W-B	静音运转信号	点火开关ON,鼓风机关闭,静音运转	10~14
			点火开关ON,鼓风机打开,静音运转	<1
E1-2(BUS G)—车身接地	—	BUS集成电路接地	任何情况下	<1
E1-3(BUS)—E1-2(BUS G)	—	BUS集成电路控制信号	点火开关OFF→ON	脉冲电压
E1-4(B BUS)—E1-2(BUS G)	—	BUS集成电路电源	点火开关OFF	<1
			点火开关ON	10~14

检测端子	导线颜色	端子功能	检测条件	检测参数/V
E1-5(SGA)—车身接地	—	蒸发器温度传感器接地	任何情况下	<1
E1-6(TEA)—E1-5(SGA)	—	蒸发器温度传感器信号	点火开关 ON,蒸发器温度为 0℃	1.7~2.1
			点火开关 ON,蒸发器温度为 15℃	0.7~1.3

①2GR-FSE 发动机。
②自动空调。

第六节　其他汽车电控系统 ECU 检测参数

一、奇瑞东方之子轿车发动机 ECU 检测参数

奇瑞东方之子轿车发动机 ECU 端子的排列如图 11-19 所示,其功能及检测参数如表 11-21 所示。

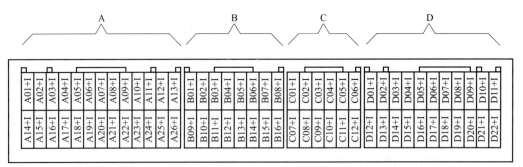

图 11-19　奇瑞东方之子轿车发动机 ECU 端子的排列

表 11-21　奇瑞东方之子轿车发动机 ECU 各端子的功能及检测参数

端子号	端子功能说明	检测条件	检测参数/V
A01	1 缸喷油器控制	发动机暖机后怠速运转然后突然踩下加速踏板检测各端子的电压是否有下降	11~14 瞬间略有下降
A14	2 缸喷油器控制		
A02	3 缸喷油器控制		
A15	4 缸喷油器控制		
A04	步进电动机线圈 A	发动机暖机立即启动发动机	脉冲电压
A17	步进电动机线圈 B		
A05	步进电动机线圈 C		
A18	步进电动机线圈 D		
A06	EGR 电磁阀	点火开关 ON	蓄电池电压
		发动机怠速运转时突然踩下加速踏板	电压瞬间下降

续表

端子号	端子功能说明	检测条件	检测参数/V
A08	燃油泵继电器（ECU 不带防盗系统）	点火开关 ON	蓄电池电压
A08	燃油泵继电器（ECU 不带防盗系统）	发动机怠速运转	0～3
A09	净化电磁阀	点火开关 ON	蓄电池电压
A09	净化电磁阀	发动机暖机后以 3000r/min 转速运转	0～3
A10	1、4 缸点火线圈（晶体管）	发动机转速为 3000r/min	0.3～3
A23	2、3 缸点火线圈（晶体管）	发动机转速为 3000r/min	0.3～3
A12	ECU 电源	点火开关 ON	蓄电池电压
A25	ECU 电源	点火开关 ON	蓄电池电压
A19	空气流量传感器再设定信号	发动机怠速运转	0～1
A18	空气流量传感器再设定信号	发动机转速为 3000r/min	6～9
A21	风扇控制器	散热器和冷凝器风扇不转	0～0.3
A21	风扇控制器	散热器和冷凝器风扇运转	＞0.7
A22	A/C 继电器	发动机怠速运转	蓄电池电压
A22	A/C 继电器	空调开关 OFF→ON（空调压缩机工作）	瞬间下降→0～3
A24	A/C 开关 2	空调 ECU 端子检查，发动机 ECU 输出端子检查	
B03	交流发电机 G 端子	预热发动机，怠速（散热风扇 OFF）	电压升高 0.2～3.5
B03	交流发电机 G 端子	前照灯 OFF→ON	电压升高 0.2～3.5
B03	交流发电机 G 端子	后除霜开关 OFF→ON	电压升高 0.2～3.5
B03	交流发电机 G 端子	停车灯开关 OFF→ON	电压升高 0.2～3.5
B06	发动机故障指示灯	点火开关 OFF→ON	0～3→9～13（经数秒钟后）
B07	动力转向开关	发动机暖机后怠速，方向盘不转动	蓄电池电压
B07	动力转向开关	发动机暖机后怠速，方向盘转动	0～3
B08	控制继电器（电源）	点火开关 OFF	蓄电池电压
B08	控制继电器（电源）	点火开关 ON	0～3
B11	交流发电机 FR 端子	预热发动机，怠速（散热风扇 OFF）	电压升高 0.2～3.5
B11	交流发电机 FR 端子	前照灯 OFF→ON	电压升高 0.2～3.5
B11	交流发电机 FR 端子	后除霜开关 OFF→ON	电压升高 0.2～3.5
B11	交流发电机 FR 端子	停车灯开关 OFF→ON	电压升高 0.2～3.5
B15	A/C 开关	发动机怠速，A/C 开关 OFF	0～3
B15	A/C 开关	发动机怠速，A/C 开关 ON	蓄电池电压
C08	转速表信号	发动机转速 3000r/min	0.3～3
C10	氧传感器（前）加热器控制信号	发动机暖机后怠速运转	0～3
C10	氧传感器（前）加热器控制信号	发动机转速 5000r/min	蓄电池电压
D01	点火开关 ST	发动机启动	＞8

续表

端子号	端子功能说明	检测条件	检测参数/V
D02	进气温度传感器	点火开关ON,冷却液温度为0℃	3.2~3.8
		点火开关ON,冷却液温度为20℃	2.3~2.9
		点火开关ON,冷却液温度为40℃	1.5~2.1
		点火开关ON,冷却液温度为80℃	0.4~1.0
D12	点火开关IG	点火开关ON	蓄电池电压
D13	冷却液温度传感器	点火开关ON,冷却液温度为0℃	3.2~3.8
		点火开关ON,冷却液温度为20℃	2.3~2.9
		点火开关ON,冷却液温度为40℃	1.3~1.9
		点火开关ON,冷却液温度为80℃	0.3~0.9
D14	节气门位置传感器	点火开关ON,节气门关闭位置	0.3~1
		点火开关ON,节气门全开位置	4.5~5.5
D06	氧传感器(前)	发动机暖机后转速为2000r/min	0~0.8(反复变化)
D05	氧传感器(后)	发动机暖机后转速为2000r/min	0~0.8(反复变化)
D15	大气压力传感器	点火开关ON,海拔为0m时	3.7~4.3
		点火开关ON,海拔为1200m时	3.2~3.8
D16	车速传感器	车辆慢速行驶	0~5(脉冲电压)
D17	怠速位置开关	节气门在关闭(怠速)位置	0~1
		节气门微开	>4.0
D18	凸轮轴位置传感器	发动机转动	0.4~3
		发动机怠速运转	0.5~3
D19	曲轴位置传感器	发动机转动	0.4~4
		发动机怠速运转	1.2~2.5
D20	空气流量传感器	发动机怠速运转	2.2~3.2
		发动机转速为2500m	

当ECU的相关端子电压检测异常时,可通过对ECU相关端子的电阻检测来确定ECU所连接的部件和线路有无故障。奇瑞东方之子轿车发动机ECU相应端子之间的电阻检测参数如表11-22所示。

注意: 检测ECU各端子之间的电阻应在点火开关关闭(ECU断电)时进行!

表11-22 奇瑞东方之子轿车发动机ECU相应端子之间的电阻检测参数

检测的端子	检测的部件	检测环境	正常电阻值
A01-A12	1缸喷油器	点火开关OFF,温度20℃	13~16Ω
A14-A12	2缸喷油器		
A02-A12	3缸喷油器		
A15-A12	4缸喷油器		

续表

检测的端子	检测的部件	检测环境	正常电阻值
A04-A12	步进电动机线圈 A	点火开关 OFF,温度 20℃	28~33Ω
A17-A12	步进电动机线圈 B		
A05-A12	步进电动机线圈 C		
A18-A12	步进电动机线圈 D		
A13-车身接地	发动机 ECU 接地	点火开关 OFF	0Ω(通路)
A26-车身接地	发动机 ECU 接地		
A06-A12	EGR 电磁阀	点火开关 OFF,温度 20℃	36~44Ω
A09-A12	净化电磁阀	点火开关 OFF,温度 20℃	36~44Ω
D13-D22	冷却液温度传感器	点火开关 OFF,冷却液温度 0℃	5.1~6.5kΩ
		点火开关 OFF,冷却液温度 20℃	2.1~2.7kΩ
		点火开关 OFF,冷却液温度 40℃	0.9~1.3kΩ
		点火开关 OFF,冷却液温度 80℃	0.26~0.36kΩ
D02-D22	进气温度传感器	点火开关 OFF,温度 0℃	5.3~6.7kΩ
		点火开关 OFF,温度 20℃	2.3~3.0kΩ
		点火开关 OFF,温度 40℃	1~1.5kΩ
		点火开关 OFF,温度 80℃	0.3~0.42kΩ
D17-D22	怠速位置开关	节气门在怠速(关闭)位置	通路
		节气门稍微打开位置	不通路

二、长安马自达 3 轿车发动机 ECU 检测参数

长安马自达 3 轿车发动机（LFMTX）ECU 端子的排列如图 11-20 所示，其功能及检测参数如表 11-23 所示。

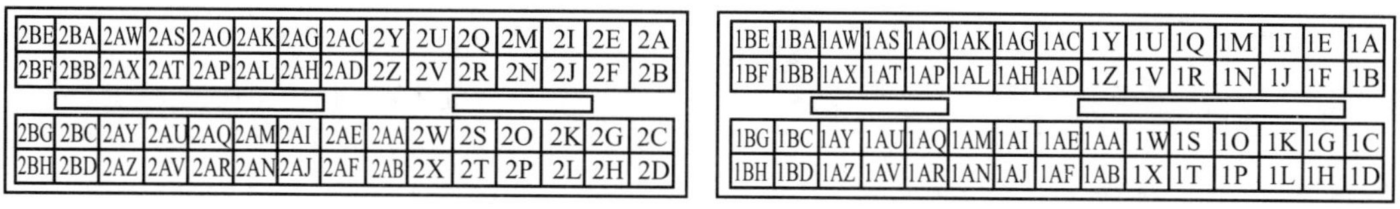

图 11-20 长安马自达 3 轿车发动机（LFMTX）ECU 端子的排列（线束侧）

表 11-23 长安马自达 3 轿车发动机（LFMTX）ECU 各端子的功能及检测参数

端子号	端子功能说明	检测条件	检测参数/V
1B	启动继电器控制	在任何条件下	<1
1D	CPP 开关(离合器操作)	踩下离合器踏板	<1
		松开离合器踏板	蓄电池电压
1H	燃油泵继电器控制	点火开关 ON	蓄电池电压
		转动发动机或怠速运转	<1

续表

端子号	端子功能说明	检测条件		检测参数/V
1I	空调继电器控制	发动机急速,空调压缩机工作		<1
		发动机急速,空调压缩机不工作		蓄电池电压
1J	制冷剂压力开关信号输入	空调开启	制冷剂压力超过1.52MPa	<1
			制冷剂压力低于1.23MPa	蓄电池电压
1Q	主继电器控制	点火开关在15min后断开		蓄电池电压
		点火开关ON		<1
1S	输入/涡轮转速传感器线束接地(屏蔽)	在任何情况下		<1
1X	空挡开关信号输入	点火开关ON,变速杆置于N位		<1
		点火开关ON,变速杆不在N位		蓄电池电压
1Y	冷却风扇控制模块(控制)	—		脉冲波形
1AB	制动开关信号输入	踩下制动踏板		蓄电池电压
		松开制动踏板		<1
1AC	2号APP传感器			脉冲波形
1AI	CAN-L,接仪表ABS HU/CM、EHPAS控制模块			—
1AK	MAF传感器信号输入	点火开关ON		约0.7
		发动机急速(预热后)		约1.5
1AL	APP传感器电源	点火开关ON		约5
1AM	CAN-H,接仪表ABS HU/CM、EHPAS控制模块			—
1AP	1号APP传感器信号输入	点火开关ON,踩下加速踏板		约3
		松开加速踏板		约0.4
1AQ	巡航控制开关	点火开关ON	按下ON/OFF开关	约0
			按下CANCEL开关	约1.1
			按下SET/COAST开关	约3.1
			按下RES/ACCEL开关	约4.2
			上述情况之外	约5
1AR	MAP传感器接地	在任何情况下		<1
1AS	IAT、APP传感器接地	在任何情况下		<1
1AT	MAF/AIT传感器信号输入	点火开关ON,温度0℃		约3.43
		点火开关ON,温度20℃		约2.38
		点火开关ON,温度40℃		约1.49
		点火开关ON,温度60℃		约0.89
		点火开关ON,温度80℃		约0.53
		点火开关ON,温度100℃		约0.33
1AU	制冷剂压力开关(高/低)	发动机急速运转,打开空调和鼓风机开关		<1

续表

端子号	端子功能说明	检测条件	检测参数/V
1AX	电缆驱动继电器控制	点火开关 OFF	蓄电池电压→<1
		点火开关 ON	<1
1AY	点火开关	点火开关 OFF	<1
		点火开关 ON	蓄电池电压
1AZ	接地(GND)	在任何情况下	<1
1BA	常接蓄电池(备用电源)	在任何情况下	蓄电池电压
1BB	接地(GND)	在任何情况下	<1
1BD	接地(GND)	在任何情况下	<1
1BE	主继电器	点火开关在15min后切断	<1
		点火开关 ON	蓄电池电压
1BF	电缆驱动继电器	点火开关 OFF	<1
		点火开关 ON	蓄电池电压
1BH	接地(GND)	在任何情况下	<1
2A	节气门执行器控制+	点火开关 ON	蓄电池电压
2B	节气门执行器控制-	发动机预热后怠速运转	3.5~5.5
2C	清洗电磁阀	—	脉冲波形
2E	OCV 控制	—	脉冲波形
2G	EGR 阀 2 线圈控制(A 端)	点火开关 ON,怠速	蓄电池电压
2H	EGR 阀 4 线圈控制(F 端)	点火开关 ON,怠速	蓄电池电压
2I	可变涡流电磁阀控制	发动机怠速,温度高于 62℃	蓄电池电压
		发动机温度低于 63℃,转速低于 3750r/min	<1
2J	可变进气电磁阀控制	点火开关 ON	<1
		发动机转速低于 4750r/min(LF)/4650r/min(L3)	<1
		发动机转速高于 4750r/min(LF)/4650r/min(L3)	蓄电池电压
2K	EGR 阀 1 线圈控制(E 端)	点火开关 ON,怠速	<1
2L	EGR 阀 3 线圈控制(B 端)	点火开关 ON,怠速	蓄电池电压
2Q	后氧传感器信号输入	点火开关 ON	约 0
		发动机预热后怠速运转	0~1
2S	CMP 传感器	—	脉冲波形
2U	爆震传感器+	点火开关 ON	约 4.3
2V	爆震传感器-	点火开关 ON	<1
2W	CKP 传感器	—	—

续表

端子号	端子功能说明	检测条件		检测参数/V
2X	KS线束、前后氧传感器线束接地(屏蔽)	任何情况下		<1
2Z	前氧传感器接地	任何情况下		<1
2AC	TFT温度传感器信号输入	点火开关ON,TFT温度为20℃		约3.3
		点火开关ON,TFT温度为40℃		约2.4
		点火开关ON,TFT温度为60℃		约1.5
2AD	前氧传感器信号输入	—		—
2AG	进气管压力传感器(MAP)	点火开关ON(在海平面高度)		约4.1
		发动机怠速运转		约1.4
2AH	ECT传感器信号输入	点火开关ON	冷却液温度为20℃	3.04~3.14
			冷却液温度为40℃	2.09~2.21
			冷却液温度为60℃	1.29~1.39
			冷却液温度为80℃	0.76~0.83
			冷却液温度为100℃	0.45~0.49
2AI	发电机(D端)磁场线圈控制	—		脉冲波形
2AJ	发电机(P端)电压输出	—		脉冲波形
2AK	1号TP传感器信号输入	点火开关ON,节气门关闭		0.53~1.00
		点火开关ON,节气门打开		4.25~4.75
2AL	2号TP传感器信号输入	点火开关ON,节气门关闭		4.00~4.75
		点火开关ON,节气门打开		0.25~0.75
2AM	CMP传感器电源	点火开关ON		蓄电池电压
2AO	TP传感器电源	点火开关ON		蓄电池电压
2AP	TP传感器接地	任何情况下		<1
2AQ	CKP传感器电源	点火开关ON		蓄电池电压
2AU	MAP传感器电源	点火开关ON		蓄电池电压
2AT	4缸点火线圈(IGT4)	—		脉冲波形
2AW	2缸点火线圈(IGT2)	—		脉冲波形
2AX	3缸点火线圈(IGT3)	—		脉冲波形
2BA	1缸点火线圈(IGT1)	—		脉冲波形
2AY	ECT、MAP、后氧传感器接地	任何情况下		<1
2AZ	4号喷油器控制	—		脉冲波形
2BB	1号喷油器控制	—		脉冲波形
2BC	2号喷油器控制	—		脉冲波形
2BD	3号喷油器控制	—		脉冲波形
2BE	后氧传感器加热器控制	—		脉冲波形
2BG	前氧传感器加热器控制	—		脉冲波形
2BH	接地	任何情况下		<1

三、中华轿车自动变速器 ECU 检测参数

中华轿车自动变速器 ECU 端子的排列如图 11-21 所示，其功能及检测参数如表 11-24 所示。

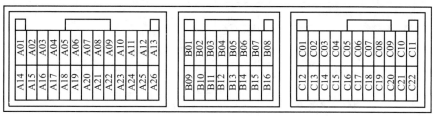

图 11-21 中华轿车自动变速器 ECU 端子的排列

表 11-24 中华轿车自动变速器 ECU 各端子的功能及检测参数

端子号	端子功能说明	检测条件		检测参数/V
A01	减速电磁阀	变速杆置运动车模式（1挡）		蓄电池电压
		变速杆置 P 挡		7～9
A02	电磁阀电源	点火开关 OFF		0
		点火开关 ON		蓄电池电压
A03	电磁阀电源	点火开关 OFF		0
		点火开关 ON		蓄电池电压
A04	挡位开关 1	D 位或手动模式	1 挡	蓄电池电压
			除 1 挡外其他挡位	0
A05	挡位开关 3	D 位或手动模式	3 挡	蓄电池电压
			除 3 挡外其他挡位	0
A10	A/C 压缩机负载信号	A/C 开关 OFF		0
		A/C 开关 ON		蓄电池电压
A11	电源	点火开关 OFF		0
		点火开关 ON		蓄电池电压
A12、A13	接地	任何情况下		0
A14	超速电磁阀	变速杆置运动车模式（3挡）		蓄电池电压
		变速杆置 P 挡		7～9
A15	阻尼离合器控制电磁阀	变速杆置运动车模式（1挡）		蓄电池电压
		变速杆置 3 挡（3 挡，50km/h）		低于蓄电池电压
A16	2 挡电磁阀	变速杆置运动车模式（2挡）		蓄电池电压
		变速杆置 P 挡		7～9
A17	挡位开关 2	D 位或手动模式	2 挡	蓄电池电压
			除 2 挡外其他挡位	0

续表

端子号	端子功能说明	检测条件		检测参数/V
A18	挡位开关4	D位或手动模式	4挡	蓄电池电压
			除4挡外其他挡位	0
A23	诊断插接器	—		—
A24	电源	点火开关OFF		0
		点火开关ON		蓄电池电压
A25、A26	接地	任何情况下		0
B01	输入轴转速传感器	发动机转速2000r/min 变速器3挡		脉冲电压
B02	输出轴转速传感器			
B03	曲轴位置传感器	发动机怠速运转		2.0～2.4
B08	常接电源	点火开关OFF		蓄电池电压
B13	传感器接地	任何情况下		0
B14	变速器油温传感器	ATF油温25℃		3.8～4.0
		ATF油温80℃		2.3～2.5
B15	节气门位置传感器	点火开关ON,加速踏板松开		0.5～1.0
		点火开关ON,加速踏板踩下		1.5～5.0
C03	与发动机ECU通信	发动机怠速运转		>0
		变速杆在D挡		
C04	与发动机ECU通信	发动机怠速运转		>0
		变速杆在D挡		
C05	挡位开关P	变速杆置P挡		蓄电池电压
		变速杆置P挡以外挡位		0
C06	挡位开关N	变速杆置N挡		蓄电池电压
		变速杆置N挡以外挡位		0
C07	手动/自动模式选择开关	手动模式		蓄电池电压
		除手动模式之外挡位		0
C08	减挡开关	减挡并保持		蓄电池电压
		除上面之外挡位		0
C09	停车灯开关	踩下制动踏板		蓄电池电压
		松开制动踏板		0
C12	低速倒挡电磁阀	变速杆置D挡位(1挡)		蓄电池电压
		变速杆置D挡位(2挡)		7～9
C13	故障诊断输出	正常(无故障码输出)		0→5(脉动)
C16	挡位开关R	变速杆置R挡位		蓄电池电压
		变速杆置R挡以外挡位		0

续表

端子号	端子功能说明	检测条件	检测参数/V
C17	挡位开关 D	变速杆置 D 挡	蓄电池电压
C17	挡位开关 D	变速杆置 D 挡以外挡位	0
C18	增挡开关	增挡并保持	蓄电池电压
C18	增挡开关	除上面外其他挡位	0
C19	车速传感器	车辆停止时	0
C19	车速传感器	车辆慢慢移动时	0→5(脉动)
C21	A/T 控制继电器	点火开关 OFF	0
C21	A/T 控制继电器	点火开关 ON	蓄电池电压
C22	接地	点火开关 ON	0

四、东南菱帅轿车自动变速器 ECU 检测参数

东南菱帅轿车自动变速器 ECU 端子的排列如图 11-22 所示，其功能及检测参数如表 11-25 所示。

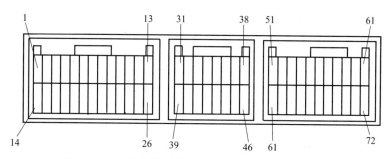

图 11-22　东南菱帅轿车自动变速器 ECU 端子的排列

表 11-25　东南菱帅轿车自动变速器 ECU 各端子的功能及检测参数

端子号	端子功能说明	检测条件	检测参数/V
1	UD 电磁阀	变速杆置 D 位(1 挡)	蓄电池电压
1	UD 电磁阀	变速杆置 P 挡	7~9
2	电磁阀电源	点火开关 OFF	0
2	电磁阀电源	点火开关 ON	蓄电池电压
3	电磁阀电源	点火开关 OFF	0
3	电磁阀电源	点火开关 ON	蓄电池电压
10	A/C 压缩机负载信号	A/C 开关 OFF	0
10	A/C 压缩机负载信号	A/C 开关 ON	蓄电池电压
11	电源	点火开关 OFF	0
11	电源	点火开关 ON	蓄电池电压
12、13	接地	任何情况下	0

续表

端子号	端子功能说明	检测条件	检测参数/V
14	超速电磁阀	变速杆置D挡(3挡)	蓄电池电压
		变速杆置P挡	7~9
15	阻尼离合器控制电磁阀	变速杆置D挡(1挡)	蓄电池电压
		变速杆置3挡(3挡,50km/h)	低于蓄电池电压
16	2挡电磁阀	变速杆置运动车模式(2挡)	蓄电池电压
		变速杆置P挡	7~9
23	诊断插接器	—	—
24	电源	点火开关OFF	0
		点火开关ON	蓄电池电压
25、26	接地	任何情况下	0
31	输入轴转速传感器	发动机转速2000r/min 变速器3挡	脉冲电压
32	输出轴转速传感器		
33	曲轴位置传感器	发动机急速运转	2~2.4
36	急速位置传感器	发动机急速	0
		轻踩加速踏板	5
38	常接电源	点火开关OFF	蓄电池电压
43	传感器接地	任何情况下	0
44	变速器油温传感器	ATF油温25℃	3.8~4.0
		ATF油温80℃	2.3~2.5
45	节气门位置传感器	点火开关ON,加速踏板松开	0.5~1.0
		点火开关ON,加速踏板踩下	1.5~5.0
53	与发动机ECU通信	发动机急速运转	>0
		变速杆在D挡	
54	与发动机ECU通信	发动机急速运转	>0
		变速杆在D挡	
55	挡位开关P	变速杆置P挡	蓄电池电压
		变速杆置P挡以外挡	0
56	挡位开关N	变速杆置N挡	蓄电池电压
		变速杆置N挡以外挡位	0
57	挡位开关3	变速杆置3挡	蓄电池电压
		变速杆置3挡以外挡位	0
58	挡位开关L	变速杆置L挡	蓄电池电压
		变速杆置L挡以外挡位	0

续表

端子号	端子功能说明	检测条件	检测参数/V
59	制动灯开关	踩下制动踏板	蓄电池电压
		松开制动踏板	0
62	低-倒挡电磁阀	变速杆置D挡(1挡)	蓄电池电压
		变速杆置D挡(2挡)	7～9
63	故障诊断输出	正常(无故障码输出)	0→5(脉动)
66	挡位开关R	变速杆置R挡	蓄电池电压
		变速杆置R挡以外挡位	0
67	挡位开关D	变速杆置D挡	蓄电池电压
		变速杆置D挡以外挡位	0
68	挡位开关2	变速杆置2挡	蓄电池电压
		变速杆置2挡以外挡位	0
69	车速传感器	车辆停止时	0
		车辆慢慢移动时	0→5(脉动)
71	A/T控制继电器	点火开关OFF	0
		点火开关ON	蓄电池电压
72	接地	点火开关ON	0

参考文献

[1] 骞小平,麻友良.汽车电器与电子技术 [M].第2版.北京：人民交通出版社，2015.
[2] 舒化,姚国平.汽车电子控制技术 [M].第2版.北京：人民交通出版社，2008.
[3] 麻友良.汽车电器与电子控制系统 [M].第4版.北京：机械工业出版社，2016.
[4] 李升.单片机原理与接口技术 [M].北京：人民邮电出版社，2011.
[5] 麻友良.汽车电路分析与故障检修 [M].北京：机械工业出版社，2006.
[6] 麻友良,赵英勋.富康988/富康轿车维修手册 [M].北京：机械工业出版社，2002.
[7] 张凤山.汽车电控单元端子检测速查手册下册 [M].北京：机械工业出版社，2011.
[8] 张志良.单片机原理与控制技术 [M].第2版.北京：机械工业出版社，2010.
[9] 唐德礼等.单片机原理及应用 [M].武汉：华中科技大学出版社，2005.
[10] 胡辉.单片机原理与应用 [M].北京：中国水利水电出版社，2007.
[11] 麻友良.轿车电控辅助系统检修培训教程 [M].北京：机械工业出版社，2004.
[12] 施树明,任有.汽车电器与电子控制 [M].北京：人民交通出版社，2009.
[13] 李勇.汽车单片机与车载网络技术 [M].北京：电子工业出版社，2011.
[14] 彭忆强.汽车电子及控制技术基础 [M].北京：机械工业出版社，2018.
[15] 陈刚,王良模等.汽车电子控制技术 [M].北京：机械工业出版社，2017.
[16] 黄鹏.汽车单片机应用技术 [M].北京：机械工业出版社，2010.